新编国际经济与贸易专业系列教材

国际贸易单证实务

DOCUMENTS PRACTICE IN INTERNATIONAL TRADE

武晋军 主编
张庆威 陈春燕 副主编

首都经济贸易大学出版社
Capital University of Economics and Business Press
·北 京·

总　序

21 世纪是一个经济日益全球化的世纪。国际贸易的规模日益扩大,国际投资的领域空前拓展,国际商务合作的形式日益多样。历史上从未有过任何一个时代像今日中国这样迫切需要迅速融入全球化的潮流,迫切需要国际经贸领域的人才。

作为北京市重点学科的首都经济贸易大学国际贸易学专业,自建立以来一直是培养高层次国际经贸人才的摇篮。作为重要的教学研究成果,以前我们也陆续出版了一些本领域的专业教材,并且受到了广大读者的欢迎。当前,在全球化与地区经济一体化并存、国际经济秩序重构、多边体制面临挑战的背景下,中国怎样从贸易大国向贸易强国迈进,是我们每一个经贸人责无旁贷的使命,新的贸易与投资规则、新的双边、多边关系需要对原有知识体系做出相应的调整,需要把新的贸易安排与新的知识点写入教材。为了适应新时期我国经济发展的需要,培养更多更好的国际经贸领域的专业人才,我们在原有教材的基础上,根据教育部教学改革的要求,吸收近几年国内外学科发展的最新成果,反映国家对外经贸的最新变化趋势,组织中青年骨干教师编写了《新编国际经济与贸易专业系列教材》。本系列教材第一批共计 6 本,包括:《国际贸易》《国际贸易结算》《外贸函电》《国际服务贸易》《国际技术贸易》《国际贸易单证实务》。

本系列教材在结构、内容、形式等方面,都根据方便学生学习和教师授课的原则而设计,不仅理论与实务并重、知识新、内容全,而且各章后均附有复习思考题、练习题,有的还附有开篇案例和习题参考答案。本系列教材可作为高等院校国际经济与贸易专业及其他相关专业的教材,同时也可作为广大外经贸领域工作者系统学习对外经贸知识的参考书。

《新编国际经济与贸易专业系列教材》编审委员会

2015 年 1 月

前 言

从事国际贸易的买卖双方处于不同国家或地区，国际货物买卖合同的履行会涉及托运、保险、装运、检验检疫、通关、结汇等诸多环节，每一步骤几乎都要落实到某一种或几种单证的操作上，国际贸易单证就成为配合每一国际贸易流程而必须出具或取得的书面文件（或电子单证）。例如，进出口许可证关系到国家对某些进出口商品的管理及两国之间的贸易协定；出口单证是收汇的依据，当发生贸易纠纷时，又成为处理争议、解决索赔的依据和法律文件；货物在运输途中受损，货方向保险公司提出索赔，保险单就是索赔的凭证；在计算赔偿额时，发票是赔偿的依据。可见，国际贸易中的各类单证已成为进出口业务顺利进行的必要保证。

截至2014年年底，中国已签署自贸协定12个，涉及20个国家和地区。为促进国际贸易发展，我国简化了通关条件及收汇制度。这些新变化要求外贸人员更系统、全面地掌握专业化知识，了解国际贸易单证处理及收汇结算等基本环节，熟练掌握和妥善运用国际贸易单证的填制、签发或取得技巧，以保证国际货物买卖合同的顺利履行。

本书以外贸单证实务操作为主线，系统、全面地介绍了国际贸易单证的基本知识和基本技能，对企业外贸单证员、报关员、检验检疫人员、教学及研究机构人员均有很好的借鉴参考作用。

与其他外贸单证教材比较，本书具有如下特点：

1. 较强的系统性及连贯性。外贸公司的一切业务活动基本是以订单为核心运作的，而单证员在其中起着关键作用。本书在章节的安排上以单证工作从低到高的职位顺序进行讲解，使读者对单证见习生、制单员、单证经理的各项工作范围及职能有更清晰的认识和了解。

2. 较强的应用性和可操作性。本书每一章节尽量选取一个案例深入分析讲解并贯穿在相应的单证中,使得读者可以更快更好地掌握单证的制作及填写方式。

3. 内容新颖,注重前沿问题。其表现在:(1)根据 UCP600 以及 ISBP745 的最新规定,对相关内容进行修改和调整,反映最新贸易规范;(2)根据国家政策调整,及时更新相关内容,使学生了解最新商贸操作动态;(3)根据未来电子化跟单趋势,引入套合式制单模式,让学生对商贸发展趋势有所接触和了解。

4. 以事实为根据,实用性强。引入的实际案例贯穿全书。所引用的单据,大部分是来自企业的真实案例。

5. 体系完整,便于自学。本书各章前有学习要点和学习要求(中英文对照),并以图表方式表示本章的贸易流程;各章后有典型案例分析、思考题、练习题以及讲解,方便读者自学。

本书由武晋军担任主编,负责统稿及审核。张庆威担任副主编。在本书的编写过程中,很多外贸公司鼎力支持,在此,感谢他们为本书提供了大量实用的案例。在编写过程中我们还参考借鉴了一些最新书刊及资料,在此一并向作者表示衷心的感谢。最后要特别感谢首都经济贸易大学出版社的赵侠编辑,正是她的大力支持和帮助保证了本书的顺利出版。

由于作者水平有限,书中难免存在疏漏,希望业界专家、同仁及广大读者批评指正并提出宝贵意见。

武晋军
2015. 10

目 录

第一篇 单证见习生

第二篇 制单员

第三篇　单证经理

第一篇　单证见习生

第一章　单证工作概况

学习要点与要求

了解商贸单证的含义、种类、意义和发展趋势。

了解商贸单证工作对从业人员的要求。

Learning Objectives

Relate a theoretical understanding of international trade documents, such as definition, classification, meaning and development tendency.

Define and explain the qualification of international trade documentation specialist.

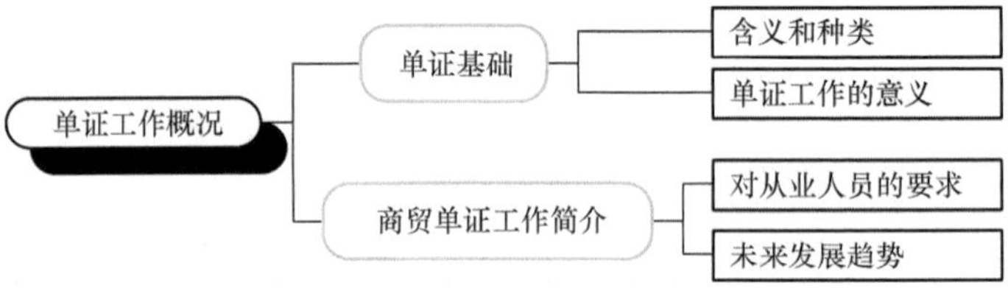

引例

小艾就读于北京某商学院国际贸易专业。毕业在即,她通过网络申请取得了一家叫作“赛道贸易有限公司”单证见习生的面试机会。

顺利通过笔试后,进入面试环节。面试官让小艾读了几份英文合同,又针对国际贸易实务、国际单证等相关知识进行了考查。凭借在专业课程上打下的基础,小艾的表现获得了认可。赛道贸易有限公司是由几位在商贸领域打拼多年的国际贸易专业硕士创办的,目前已初具规模,年贸易额上千万。客户主要集中在韩国、新加坡、西班牙等国。目前,随着商贸形势的不断变化,他们开始开发东盟诸国的新客户。小艾被安排在单证部工作,主管领导姓陈,曾经在某央企的商贸部门工作过几年,具有丰富的经验。

上班近半个月,除了复印资料、发发传真,为来访客人端茶倒水之外,小艾根本没有接触到什么商贸单证,心里有些着急。便发挥自己勤学好问的特点,多听多问,希望学到更多,以尽快适应新的工作环境。

第一节　商贸单证基础知识

一、商贸单证的含义、种类

国际贸易单证,简称单证(Documents),广义上就是指在国际贸易中应用的单据、文书与证书,凭借这种文件来处理国际货物的交付、运输、保险、检验检疫、报关、结汇等。狭义的单证就是指单据和信用证。除非特别说明,本书的“单证”取广义单证的含义。

单证作为一种贸易文件,它的流转环节构成了贸易程序。单证工作贯穿于企业的外销、进货、运输、收汇的全过程,工作量大,时间性强,涉及面广,除了商贸企业内部各部门之间的协作配合外,还必须与银行、海关、交通运输部门、保险公司、检验检疫机构以及有关的行政管理机关发生多方面的联系,环环相扣,互有影响,也互为条件。

国际贸易流程中涉及的单证种类众多,根据不同的标准可以把单证分为不同的类别(如表1-1所示)。

表1-1　单证的类别

单证分类标准	单证种类及主要单证
按涉及的贸易方分	进口单证:进口许可证、信用证、进口报关单、成交合同、保险单等
	出口单证:出口许可证、出口报关单、包装单据、出口货运单据、商业发票、保险单、汇票、检验检疫证、产地证等
按性质分	金融单据:汇票、本票、支票及其他类似用以取得款项的凭证
	商业单证:发票、运输单据、货权凭证或其他任何非金融单据
按用途分	资金单据:汇票、支票、本票等
	商业单据:发票及其补充(如装箱单等)
	货运单据:各种运输方式下的运输单据,如提单、不可转让海运单、空运单据、公路铁路内河运输单据、专递和邮政收据等

续表

单证分类标准	单证种类及主要单证
按用途分	保险单据:主要指国际货物运输保险单据 官方单据:由官方出具的单据和证明,如海关发票、领事发票、C/O、GSP、检验检疫证明等 附属单据:各类证明等,如寄单证明、寄样证明、装运通知证明、船舱证明等
按业务环节分	托运单证、收汇单证、进口单证等

二、商贸单证工作的意义

众所周知,从某种意义上讲,国际贸易是单据贸易,几乎所有贸易环节的具体操作都与单据的交换密切相关,即使是在计算机高度发展的今天,单据也在扮演着相当重要的角色(EDI 无纸贸易和电子单据的运用)。不了解和不熟悉单证知识就意味着不懂贸易,无法与业务部门的相关人员进行正确沟通和交流,就意味着所进行的交易不可能正常,其结果很可能会是旷日持久的官司,永远无法取得的货款或一辈子都收不到的货物。国际贸易单证工作如此重要,自然受到业内各方人士的重视。

(一)企业进出口收、付汇的需要

国际贸易法专家斯米托夫曾经说过:“从商业观点看,CIF 合同的目的不是货物的买卖而是与货物有关的单据的买卖。”一套正确、完整、齐全的单据是双方能否收汇和取得物权凭证的前提,否则不但企业有经济损失,有时甚至影响国家信誉。因此,从某种意义上说,“单证就是外汇”。

实际业务中不管合同的交易条件是什么,交易标的是什么,交易的当事人是谁,各方追求的目的(货物和货款)都与金钱/货币有关,如何实现货币的转移,怎样支付货款、如何收取货物,实践中多通过单据加以实现。因为国际贸易中常用的贸易条件为 FOB、CFR、CIF 等,而这些交易最重要的特点之一就是“象征性交货”(当事人买卖代表货物所有权的单据等于买卖货物)。

(二)合同履行的手段和证明

在业务活动中提交相应单据是当事人履行合同的手段,也是当事人完成合同义务的证明。合同订立后,履行阶段可概括为“货、证、船、款”四环节。无论是哪个环节,进出口商及与合同有关的相应各方只有在履行了约定义务的情况下才能取得相关单据,没有提交应交付的单据就意味着没有按规定履约。

每一种单据在国际贸易活动的各个环节都起到了必要的作用,它们的签发、处理、流转、交接和应用,反映了买卖合同履行的整个过程,同时也反映了买卖双方权责的发生、转移和终止。可以说国际贸易在世界范围内的健康发展与单证的有效使用和流转密不可分。

(三)避免和解决争端的依据

国际贸易各方订立合同的目的是为了实现各自的利益,在订立合同之初就认为自己在买官司、买争议的人是不存在的。但因为从事国际贸易活动的人分处异国,市场经常发生变化,有利和不利因素在不断的转换,新情况时有出现,贸易活动中发生争议、矛盾也是正常的,关键是要做好自己的“功课”,防患于未然。因为国际贸易是单据贸易,所以在合同订立之前、之中和之后都要对相关单据严格把关,不然就可能造成因单据的不规范、不确切、存在授人以柄的漏洞而引起麻烦,或在发生有关争议后无法利用合法的手段(出示合格的单据)保护自己,更谈不上对对方的不合理要求据理力争、成竹在胸地说“不”。

(四)直接影响国家、企业和个人的形象和利益

做好国际贸易单证工作对整个国家、每个企业和每个从业员工的形象和利益都有重大影响。一般而言,发达国家商人制作的单据具有规范、标准、符合业务发展趋势的特点。我国于 2004 年 7 月修订后实施的《中华人民共和国对外贸易法》允许个人从事国际贸易活动,之后便涌现了一批新的公司。新公司的单证从业人员制单水平参差不齐,难免会出现这样或那样的问题。据银行有关部门的统计,新成立的公司在装运完毕后所提交的单据中,不合格或有不符点的占 80% ,这样势必影响公司的效益和形象,从业人员的日子也不会好到哪里去。实践中,美观、整洁、清晰和正确的单据会像一部令人爱不释手的作品那样为各方所认可、接受、欣赏;而粗略、杂乱、含糊、错误的单据毫无疑问会对公司产生负面影响。为此,培养、招聘经验丰富、能力娴熟、知识全面的单证人员就成为企业的“必修课”了。

(五)单证工作是企业经营管理的重要环节

企业对整个贸易环节都应进行有效的监管,单证管理又是最后一个环节,

即使洽谈、订合同、备货、报检、报关、保险、装运等环节没有任何问题,在制作、提交单证方面出了问题,也会致使业务前功尽弃。所以所有企业都应加强、重视单证工作,力争为每笔业务画上圆满的句号。

第二节　商贸单证工作简介

一、商贸单证从业人员的要求

(一)单证员能力素质要求

1. 爱岗敬业。由于单证工作的特殊性,出口单证岗位人员经常会面对单笔贸易金额小、出口票数多、重复性与复杂性并存等情况。需要操作电脑时间长,审核纸质单证时间长,工作成就感降低,又容不得粗心,必须始终保持谨慎、细心的状态,这就需要有崇高的敬业精神。

2. 知识能力。做好单证工作,从业人员还必须具有功底深厚的国际贸易专业基础理论和专业外语知识。在对外签订、履行合同过程中,如不了解相关的理论知识,就很容易出差错。在我国的贸易发展进程中曾发生过因单据中的一个单词或字母错误而致几十万甚至上百万美元损失的案件。所以,从业人员必须掌握以下专业知识:贸易政策和贸易惯例法律;贸易实务理论及操作;贸易合同、信用证和单据;与贸易有关的运输、保险、报关等各环节的知识;外语知识则应至少能看懂、理解所有单证的要求并以合同、信用证和单据为主线有序操作。

3. 相关技能、技巧。单证从业人员应具备多种技能。

首先是使用计算机处理业务的能力。目前许多单据都是通过计算机制作完成的,所以从业人员必须具备操作计算机和有关应用软件的能力,同时还要掌握电子报关、电子报检、网上备案核销、退税、网上申领许可证等利用网络进行电子商务活动的知识和技能。

其次是独立制作、协调和管理各种单据的能力。麻雀虽小,五脏俱全。不管一笔合同金额是多少,应提交的单据必须在规定的时间内如数提供。有些单据是出口企业制作,有些则由其他部门予以配合,不同的合同要求的单据可能会有区别,企业在一定的时间内可能会有几笔合同同时履行,这样就要求操作人员在制作单据时应该做到职责分明、沟通顺畅、先后有序、纵览全局。

4. 必须建立单证工作专人负责/单独部门负责制。通过对现阶段企业单证工作的调查发现，在信用证这种对出口方最有利的付款方式下，企业能正确、正点、及时向银行提交单据的不到30%，这势必会直接影响企业的经济效益；只有10%的企业有单证部或专人负责制单；有些公司由业务员或财务部共同负责制作单据；有35%的企业由业务员对相关业务采用“一条龙”的形式（从合同谈判到办理退税）操作，这样一来，由于从业人员为非专门人员，缺乏对单证知识的全面了解，所制作的单据有不符点就不足为奇了。另外，某些规模较小的企业不愿意设置专门岗位或认为没有必要配备专门人员进行制单，而将该项工作委托银行或代理人操作，这些对企业信息保密和规模的扩大都会有影响。

（二）对单证制作的五要求

1. 准确（correctness）。在制单工作的各项要求中，正确是最重要的一条。离开了这一条，便会影响出单效果，甚至会引起不良后果，其他几条要求也就无从谈起了。

这里所说的正确，至少包括两个方面的内容：一方面是要求各种单据必须做到“三相符”（即单据与信用证相符、单据与单据相符、单据与贸易合同相符）；另一方面则要求各种单据必须符合有关国际惯例和进口国的有关法令和规定。其中银行只控制“单证相符”和“单单相符”。

2. 及时（promptness）。出口托运单据不及时，出口经营单位就可能误船、误车、误机，不能按计划交货并承担额外费用和其他相应损失。

进出口单证工作的时间性很强，各种单据都有一个适当的出单日期。“及时”一方面体现在各种单据的出单日期必须合理、可行，也就是说，每一种单据的出单日期不能超过信用证规定的有效期限或按商业习惯的合理日期；另一方面则体现在交单议付上，指向银行交单的日期不能超过信用证规定的交单有效期。

3. 完整（completeness）。单证完整性同样体现在两个方面，一方面是指单据种类和数量的完整。例如在CIF交易中，卖方向买方提供的单据至少应该包括商业发票、提单和保险单。另一方面体现在每一种单据所填内容必须完备齐全。任何单据都有它的特定作用，这种作用是通过单据本身的特定内容即格式、项目、文字、签章等来体现的。如果格式使用不当，项目漏填，文理不通，签章不全，就不能构成有效文件。

4. 整洁（tidiness）。所谓整洁，主要是指单证的表面清洁、美观、大方；单据中的各项内容清楚、易认，各项内容的记载简洁、明了。单据是否整洁，不但反映了制单人制单技术的熟练程度和工作态度，还会直接影响出单效果。所以，应该尽量减少甚至不应该出现差错涂改的现象。各种单据的更改都要有一个限制点，不允许在一份单据上做多次涂改。有更改处一定要盖校对章或简签，如涂改过多，最好重新缮制。

二、商贸单证工作的发展趋势

商贸单证工作目前主要有以下几个发展趋势。

第一，单证的规范化和标准化。国际商会在单据规范化、标准化方面做了近70年的努力，从最基本的贸易术语做起，到合约，再到保险、运输、银行、无证托收、单证制作，直至审单结算，至今已制定了一系列规章及惯例。

国际贸易发展到今天，许多单据都已规范化和标准化。典型的如在世界范围内许多单证（包括信用证、提单、保险单、产地证等）都是相同或相似的。

第二，单据的电子化和现代化。前者主要指EDI单据。现在报关、报检都已联网，产地证和配额许可证的申领可登录商务部有关官方网站进行操作，外汇核销和退税也要先进行网上备案登记。

第三，单据制作由繁到简。如今单据的种类在减少，单据的内容也在日益简单化。

第四，套合式制单。每种单据尽管用途不一，但就其内容而言，约有80%相同，如货物名称、数量、收货人、发货人、起运地、目的地等。这些相同的内容，在每缮制一种单据时，就需要重复填写、核对，一旦出错，又要逐一更正。因此，根据《联合国贸易单据设计样式》，拟制一种“套合一致”的标准单据格式，可减少重复工作，避免差错，提高效率。

目前国内许多公司都在使用一些单据制作软件，属于套合式制单的应用尝试。

小提示

套合式制单：传统的套合式制单是指把所需制作的单据都收编到一个由总单证（master document）、子单证（sub-document）和遮盖板（cover board 或 mask）三个部分组成的“套合一致的单证系列”中。各种单证的大小统一，并且其相同项目放于同一位置。制单时，先把各项资料用电脑填入总单证的各个栏位中，制、校、改无误并由负责人签字确认后，便送入复印机，将事先设计、有方空格的不同遮盖板套放在总单证上，挡住总单证中与各子单证无关的资料，复印机便把总单证上的多种资料项目转移到各子单证上，也就可把总单证上的多种资料项目自动套入各子单证中。

现代套合式制单，已经可以通过将重要的、重复性信息录入系统的基础信息部分，来直接完成信息的套入工作，相关单据的相应栏位信息便可自动生成，避免了重复录入的麻烦，提高了单据填制效率。

套合式制单的优点：可避免同一项内容在不同单证中重复缮制、审核，以及同一单证需要多份时的重复缮制、审核，有利于节省人力、物力，提高工作效率，避免差错。

第五，单证的统一。国际贸易各环节所涉及的大部分单据都有统一的规定和要求，比如 SWIFT MT700 信用证、提单、保险单、产地证、中国各级政府管制的单据等。

一、单项选择题

1. 信用证规定"Shipping documents must show p/o No. 5237"。出口商制作单据时，下列哪种单据可不显示 p/o 编号？（ ）

A. 保险单　　B. 发票

C. 汇票　　D. 提单

2. "In Octuplicate"在信用证英语中的意思是表示单据的（ ）。

A. 种类　　B. 名称

C. 份数　　D. 时间

3. 如果信用证对出单人未做明确规定，我出口企业可以自行缮制的单证有（ ）。

A. 保险单　　B. 提单

C. 一般原产地证　　D. 普惠制原产地证

答案

1. C　2. C　3. C

二、简答题

1. 简述国际贸易单证的含义及类别？

2. 简述国际贸易单证业务的发展趋势？

第二章　进出口贸易流程

学习要点与要求

掌握进出口价格核算方法；

了解出口流程、进口流程以及单证流转过程。

Learning Objectives

Familiar with the approach of calculating the export & import business accounting.

Analyze, breakdown, and interpret export process, import process and process of using documents.

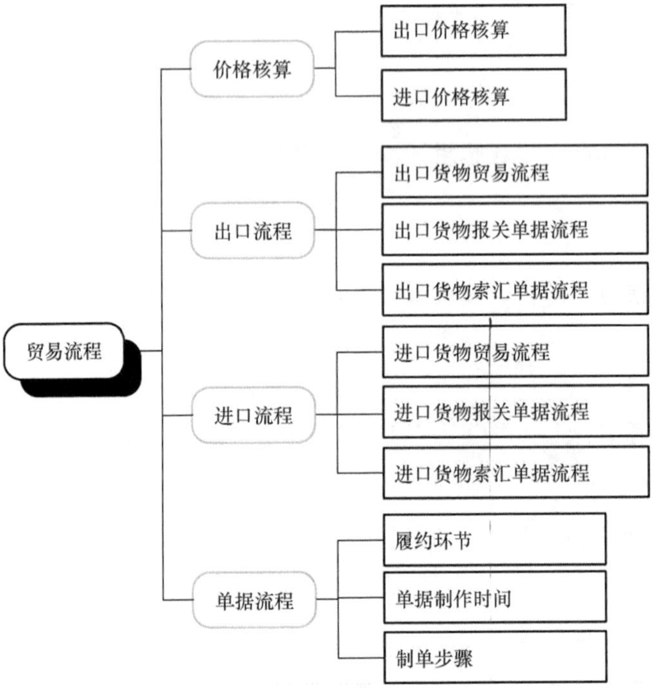

引例

小艾一大早到了单位，看见同事 Lisa 正在埋头核算着什么。“改行当会计了？”小艾打趣道。Lisa 抬起头苦着脸说：“要给外商报价呢，这次是公司最新推出的产品，一切都需要从头做起。错一个小数点、报价错了，公司就要赔本，我可赔不起！得赶紧把价格算出来，给经理看看呢。”小艾之前都是在课堂上听老师讲报价的重要性，现在终于有了切身体会。

第一节　进出口价格核算

“算账”是经济工作的基础。做国际贸易生意，如果不善于算账，就难以赢利甚至会出现亏损。单证免不了要涉及很多数据，而有数据就肯定需要计算。本章内容与国际贸易实务中的运输、保险和价格等章节中有关“计算”的内容有关，但绝不是“原文照搬”，而是对国际贸易实务（其中当然包括国际贸易单证）中的相关计算进行整合，使其更加专题化和系统化。

一、出口价格核算

业务磋商过程中，首先需要出口商进行出口报价。如果觉得价格不合适，可以议价。报价核算决定了一笔业务的成败，所以应仔细核算后再交易。

在交易磋商阶段，进出口双方应先确定交易产品、数量和贸易术语，出口商再根据工厂的采购成本填写出口预算表（见表 2－1）来计算报价，最终出口预算表上所填报价金额要与实际签订的合同金额一致。

表 2－1 为外贸公司常用的出口预算表，其中主要包括汇率栏、成本栏（A）、费用栏，用以核算出口成本及费用，从而得出不同贸易术语下的出口报价；在最终报价栏核查所报价格是否合理。本表主要针对常用的两组贸易术语（FOB/CFR/CIF 和 FCA/CPT/CIP）进行核算。

表 2-1　出口预算表

有关项目	预算项目
汇率	
成本栏	收购价(含税进货价款) 出口退税收入: A. 实际采购成本:
费用	商检费: 报关费: 出口税: 银行费用: 其他: B. 国内费用:
	出口总成本 C(FOB/FCA 成本): C = A + B
	出口运费 F: CFR/CPT 成本:(= C + F)
	出口保费 I: 总保费率: 投保加成: 投保金额: CIF/CIP 成本:(= C + F + I)
报价栏	预期盈亏率: 预期赢利额或亏损额 P: 对外报价(FOB/FCA):(= C + P) 对外报价(CFR/CPT):(= C + F + P) 对外报价(CIF/CIP):(= C + F + I + P)

出口总成本 C(FOB/FCA 成本)(general export cost)主要包括实际采购成本(A)、国内费用(B)两部分。其中,实际采购成本 A = 收购价(含税进货成本) - 出口退税收入。下面针对收购价、出口退税收入以及国内费用进行逐一讲解。

第一,收购价(cost of goods)。又名"进货成本",指出口企业从国内生产企业那里收购出口商品所支付的本币货款金额或者是指出口企业自己生产的出口产品用本币核算的出厂价格。

第二,出口退税收入。按照目前世界上许多国家"奖出限入"政策的规定,对本国境内企业，在他们出口某些商品后，在规定的期限内按规定进行了货款结汇、按时办理了出口收汇核销、单证手续齐全且没有发现违法违规行为的前提下，政府给予他们一定比率的“出口退税”(export drawback)奖励。

“出口退税”的原理就是，出口国政府把先前对于该批商品从生产企业那里征收来的增值税，在该批商品出口且收汇以后再按照一定的比率返还给出口企业，用以降低出口企业的出口成本，增强出口产品在国际市场上的竞争力。

我国的增值税税额和出口退税税额都是按收购成本的不含增值税的价格来计算的，而我国外贸企业与国内生产供货企业之间进行货款结算的出口商品的国内收购价格里又通常包含着增值税，所以在计算出口退税之前，必须事先扣除价款里的增值税。其方法是：

$$\text{出口退税额} = \text{不含税价格} \times \text{出口退税税率}$$

$$\text{不含税价格} = \text{含税价格} \div (1 + \text{增值税税率})$$

公式推导如下：

$$\begin{aligned}\text{含税价格} &= \text{不含税价格} + \text{增值税}\\ &= \text{不含税价格} + \text{不含税价格} \times \text{增值税税率}\\ &= \text{不含税价格} \times (1 + \text{增值税税率})\end{aligned}$$

所以：

$$\text{不含税价格} = \text{含税价格} \div (1 + \text{增值税税率})$$

第三，国内费用(domestic expenses)。这是指出口企业在其业务经营的过程中，发生的直接或间接与其出口业务相关的用本币记录的费用支出。

其中，直接费用指与出口贸易直接相关、可以直接从某批出口业务的利润中扣减的费用。如商检费、国内运杂费、银行利息及手续费、单证费、差旅费、出口海关税费等。

间接费用指那些难以直接划归某笔出口业务的账目里，但又与出口业务有关联的费用。如工资、通信费、样品及其邮寄费、房租水电费、仓租、交易会费、出国推销费、招待费等。

在实际工作中，各外贸企业还有一种使用相对数来计算每笔出口生意的国内业务费用的做法，例如，某批拟出口货物的收购价值是 CNY 120 000.00，额定费用比率为 6%，这是指“按出口货物的收购价格(或生产成本)的 6% 预算出口商品的国内流转费用限额”，就是 CNY120 000 × 6% = CNY 7 200.00。而且，大多数外贸企业在计算多种出口商品的对外报价时，多以商品的国内收购(或生产)成本(含包装费用)来预算出口商品的国内业务费用。

国内费用主要为商检费、报关费、出口税、银行费用、其他费用五种费用的总和。

（1）商检费：

商检费 = 对外报价 × 报检手续费费率

如果海关 HS 编码标注 A，表示出口需要进行法定检验，B 表示进口需要法定检验，因此需要报检，缴纳费用；除此之外，如果双方商定需要进行出口商品检验，包括品质检验、安全卫生、数量鉴定、重量鉴定等任意一项检验的，也需要缴纳报检费用。

（2）报关费：指报关代理企业为客户提供服务而向客户收取的服务费用及代垫的费用。

（3）出口税：

出口税 = FOB/FCA 价/（1 + 出口关税税率）× 出口关税税率

（4）银行费用：

L/C 方式下：

L/C 银行费用 = 对外报价 × 信用证入账手续费费率

D/P 方式下：

D/P 银行费用 = 对外报价 × D/P 入账手续费费率

D/A 方式下：

D/A 银行费用 = 对外报价 × D/A 入账手续费费率

T/T 方式下：

T/T 银行费用 = 对外报价 × T/T 入账手续费费率

（5）其他费用。其他费用包括报检时申请的证书费用，产地证费用，申请鉴定费用，T/T 方式下的寄单费以及场地费。

二、进口价格核算

这里主要从进口方（而非财务管理）的角度考虑进口成本的核算问题，将进口商品的采购成本分为国外进价、进口税和国内费用三部分。若成交的贸易术语为 FOB/FCA，或 CFR/CPT，则需要换算成 CIF/CIP，加上进口关税后得到国外进价。

如表 2－2 所示，首先按出口商的报价填好相应术语的成交价（如采用 FOB 术语，先填写 FOB 成交价），然后依次往下按顺序计算各项费用（如采用 CIF 术语，填写 CIF 成交价后继续往下填写进口税、完税成本等，表 2－2 中的 1～4 项无须填写），从而计算出总成本，再填写国内市场销货收入，最后用市场总售货收入减去总成本得出最终的利润额。若利润额为负数,按此价格成交必定亏损,要争取更低的报价。当然,这是以计算正确为前提的。

表 2-2　进口价格核算表

标号	预算项目
汇率	
1	FOB/FCA 成交价
2	国外运费:
3	CFR/CPT 成交价:(=1+2)
4	国外保费: 总保费率: 投保加成: 投保金额:
5	CIF/CIP 成交价:(=3+4)
6	进口关税:
7	完税成本:(=5+6)
8	商检费: 报关费: 消费税: 增值税: 其他: 国内费用:
9	银行费用: 信用证费用: 信用证付款手续费: D/A、D/P 付款手续费: T/T 付款手续费:
10	总成本:(=7+8+9)
11	国内市场销货收入:
12	(预期)盈亏额:(=11-10) 预期盈亏率:

进口商品的采购总成本 = 国外进价 + 进口税 + 国内费用

(10 = 7 + 8 + 9)

其中：

$$国外进价 = CIF 单位报价 \times 结算日外汇买入价$$

进口关税以 CIF 价格为基准征收。计税前要将审定的完税价格按照签发税款缴纳证之日国家外汇管理部门公布的人民币外汇牌价的买卖中间价折合成人民币。

$$进口关税 = 该项商品 CIF/CIP 总价 \times 进口关税税率$$

国内费用中，消费税和增值税的计算公式如下。

消费税分从价和从量两种计征方法：

$$从价商品消费税 = (该项商品 CIF/CIP 总价 + 进口关税税额) \times 消费税税率/(1 - 消费税税率)$$
$$= 完税成本 \times 消费税税率/(1 - 消费税税率)$$

$$从量商品消费税 = 应征消费税的商品数量 \times 消费税单位税额$$

增值税：

$$商品增值税 = (该项商品 CIF/CIP 总价 + 进口关税税额 + 消费税税额) \times 增值税税率$$
$$= (完税成本 + 消费税税额) \times 增值税税率$$

第二节　出口贸易流程

一、出口货物贸易流程

出口货物贸易流程如图 2－1 所示。

二、出口货物报关单据流程

出口货物报关单据流程基本如图 2－2 所示。

三、出口货物索汇单据流程

出口货物贸易实务中，国外进口商很少会全额预付整票合同金额，一般预付合同金额的一定比例，如 10% 或 20% 等，余款仍由出口商采用约定的方式索取；如果合同约定，全额采用跟单信用证或跟单托收方式，出口商就更须主动提交相关单据、索取相应的货款。

进出口货物贸易企业的单证员只有在特定化的出口货物实际装船、装机、装车后，或确定不会出现溢装或短装情况下，才会缮制和配齐全套交单、索汇单据。如图 2－3 所示，完成(1.1)步骤，运输单据的出运数量确定后，单证员就可

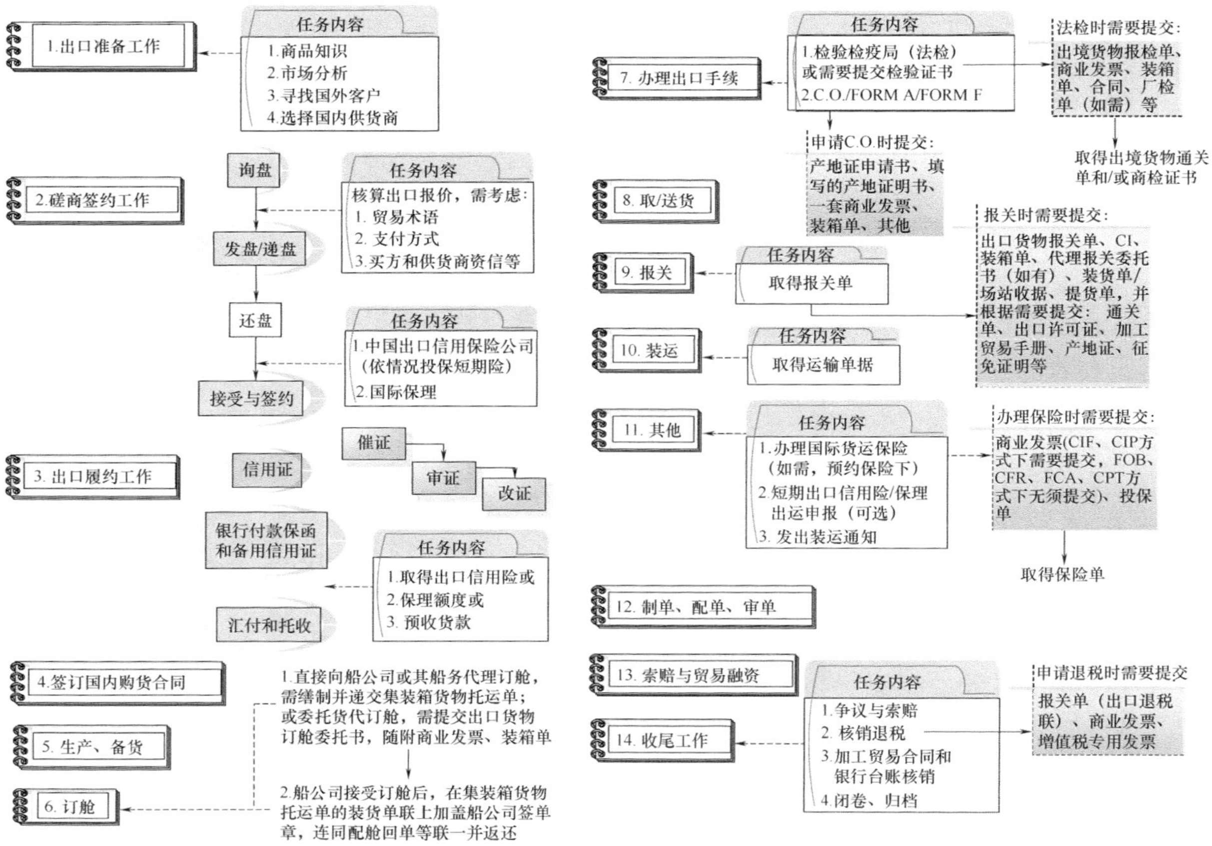

图 2－1　出口货物贸易流程

注：①1～14 代表贸易的步骤，用虚线箭头标注的内容代表每一步骤需要完成的工作，用实线箭头标注的内容代表所需/所取得单据。

②通常订舱与报检可以同时进行，在订妥舱位后，可同时办理出口保险和认证。

③出口报关单（纸质）一式六联（包括海关作业联、海关留存联、企业留存联、海关核销联、出口收汇证明联、出口退税证明联）；增值税发票一式四联（存根联、发票联、抵扣联、记账联）。

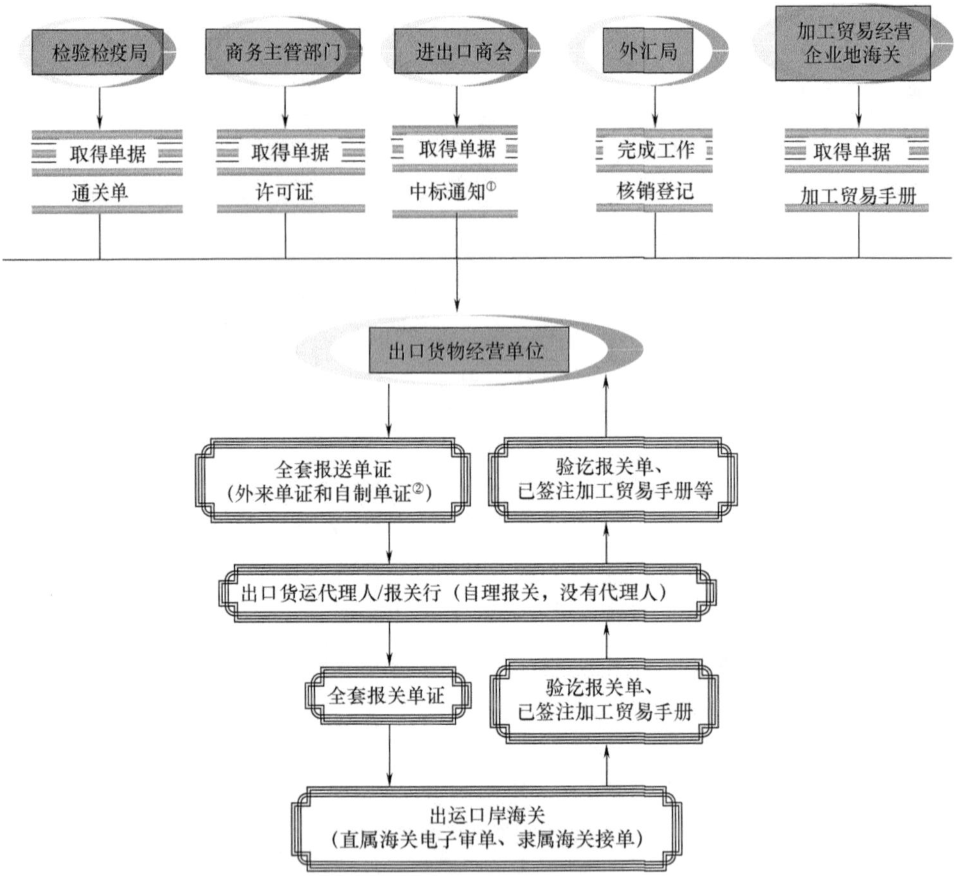

图 2－2　出口货物报关单据流程

注:①中标通知:2011 年实行出口配额招标的商品有碳化硅、镁砂、滑石、钒土、甘草及甘草制品等，具备一定条件的出口经营单位向有关进出口商会进行网上投标。中标后，取得相应数量的出口配额，凭中标通知向商务主管部门申领出口许可证，中标通知不是直接的报关单证。

②自制单证，包括商业发票、装箱单、出口货物报关单(即报关单录入凭单，深圳等少数口岸要求加盖出口货物经营单位公章，包括发票、装箱单、合同等也要加盖公章)、出口货物明细单(出口货物明细单是货代填报出口货物托运单或场站收据或类似凭单，包括装货单或类似装货凭单的依据，海关一般不需要)等。

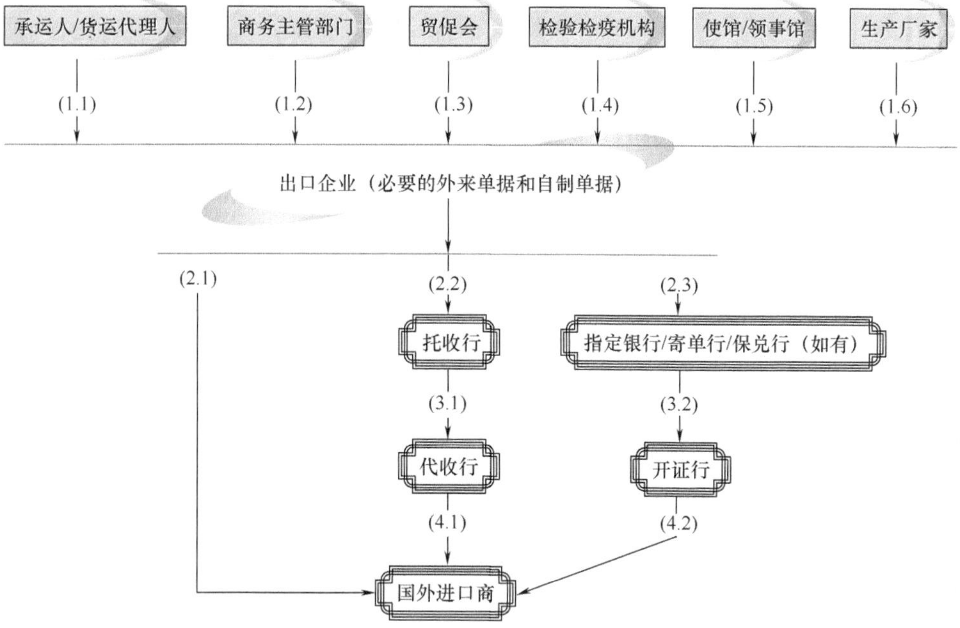

图 2－3　出口货物索汇单据流程

以根据不同买方要求、不同商品特点、不同合同和信用证要求等情况及时办理其他单据。配齐的外来单据和/或外部认证的自制单据，连同其他必要的自制单据一起，按照不同的支付方式，单证员选择不同的交单、索汇路线，全套单据（汇票除外）最终流到进口商手中。

图 2－3 中各步骤说明如下。

（1.1）从承运人或其代理人取得相应的全套正本运输单据，包括：涵盖至少两种不同运输方式的运输单据，提单，不可转让的海运单，租船合同提单，空运单据，公路、铁路或内陆水运单据，快递收据、邮局收据或投邮证明等。

（1.2）我国商务部自 2009 年 1 月 1 日起取消对输美 21 个类别纺织品出口数量许可证管理和输欧双边监控 8 个类别纺织品出口许可证管理，但根据进口方要求，对部分出口欧盟的纺织品实行“输欧纺织品产地证”管理。出口经营者可以通过网上申领方式或书面申领方式向相关商务主管部门提出申请，领取相关“输欧纺织品产地证”。

(1.3)中国国际贸易促进委员会(简称“贸促会”,China Council for the Promotion of International Trade,CCPIT)在全国各地的分支机构可以办理:①一般原产地证签发业务;②部分互惠原产地证书签发业务;③商业发票的签章或文书认证业务;④其他单据(内容符合贸促会要求)的文书认证业务。

(1.4)检验检疫机构包括境外检验检疫机构在华分部、进口商指定的境外检验检疫机构和检验人员等。对于法定检验商品,出口企业必须向中国出入境检验检疫局办理报检手续,网上报检,并提交相应的报检单证,出口货物经检验检疫合格后,可以取得报检单上申请的相关证书或证明;其他情况,则按买卖双方事前约定或合同、信用证规定办理,取得相应的证书或证明。

小提示

出口货物贸易中,中国国家质量监督检验检疫总局(General Administration of Quality Supervision, Inspection and Quarantine of the People's Republic of China, AQSIQ)及其下属的各地方检验检疫局签发的证书有:品质证书(Certificate of Quality)、数量证书(Certificate of Quantity)、重量证书(Certificate of Weight)、熏蒸/消毒证书(Fumigation/Disinfection Certificate)、植物检疫证书(Phytosanitary Certificate)、卫生证书(Sanitary Certificate)、健康证书(Health Certificate)、分析证书(Certificate of Analysis)、抗生素证书(Certificate of Antibiotic)、黄曲霉毒素证书(Certificate of Aflatoxin)、一般原产地证书(Certificate of Origin)、普惠制原产地证书(G. S. P. Form A)、互惠原产地证书(亚太贸易协定优惠原产地证明书、中国—东盟自贸区原产地证书、中国—巴基斯坦自贸区原产地证书、中国—智利自贸区原产地证书、中国—新加坡自贸区原产地证书等)等。

(1.5)科威特等一些国家的进口商通常要求出口商提交的商业发票等单据须经进口国在出口商所在国的领事馆认证,领事馆认证单据需要较长时间,通常10天以上,而且需要通过出口商所在地的省级外事办或外交部领事司等部门去办理。

(1.6)非法定检验检疫的出口货物,有的国外进口商要求生产厂家出具品质检验证书、数量证书、重量证书、分析证书,甚至原产地证书等。

（2.1）支付方式为汇付、见索即付保函和备用信用证时，出口商直接将全套出口商业单据，包括正本运输单据、商业发票、装箱单、产地证、保险单（如有）、检验检疫证书或证明等，快邮给进口商。

（2.2）在付款交单（D/P）和承兑交单（D/A at ××× days after ×××）情况下，出口商将全套索汇单据送交当地托收行。

（2.3）根据信用证的相关规定，出口商向指定银行/寄单行/保兑行（如有）提交该信用证要求的所有单据。

（3.1）托收行根据出口方的指示，缮制托收指示（Collection Instruction），并连同出口方提交的全套托收单据寄交付款人所在地的代收行。

（3.2）指定银行/寄单行/保兑行（如有）审单后，向开证行寄交信用证要求的所有单据。

（4.1）代收行遵照托收指示，在付款人全额付款或承兑或满足一定条件后，提交全部商业单据给付款人。

（4.2）相符交单情况下，对于即期信用证，申请人在开证行收到单据翌日起5个银行工作日内，向开证行付款，取走证内规定的商业单据；对于远期信用证，申请人在开证行收到单据翌日起5个银行工作日内向开证行书面确认到期付款，并在符合开证行的其他要求情况下，取得证内规定的商业单据。

第三节　进口贸易流程

一、进口货物贸易流程

图2－4所示为进口货物贸易流程。

二、进口货物报关单据流程

进口货物报关单据流程如图2－5所示。

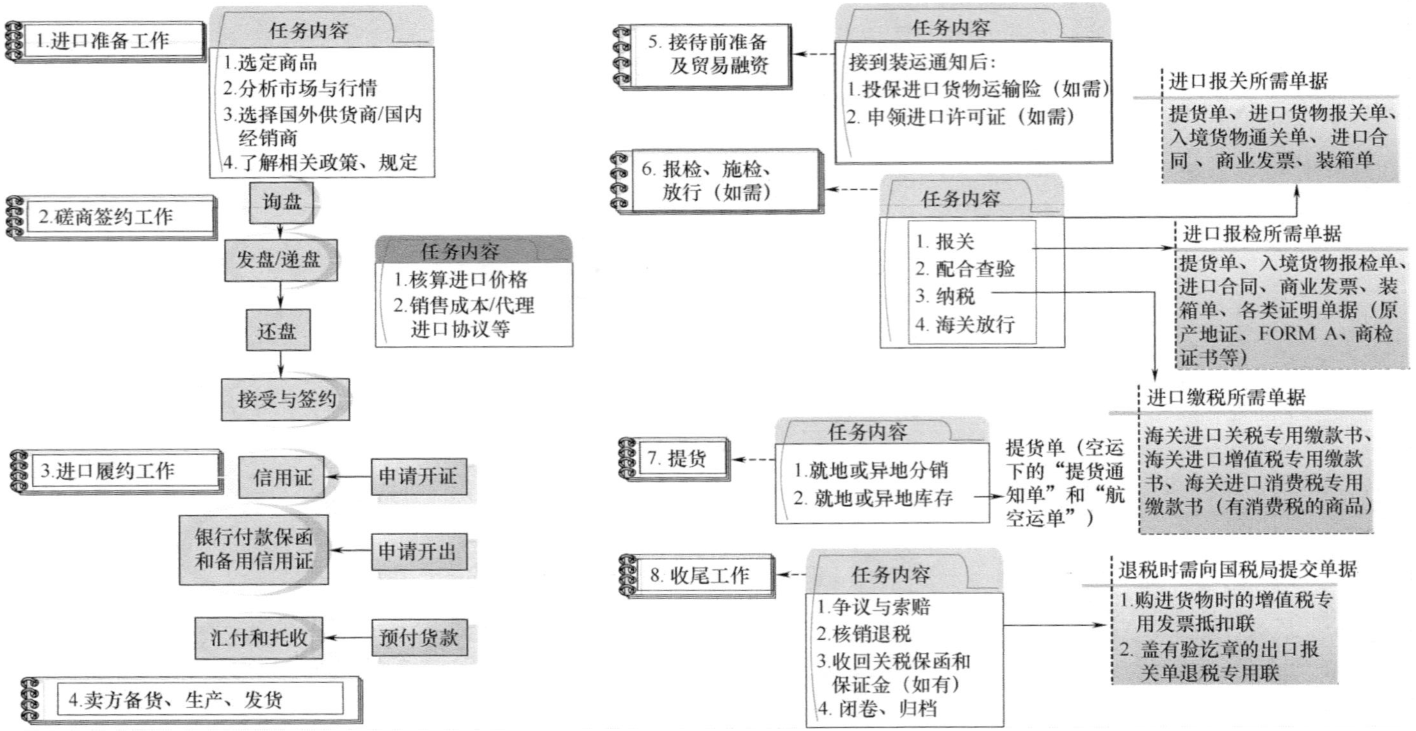

图 2－4　进口货物贸易流程

注:1 ~8 代表贸易的步骤,虚线箭头标注的内容代表每一步骤需要完成的工作,实线箭头标注的内容代表所需/所取得单据。

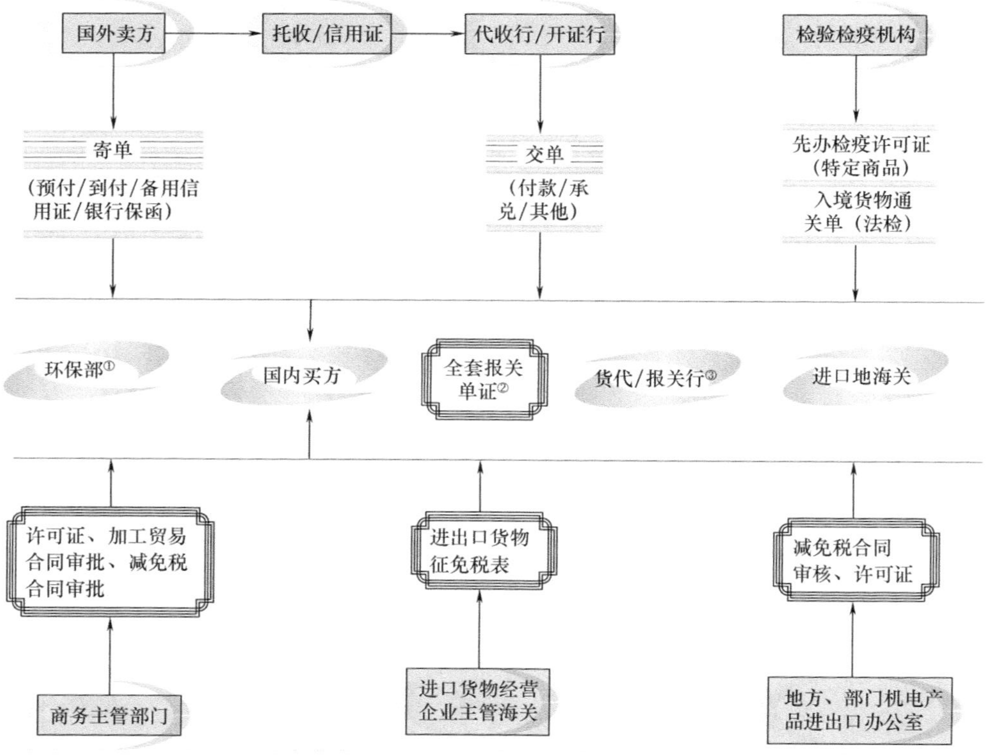

图 2－5　进口货物报关单据流程

注:①环保部:国家环境保护部签发进口废物批准证书。由国家密码管理局签发的密码产品和设备进口许可证、由中国人民银行签发的黄金及其制品进出口准许证或批件等未列入本图。

②全套进口货物报关单据:主要为国外卖方提供的商业单据和国内其他外来单据。

③进口货运代理人或报关行办好进口货物清关手续后,将海关验讫的进口货物报关单(付汇证明联)、进口货物备案报关单(如有)、关税税票(如有)、海关代征的增值税发票(如有)、海关已签注的加工贸易手册(如有)、关税保函(如有)、关税保证金(如有,并在可以退还情况下)等寄交或退还进口货物经营企业(委托人)。

三、进口货物付汇单据流程

进口货物付汇单据流程如图 2－6 所示。

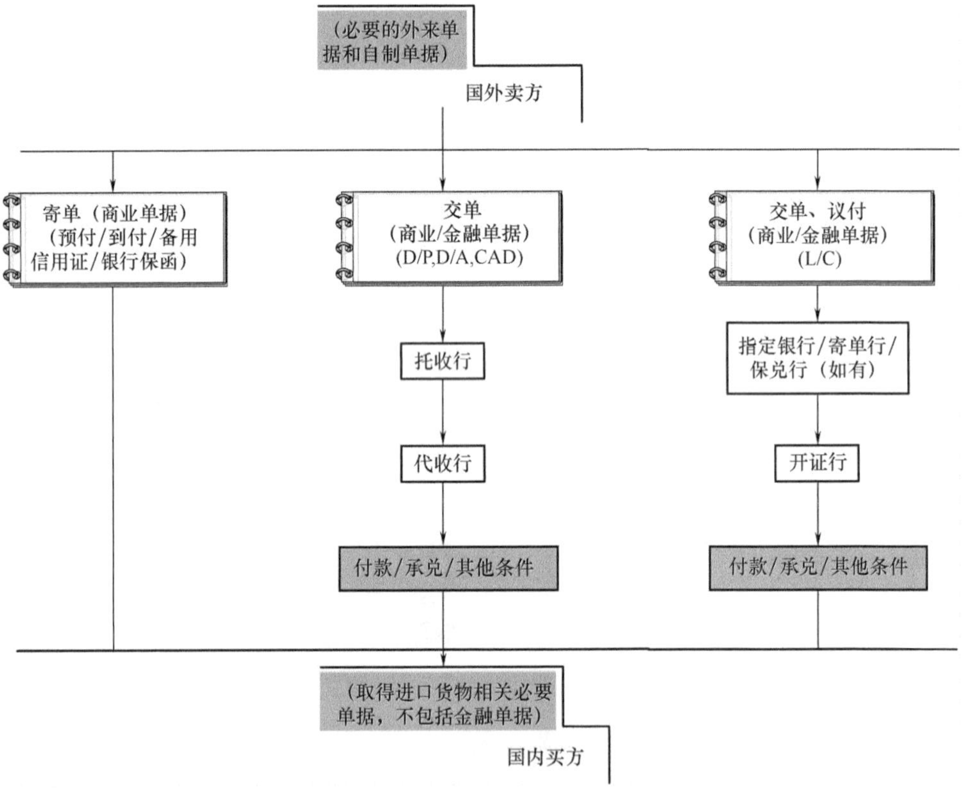

图 2－6　进口货物付汇单据流程

第四节　单据流转流程

一、合同履行业务环节

合同的履行要经过很多业务环节，涉及面广，工作复杂。不论是进口合同还是出口合同，其履行过程一般可分为货（卖方备货，买方收货）、证（买方开证，卖方催证、审证、改证）、船（根据合同安排租船订舱、办理运输手续）、款（制单结汇）四个阶段，只是顺序上有所不同。

（一）货

在实际业务中，备货工作分为接受信用证前的初步备货和接受信用证后进行货物特定化两个阶段。有些货物签订合同后即可通知有关方面准备，当信用证开来后，货物已经备妥；而有些货物是根据来证要求临时生产的，则需要等待收到信用证后才能安排生产。对此，出口企业需由专门人员负责货物的准备工作，对仓库有现货的，通知仓库按信用证要求进行整理包装，做好出仓准备；如无货，需要进行生产，则安排生产，并进行必要的整理和包装，确保在交货期内交货。

（二）证

1. 催证。在实际业务中，有时国外进口商在遇到市场发生变化或资金发生短缺的情况时，往往会拖延开证。对此，我们应催促对方迅速办理开证手续，特别是大宗商品交易或按买方要求而特制的商品交易，更应结合备货情况及时进行催证，必要时，也可请我驻外机构或有关银行协助代为催证。进口方信用证最少应在货物装运期前 15 天（有时也规定 30 天）开到出口方手中。

2. 审证。对国外来证的审核和修改，是保证顺利履行合同和安全迅速收汇的重要前提，我们必须给予足够的重视，认真做好审证工作。《跟单信用证统一惯例》规定：未经开证行、保兑行和受益人同意，不可撤销信用证既不能修改也不能取消。因此，对不可撤销信用证中任何条款的修改，都必须在有关当事人全部同意后才能生效。

3. 改证。改证的原则是：出口企业通过审证发现与合同不符而又不能接受的条款，应及时向开证申请人提出修改要求，并在收到改证通知确定无误后发货；对可改可不改的内容，则可酌情处理。

在办理改证的过程中，凡信用证上需要多处修改，应做到一次提出，避免多次改证。对通知行转来的同一修改通知书，如修改内容有两处以上，出口企业只能全部接受或全部拒绝。

（三）船

1. 办理签证、认证。

（1）进出口许可证。

（2）对货物输往的国家或地区有配额限制的，需要申请配额，并获得配额出口许可证。

(3)对部分纺织品出口实行临时出口许可管理的商品办理纺织品临时出口许可证。

(4)对享受普惠制待遇的商品办理 GSP(Generalized System of Preference)产地证,对享受最惠国待遇或其他关税优惠待遇的商品办理一般原产地证明。

(5)对国外要求领事认证的涉外商业文件或单证办理领事认证。

(6)对属于法定检验的商品要办理检验检疫手续,取得商检放行单;若合同/信用证要求提供检验检疫证书,则向商检机构申请出证。

2. 办理投保手续。对于业务量较大的商贸公司,在投保出口货物运输险时,为简化手续,经双方协商同意,一般不填制投保单,而以发票、出口货物明细单等单据副本替代。

货物运输保险的投保方式分为逐笔投保和预约保险两种,企业可以根据业务量的大小和稳定性加以选择。

3. 办理通关手续。货物出口出运前,发货人先将货物齐集在海关监管区域内,由报关员在规定的期限内向海关提出申报。出口货物报关,纸质报关和电子数据报关是法定申报的两种形式。一般情况下,由发货人或其代理人先向海关计算机系统发送电子数据报关单,在收到海关"接受申报"电子报文后,凭以打印纸质报关单,随附相关单据,向海关进行申报。

海关对出口企业提交的单据进行审核,在报关单据齐全有效、填报内容正确无误且符合政策规定的情况下,海关接受申报,并对货物进行实际的核对查验。经查验合格,海关在有关单据上签章以示同意放行。

4. 货物装船。在货已备妥、船舶抵港前,出口人或货运代理企业根据港区的货物(集装箱)进栈通知,做好发货准备,将货物(集装箱)送达港区指定货场。码头堆场收到出口企业的货物(集装箱)后,对货物进行核实。对集装箱货物,仅核实集装箱数量,而箱内货物件数和货物状况由装箱人负责。在货物或包装表面状况良好的情况下,签发场站收据正本(D/R),证明已收到货物。

待承运船舶到港,船方凭盖有海关放行章的"装货单"装运集装箱货物。货物装船完毕,由船长或大副签发"大副收据"或"场站收据",载明收到货物的详细情况。托运人凭上述收据向有关船公司换取提单。

小提示

出口合同的“四排队”“三平衡”工作

“四排队”是指以买卖合同为对象，根据合同要求的货物是否备妥、信用证是否落实等按四种情况——“有证有货”“有证无货”“无证有货”“无证无货”——进行分析排队，摸清货证的实际情况，及时发现问题，采取措施，解决问题。

“三平衡”是指以信用证为依据，根据信用证规定的装运期和到期日的远近，结合货源和运输能力的具体情况，分清轻重缓急，力求做到“货、证、船”三方面的有效衔接，保证按时交付和装运货物，从而保证出口合同得以顺利履行。

（四）款

货物装运后，出口企业即应按信用证要求，整理和缮制各种单据，在信用证规定的交单有效期和交单期内，填写出口结汇申请书，连同全套正本单据，递交银行办理议付结汇手续。

二、单证制作的时间顺序

国际惯例中对部分单据要求加注日期，其他单据一旦加注签发日期，该日期也应符合逻辑性和国际惯例。总的说来，通常提单日期是确定各单据日期的关键，各单据日期关系如图 2－7 所示。

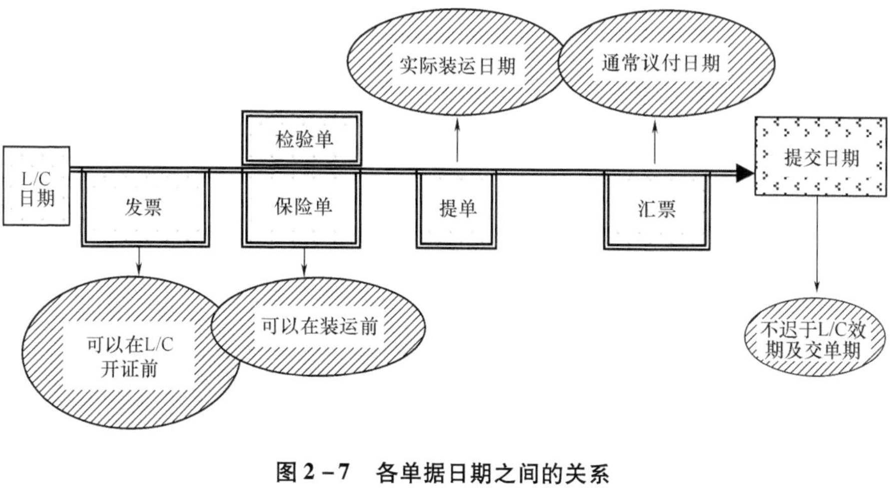

图 2－7　各单据日期之间的关系

(1)发票日期应在各单据日期之首，海关发票的签发日期不应迟于提单日期；形式发票日期应先于装运日期；领事发票的日期不得迟于汇票和提单日期，以满足其提前办理进口手续或出口报价的需要。

(2)提单日不能超过L/C规定的装运期，也不得早于L/C的最早装运期。

(3)保单的签发日应早于或等于提单日期(一般早于提单2日)，不能早于发票。

(4)箱单应等于或迟于发票日期，但必须在提单日之前。

(5)产地证不早于发票日期，不迟于提单日。

(6)为了证明货物是经检验合格后才装运的，商检证日期不晚于提单日期，但也不能过分早于提单日，尤其是鲜货、容易变质的商品。

(7)受益人证明或声明往往在装船后出具，因此其日期应等于或晚于提单日。

(8)装船通知(Shipping Advice)在提单日后3日内。

(9)船公司证明应等于或早于提单日。

(10)汇票是根据发票开立的，所以汇票日期应等于或晚于提单或发票日期，但不能晚于L/C的有效期。

(11)出口许可证日期，船公司证实船龄、船籍、航程的证明日期及运输收据日期应早于或等于提单日期。

(12)受益人证明或声明往往在装船后出具，因此其日期应等于或晚于提单日期。

(13)信用证若规定“卖方装船后立即发电报给买方”，则电报抄本日期应在提单日后3日之内(对“立刻”“马上”“一定”等模糊字眼，中国银行定为3天时间)，若证中规定“卖方至少在装船前××天发电报给买方”，则电报抄本日期须为装船前××天及之前。

三、制单步骤

制单的步骤可概括为以下三个。

第一，了解合同、交货单、信用证等信息，先制作发票。有的企业先制作货物明细单或货物出仓单，再填制发票。

第二，以发票为基础，根据合同、交货单、信用证、贸易对方来函等，制作包装单据、托运单、报检单、报关单、投保单、产地证、(被动配额)许可证等。

第三，如果需要，制作出口商证明、装船通知、船公司证明、汇票等，分别将单据交有关各方。

多项选择题

1. 办理出口退税不需要提供的单据是(　　)。

A. 已认证的采购出口货物的增值税专用发票

B. 运输单据

C. 核销单

D. 出口收汇核销单

2. 在实际进出口业务中,接受的形式用(　　)表示。

A. 行动　　B. 缄默

C. 广告　　D. 口头或书面的形式

答案

1. BCD　　2. AD

第二篇　制单员

第三章　进出口合同

学习要点与要求

掌握国际贸易合同的基本类型和结构。

熟悉国际贸易合同条款的单证知识。

Learning Objectives

Identify and critically analyse type and construction of trade contract.

Analyse the documentary articles in contract.

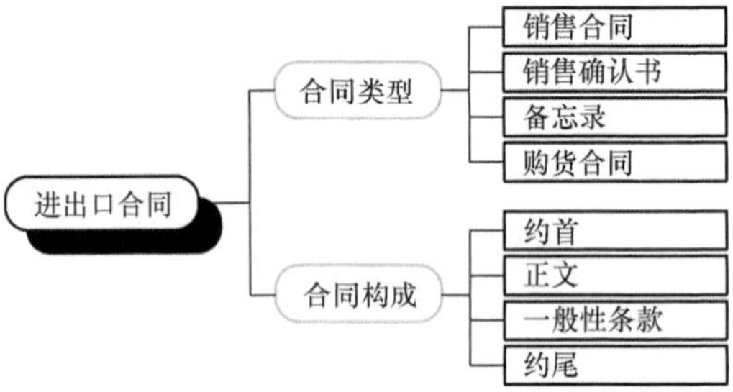

引例

经过了几个月的熟悉和摸索，小艾对单证员的工作有了更加感性的认识，但苦于没有机会把专业所学和经验施展出来。机会终于来了，8 月 3 日一上班，Linda 就交给小艾一份合同的副本以及打印出来的来往邮件，让小艾熟悉一下，辅助制单。小艾一看是 8 月 1 日公司刚刚和西班牙客户签的合同。总算能够接触公司实际业务了，小艾心里非常高兴，便认真研读起来。

SALES CONTRACT

THE SELLER:
BEIJING SAIDAO TRADING CO., LTD
NO. 269, CHAOYANG DISTRICT,
BEIJING, CHINA
THE BUYER:
ALFAGA ENTERPRISE
VALENCIA, 195 BAJOS. 08011. BARCELONA, SPAIN

NO. YH08039
DATE: AUG. 1, 2015
SIGNED AT: BEIJING,CHINA

①

This Sales Contract is made by and between the Sellers and the Buyers, whereby the sellers agree to sell and the buyers agree to buy the under-mentioned goods according to the terms and conditions stipulated below.

Commodity & Specification	Quantity	Price Terms	
		Unit price	Amount
CARDHOLDER DYED COW LEATHER BLACK BROWN	② 5,000PCS 8,000PCS	FOB TIANJIN USD1.45/PC USD1.50/PC	USD 7,250.00 USD12,000.00 USD19, 250.00
Total amount: U.S.DOLLARS NINETEEN THOUSAND TWO HUNDRED AND FIFTY ONLY			

Packing: 1PC/POLYBAG, 500PCS/CTN

Shipping Mark: L.P.
BARCELONA
NOS.1-26

Time of Shipment: DURING SEP. 2015 BY SEA

Loading Port and Destination: FROM TIANJIN TO BARCELONA

Partial Shipment and Transshipment: ALLOWED

Insurance: TO BE EFFECTED BY THE BUYER

Terms of Payment: THE BUYER SHALL OPEN THROUGH A BANK ACCEPTABLE TO THE SELLER AN IRREVOCABLE SIGHT LETTER OF CREDIT TO REACH THE SELLER 30 DAYS BEFORE THE MONTH OF SHIPMENT AND TO REMAIN VALID FOR NEGOTIATION IN CHINA UNTIL THE 15th DAY AFTER THE FORESAID TIME OF SHIPMENT

Inspection: THE CERTIFICATES OF QUALITY, QUANTITY/WEIGHT ISSUED BY THE CHINA ENTRY-EXIT INSPECTION AND QUARANTINE BUREAU OR ITS BRANCH SHALL BE THE FINAL EVIDENCE OF DELIVERY.

Quality/Quantity Discrepancy: IN CASE OF QUALITY DISCREPANCY, THE BUYER SHALL, WITHIN 15 DAYS AFTER THE ARRIVAL OF GOODS AT THE PLACE OF DESTINATION, LODGE A CLAIM AGAINST THE SELLER. WHILE FOR QUANTITY AND PACKING DISCREPANCY, THE BUYER SHALL, WITHIN 10 DAYS AFTER THE ARRIVAL OF THE GOODS AT THE PLACE OF DESTINATION, LODGE A CLAIM AGAINST THE SELLER.

③

Arbitration: ALL DISPUTES ARISING FROM THE EXECUTION OF, OR IN CONNECTION WITH THE CONTRACT SHALL BE SETTLED THROUGH AMICABLE NEGOTIATION. IN CASE NO SETTLEMENT CAN BE REACHED THROUGH NEGOTIATION, THE CASE SHALL THEN BE SUBMITTED TO THE INTERNATIONAL ECONOMIC AND TRADE ARBITRATION COMMISSION OF CHINA, BEIJING COMMISSION, FOR ARBITRATION IN ACCORDANCE WITH ITS PROVISIONAL RULE OF PROCEDURE. THE ARBITRATION AWARD IS FINAL AND BINDING UPON BOTH PARTIES.

Law Application: THE FORMATION OF THIS CONTRACT, VALIDITY, INTERPRETATION, EXECUTION AND SETTLEMENT OF DISPUTES SHALL BE GOVERNED BY THE RELEVANT LAWS OF THE PEOPLE'S REPUBLIC OF CHINA AND UNITED NATIONS CONVENTION ON CONTRACT FOR THE INTERNATIONAL SALE OF GOODS, THE **TRADE TERMS** IS GOVERNED BY INCOTERMS® 2010.

THIS CONTRACT IS IN *TWO* COPIES, EFFECTIVE SINCE BEING SIGNED/STAMPED BY BOTH PARTIES.

REMARKS ④

The Seller	The Buyer
BEIJING SAIDAO TRADING CO., LTD	ALFAGA ENTERPRISE

第一节　合同类型

当交易的一方提出发盘,交易的另一方做出有效接受后,买卖双方就达成了买卖合同关系,双方在这个过程中往来的函电即为双方存在合同关系的证明。但为了明确这种关系,双方要签订书面合同或确认书将双方的权利、义务、责任及各项交易条件明文规定下来,双方签字后,就成为约束双方的法律文件。在国际贸易中,交易双方订立合同有书面形式、口头形式和其他形式。

国际贸易买卖合同的常见类型如表 3－1 所示。国际货物买卖合同的名称主要包括合同(Contract)、销售确认书(Sales Confirmation)、协议(Agreement)和备忘录(Memorandum)等。合同和确认书是书面合同的主要形式,两者具有相同法律效力,前者条款完备,通常用于新客户;后者条款简约,只有主要交易条件,没有一般交易条件,通常用于老客户或一般交易条件已另行约定的客户。

表 3－1　常见的国际贸易合同类型

序号	划分类别	合同称谓	英文名称
1	出口合同	销售合同	Sales Contract
		销售确认书	Sales Confirmation
2	进口合同	购买合同	Purchase Contract
		购买确认书	Purchase Confirmation
3	收购合同	购货合同	Procurement Contract
4	代理合同	代理出口协议	Agreement for Export Agency
		代理进口协议	Agreement for Import Agency

一、销售合同

销售合同一般在买卖金额比较大或买卖双方彼此不甚了解等情况下使用。

销售合同的条款内容翔实、全面、完整，几乎对买卖双方所有想到的内容都有规定。有些合同除了正面的填写内容以外，还在合同文本的背面印就了固定的格式性条款。这些格式性条款大多是在保护卖方、制约买方。

二、销售确认书

销售确认书一般在买卖金额比较小或者买卖双方比较熟悉、关系比较融洽等情况下使用的较多。虽然销售确认书的内容比较简略，除了在合同正面规定一些必不可少的交易条款以外，合同背面没有印就的格式性条款，也一般省略了诸如异议索赔、罚金条款、不可抗力、争议仲裁等条款内容，但是，它在法律上仍然与销售合同一样，是对双方都有约束力的有效的法律文件。

销售确认书是一种简式文本的合同，它不像销售合同那样烦琐和详尽，但在“法律约束力”这一点上，二者是没有“轻”“重”之别的。另外，买卖合同双方具体在什么时候使用销售合同、什么情况下采用销售确认书，并没有严格、固定的规定，而是由双方当事人的意愿决定。

另外，还有协议书，法律上与合同是同义词。

三、备忘录

备忘录可作为书面合同的形式之一，在我国的外贸实践中使用较少，如果买卖双方在备忘录中对各项主要交易条件做了明确具体的规定并经双方签字确认，则这种备忘录的性质与合同一样。若买卖双方磋商后，只是对某些事项达成一定程度的理解或谅解而以备忘录的形式记录下来，作为双方今后交易或合作的依据，或作为初步协议，这种叫谅解备忘录（Memorandum of Understanding）的文件在法律上就没有约束力。

四、购货合同

购货合同就是我们平常所说的收购合同，它是出口商在与国外进口商签订好出口货物的买卖合同后，再与国内的生产厂家或者供货部门落实这批出口产品的货源所签订的向生产厂家或供货部门购买货物的合同。因为这种生意属于国内买卖，所以购货合同一般都用中文行文。但其内容、格式、作用和目的等都与外销合同非常接近，都是买方与卖方之间既合作又斗争，为了各自的利益和目的斗智斗勇、绞尽脑汁的一个折中、调和、妥协的结果。

第二节　合同构成

书面合同不论采用何种形式,其基本内容均包括约首、正文、约尾三个组成部分。

一、约首

约首部分一般包括合同名称、合同编号、缔约双方名称和地址、电子邮箱地址、传真号码以及双方订立合同的意愿和执行的保证等项内容。

详见本章引例第①部分内容,约首的表述应与合同名称一致,若采用合同书形式,约首应使用第三人称语气,例如"本合同由……与……订立"(This contract is made and entered into by and between...)或类似的语句;如果是确认书,则约首的措辞应使用第一人称语气,例如"兹确认你方的订单……"(We confirm the order from you...)或类似语气。

二、正文

正文是合同的主体部分,具体列明交易条件和条款,其中包括标的、品质规格、数量或重量、包装、价格、运输、保险、支付方式等项内容。基本条款即经过交易磋商达成一致的条款,体现了双方当事人具体的权利和义务。

详见本章引例第②部分内容,合同中的金额、时间等都是将来制单结汇的审核重点。为保险起见,小艾将合同的主要信息翻译了出来,具体如表 3-2 所示。

表 3-2　合同主要信息示例

品名及规格	数量	价格条款	
		单价	金额
染色牛皮 黑色 棕色	 5 000 件 8 000 件	FOB 天津 1.45 美元/件 1.50 美元/件	 7 250.00 美元 12 000.00 美元 19 250.00 美元
总金额:壹万玖仟贰佰伍拾美元整			

包装条款:1 件/塑胶袋,500 件/箱　　　　唛头:　L. P.

装船期限:2015 年 9 月期间,海运　　　　BARCELONA

NOS. 1 - 26

装运口岸和目的港：从天津港到巴塞罗那港

分批装运和转运：允许

保险条款：由买方来办理保险

支付方式：买方需要通过一家卖方认可的银行开立并送达卖方一张不可撤销即期信用证，并保证信用证在装运月份30天之前到达，信用证有效期在如前所述的装运月份之后15日内在中国持续有效。

小提示

常见包装种类如下：

中文	英文	中文	英文
纸箱	carton	麻袋	gunny bag
木箱	wooden case	塑料袋	plastic bag
包	bundle/bale	铁桶	iron barrel
瓶	bottle	木桶	wooden cask
钢瓶	cylinder	罐	can
托盘	pallet	集装箱	container

示例

合同正文条款示例

Terms of Shipment: FROM ANY CHINESE PORT TO FELEXSTOWE TO BE EFFECTED BEFORE AUGUST. 11, 2015, WITH PARTIAL SHIPMENT NOT ALLOWED AND TRANSSHIPMENT ALLOWED.

装运条款：中国任一港口运往英国费力克斯托，在2015年8月11日之前装运，不允许分批装运，允许转运。

SHIPMENT FROM DALIAN TO LOS ANGELES WITH TRANSSHIPMENT AT HONGKONG BY APL SHIPPING COMPANY.

货物由美国总统轮船公司自大连经香港转运洛杉矶。

Terms of Payment: THE BUYER SHALL PAY 100% OF THE SALES PROCEEDS IN ADVANCE BY T/T TO REACH THE SELLERS WITHIN THREE WEEKS AFTER THE SIGNING OF THIS CONTRACT.

支付方式：买方应在合同签订后三周内用电汇将100%的货款预付给卖方。

THE BUYER SHALL DULY ACCEPT THE DOCUMENTARY DRAFT DRAWN BY THE SELLERS 60 DAYS AFTER SIGHT (AFTER THE B/L DATE/AFTER DATE) UPON FIRST PRESENTATION AND MAKE THE PAYMENT ON ITS MATURITY. THE SHIPPING DOCUMENTS ARE TO BE DELIVERED AGAINST PAYMENT ONLY.

买方对于卖方开具的见票后(提单日后/出票日后)60天付款的跟单汇票，于提示时应立即承兑，并应于汇票到期日付款，付款后方可获得运输单据。

Terms of Insurance: TO BE EFFECTED BY THE SELLER FOR 110% OF THE FULL INVOICE VALUE COVERING INSTITUTE CARGO CLAUSES (A) AS PER I.C.C. DATED 1/1/1982.

保险条款：由卖方根据伦敦保险协会1982年1月1日的协会货物保险条款以全部发票金额的110%投保协会货物保险条款(A)险。

三、一般性条款

一般性条款又称格式条款，是当事人为了重复使用而预先拟定，并在订立合同时未与对方协商的条款。一般性条款是适用于所有合同的共性条款，合同条款中凡属共性的东西，都可以列入其中。例如，品质条款对品质机动幅度的规定，数量条款中关于溢短装的规定，商品检验、违约与索赔、仲裁、不可抗力等条款都可列入一般性条款中。

详见本章引例第③部分内容，选择其中部分条款，翻译如下：

Inspection: THE CERTIFICATES OF QUALITY, QUANTITY/WEIGHT ISSUED BY THE CHINA ENTRY - EXIT INSPECTION AND QUARANTINE BUREAU OR ITS BRANCH SHALL BE THE FINAL EVIDENCE OF DELIVERY.

检验：由中国出入境检验检疫局及其分支机构对货物的质量、数量、重量等检验所出具的证明作为交货的最终证明。

Arbitration: ALL DISPUTES ARISING FROM THE EXECUTION OF, OR IN CONNECTION WITH THE CONTRACT SHALL BE SETTLED THROUGH AMICABLE NEGOTIATION. IN CASE NO SETTLEMENT CAN BE REACHED THROUGH NEGOTIA-

TION, THE CASE SHALL THEN BE SUBMITTED TO THE INTERNATIONAL ECONOMIC AND TRADE ARBITRATION COMMISSION OF CHINA, BEIJING COMMISSION, FOR ARBITRATION IN ACCORDANCE WITH ITS PROVISIONAL RULE OF PROCEDURE. THE ARBITRATION AWARD IS FINAL AND BINDING UPON BOTH PARTIES.

仲裁:凡因本合同或履行本合同而发生的一切争议,双方应协商解决;协商不成,双方应提交中国国际经济贸易仲裁委员会北京分会按照其仲裁规则进行仲裁,仲裁裁决是终局的,双方均应受其约束。

示例

合同一般条款示例

Quality/Quantity Discrepancy: ANY DISCREPANCY ON THE SHIPPED GOODS SHOULD BE PUT FORWARD WITHIN 30 DAYS AFTER THE ARRIVAL OF THE VESSEL CARRING THE GOODS AT THE PORT OF DESTINATION AND THE BUYER SHOULD PRESENT THE SURVEY REPORT ISSUED BY THE SURVEYOR AGREED BY THE SELLER. IF THE GOODS HAVE BEEN PROCESSED THE BUYER WILL LOSE THE RIGHT TO CLAIM. THE SELLER SHALL NOT SETTLE THE CLAIM WITHIN THE RESPONSIBILITY OF THE INSURANCE COMPANY OR SHIP COMPANY.

品质或数量异议条款:买方对于装运货物的任何异议必须于装运货物的船只到达目的港后30天内提出,并须提供卖方同意的公证机关出具的检验报告。如果货物已经加工,买方即丧失索赔权利。属于保险公司或轮船公司责任范围的索赔,卖方不予受理。

四、约尾

约尾部分一般列明合同份数、使用的文字及效力、附件及其效力、签约地点和双方当事人签字等。

详见本章引例第④部分内容。

问答题

1. UCP600 第 4 条是否要劝阻在货物描述中使用“Details as per Contract No. ×××”类似的语句?

2. 收到一份将基础合同副本作为不可分割一部分的信用证时应如何处理?

3. 保兑行通知受益人已对信用证加具了保兑,如果信用证过期而未被使用或者受益人未向保兑行交单,保兑行如何收取保兑费?

4. 单据在寄送途中遗失,受益人是否应提交包括正本提单在内的全套新单据?

5. 开证行为何在信用证中规定“not allow negotiation under reserve”?

答案

1. UCP600 第 4 条 b 款称:“开证行应劝阻申请人试图将基础合同、形式发票等文件作为信用证组成部分的做法。”如此规定并不是反对在规定的货物描述以外提及参照的基础合同或形式发票的做法,而是强调货物描述不应仅是“货物参见第 1234 号形式发票”或“货物详见第 28465 号合同”之类的表述。信用证应提供用以判断货物类型的足够信息,同时也可提及与货物相关的形式发票或基础合同。此外,作为申请人应注意的是,附上一份形式发票或合同作为信用证组成部分的做法对货物及其标准或质量的保护是有限的。申请人需要考虑清楚的是要求何种单据。单据由谁出具和提交单据的期限等问题。

2. 如果信用证中附加了基础合同或形式发票作为信用证不可分割的一部分,受益人应该要求开证行参照 UCP600 第 4 条,取消此条款。信用证中附加了基础合同,指定银行在审核单据时就不得不越过单据本身去涉及与信用证交易相独立的基础交易,去负担额外的、经常是不必要的审单要求。

3. 加具保兑后,保兑费一般向受益人收取,而且是从单据的款项中扣除。如果单据未提交给保兑行,保兑行则无法从受益人处扣除该费用。在此情况下,保兑行可以依据 UCP600 第 37 条“如果信用证规定费用由受益人负担,而该费用未能收取或从信用证款项中扣除,开证行依然承担支付此费用的责任”向开证行主张费用,开证行再从申请人处收取。

4. 受益人没有义务提交一套新的正本单据供开证行承付。但开证行有权要求提供副本单据,以便判断单据提交给指定银行时是否构成相符交单。

5. UCP600 第 2 条将“议付”定义为“指定银行在相符交单下，在其应获偿付的银行工作日当天或之前向受益人预付或者同意预付款项，从而购买汇票（其付款人为指定银行以外的其他银行）及/或单据的行为”。这说明开证行对指定银行“议付”的授权，仅仅局限于相符交单。但在交单不符的情况下，有些指定银行会和受益人私下约定，做保留追索权的议付，虽然该行为和开证行无关，因为开证行享有独立审单权，单据相符偿付指定银行，单据不符则提出拒付，但是许多开证行在信用证中授权指定银行借记账户或向偿付行索偿，当单据不符、指定银行保留追索权议付之后，指定银行会借记开证行账户或向偿付行索偿后支付受益人。而当开证行拒付后，指定银行往往拖延退款或拒绝退款，而等待不符单据的解决。因此有些开证行在信用证中加列此条款，以避免不符单据被接受前账户即被借记的情况。

第四章 信用证

学习要点与要求

掌握信用证的性质和特点，了解 SWIFT 信用证的概况。

掌握 MT700/701 信用证的基本内容，能依据国际惯例，针对信用证自身条款审核信用证，并能对照合同审核、修改信用证。

熟悉信用证修改流程及信用证修改书，了解信用证风险防范的基本方法。

Learning Objectives

Identify and critically analyse nature and features of trade contract. Know something about SWIFT L/C.

Breakdown and analyse MT700/701 L/C content. Locate the rules of convention within L/C examine. Critically and contextually analyse L/C articles.

Familiar with revising L/C and know how to avoid L/C venture.

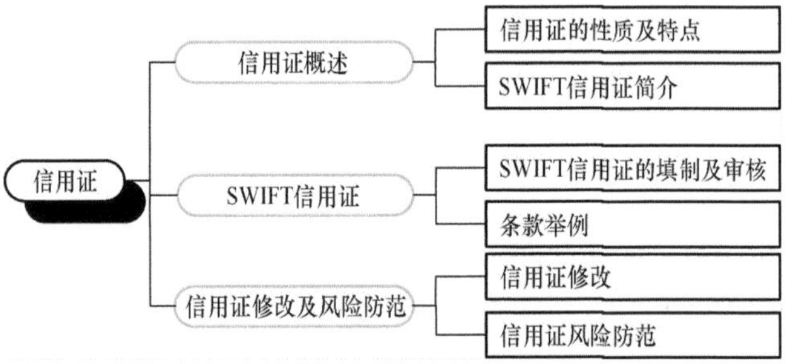

引例

8 月中旬的一天早晨，单证部的 Linda 估计 8 月 1 日和西班牙客户签的一单合同下的信用证应该已经开到，于是让小艾给花旗银行北京分行打电话。在花旗银行查无结果的情况下，小艾从 Linda 那里要来了进口商的联系方式，并向对方索要开证行的信用证报文副本的传真。

收到传真副本后发现，其通知行不是合同中确定的花旗银行而是中国银行。小艾不敢怠慢，立即与中国银行联系，拿到了信用证。Linda 让小艾也拿一份副本，试着审核一下。

小艾找到了 8 月 1 日公司签订的合同，对照手中信用证内容开始审核。信用证内容如下。

27: SEQUENCE OF TOTAL:1/1
40A: FORM OF DOC. CREDIT:IRREVOCABLE
20: DOC. CREDIT NUMBER:103CD137273
31C: DATE OF ISSUE:140815
40E: APPLICABLE RULES:UCP LATEST VERSION
31D: DATE AND PLACE OF EXPIRY:DATE 141002 PLACE IN SPAIN
51D:APPLICANT BANK:BANCO SANTANDER, S. A.
28660 BOADILLA DEL BARCELONA, SPAIN
50: APPLICANT:LINSA PUBLICIDAD, S. A.
VALENCIA, 195 BAJOS. 08011. BARCELONA, SPAIN
59: BENEFICIARY:BEIJING SAIDAO TRADING CO., LTD
NO. 269, CHAOYANG DISTRICT, BEIJING, CHINA
32B: AMOUNT:CURRENCY EUR AMOUNT 19.250,00
41A:AVAILABLE WITH...BY BANK OF CHINA BY NEGOTIATION
42C:DRAFTS AT... 30 DAYS AFTER SIGHT
42A:DRAWEE:LINSA PUBLICIDAD, S. A.
43P:PARTIAL SHIPMENTS:NOT ALLOWED
43T:TRANSSHIPMENT:NOT ALLOWED
44E:PORT OF LOADING:ANY CHINESE PORT
44F:PORT OF DISCHARGE:VALENCIA, SPAIN
44C:LATEST DATE OF SHIPMENT:140915
45A:DESCRIPTION OF GOODS
GOODS ASPER S/C NO. YH08036 DATED ON AUG. 1, 2014
CARDHOLDER DYED COW LEATHER

BLACK COLOUR/8000PCS AT USD 1.45/PC FOB QINGDAO
BROWN COLOUR/5000PCS AT USD 1.50/PC FOB QINGDAO
PACKING: 200PCS/CTN

46A: DOCUMENTS REQUIRED

1. SIGNED COMMERCIAL INVOICE IN 3 COPIES
2. CERTIFICATE OF ORIGIN GSP FORM A ISSUED BY OFFICIAL AUTHORITIES IN TRIPLICATE
3. PACKING LIST IN 3 COPIES
4. FULL SET CLEAN ON BOARD BILLS OF LADING MADE OUT TO ORDER MARKED FREIGHT PREPAID AND NOTIFY APPLICANT
5. INSURANCE POLICY/CERTIFICATE IN DUPLICATE ENDORSED IN BLANK FOR 110% INVOICE VALUE COVERING ALL RISKS AND WAR RISK AS PER CIC

47A: ADDITIONAL CONDITIONS

1. BILL OF LADING ONLY ACCEPTABLE IF ISSUED BY ONE OF THE FOLLOWING SHIPPING COMPANIES: KUEHNE - NAGEL (BLUE ANCHOR LINE) VILTRANS (CHINA) INT'L FORWARDING LTD OR VILTRANS SHIPPING (HK) CO., LTD
2. ALL DOCUMENTS PRESENTED UNDER THIS LC MUST BE ISSUED IN ENGLISH
3. IN CASE THE DOCUMENTS CONTAIN DISCREPANCIES, WE RESERVE THE RIGHT TO CHARGE DISCREPANCY FEES AMOUNTING TO EUR 75 OR EQUIVALENT
4. WE SHALL ADVISE YOU OF RECEIPT OF IMPORT LICENCE ARTER WHICH DATE THIS CREDIT WILL BECOME VALID

71B: CHARGES: ALL CHARGES ARE TO BE BORN BY BENEFICIARY

48: PERIOD FOR PRESENTATION: WITHIN 5 DAYS AFTER THE DATE OF SHIPMENT, BUT WITHIN THE VALIDITY OF THIS CREDIT

49: CONFIRMATION INSTRUCTION: WITHOUT

第一节　信用证概述

19 世纪 70 年代后期，由于大型商船的出现，远洋运输业得到了迅猛发展。班轮的出现、海运提单条款的定型化，使得提单从一般收据变为经过背书可以自由转让的物权凭证，使得票据结算方式取代了原始的现金结算办法，商品买卖逐步发展成为单据买卖，从过去凭货付款的交易方式发展成为凭单付款的交易方式，也就是今天人们所说的，由原来的实际交货变成象征性交货。由此，以银行信用为特征的跟单信用证结算方式取代了以商业信用为基础的结算方式，并且得到了长足的发展。

信用证是 19 世纪国际贸易支付方式上的一次革命，这种支付方式首次使不在交货现场的买卖双方在履行合同时处于同等地位，在一定程度上解决了双方互不信任的矛盾。由于信用证的专业性和复杂性，导致信用证首次结汇成功率比较低。根据国际商会的统计，信用证相关单据首次结汇（First Tender）时出现问题，银行打回头的占 40% 左右。

一、信用证的性质及特点

（一）信用证的性质

信用证（Letter of Credit，简称 L/C）又称信用状，是指开证行应申请人的要求并按申请人的指示，向第三者开具的载有一定金额、在一定时期内凭符合规定的单据付款的书面保证文件。

《UCP600》第 2 条将信用证定义为：信用证（L/C，Letter of Credit）是指一项不可撤销的安排，无论其名称或描述如何，该项安排构成开证行对相符交单予以承付的确定承诺。

承付是指：

（1）如果信用证为即期付款信用证，则即期付款；

（2）如果信用证为延期付款信用证，则承诺延期付款并在承诺到期日付款；

（3）如果信用证为承兑信用证，则承兑受益人开出的汇票并在汇票到期日付款。

（二）信用证的特点

（1）信用证是银行信用。信用证属银行信用，是建立在银行信用基础上的。

由于银行信用一般优于商业信用,因此相关费用也要高于其他付款方式。

(2)信用证是自足文件。信用证的开立依据买卖合同,但一旦生效则不受合同条款的约束。卖方只有按照信用证的条款去履行,才能保证从银行获得信用证款项。

(3)信用证是单据买卖。银行只看单据表面是否与信用证条款一致,不管实际交货的情况如何。

二、SWIFT 信用证简介

(一)SWIFT 简介

"SWIFT"是环球银行金融电讯协会(Society for Worldwide Inter-bank Financial Telecommunication)的简称,是一个国际银行同业间非营利性的合作组织。该组织于 1973 年在比利时成立,总部设在比利时首都布鲁塞尔,并在荷兰阿姆斯特丹和美国纽约设立与总部互相连接的大型电脑操作中心,在各会员银行所在的国家和地区设有与操作中心相连的处理站。会员银行通过专用电脑设备与处理站和操作中心的电脑、数据通信设备连通,构成全球性通信网,开展电讯国际银行业务。目前全球大多数国家的大多数银行已使用 SWIFT 系统。

凡利用 SWIFT 系统设计的特殊格式(Format),通过 SWIFT 系统传递的信用证的信息(Message),即通过 SWIFT 开立或通知的信用证均称为 SWIFT 信用证,也有的称为"环银电协信用证"。

中国银行在 1983 年 2 月正式加入该协会成为其会员银行,1984 年开始使用该协会的通信系统办理国际业务,1985 年中国银行总行建立了 SWIFT 中国地区处理站。

(二)SWIFT 信用证的特点

(1)采用会员制度。使用 SWIFT 系统的银行必须加入环球银行金融电讯协会,成为会员后方可使用 SWIFT 系统。

(2)格式标准化。对于 SWIFT 电文,SWIFT 有统一的要求和格式。使用 SWIFT 信用证,必须遵守 SWIFT 使用手册的规定,使用 SWIFT 手册规定的代号(Tag)。

(3)安全性高。与信开信用证比较,SWIFT 是全证加密,而信开信用证只对重要的内容(如金额)处加密押。与电传比较,SWIFT 的密押比电传的密押可靠性强、保密性高。

(4)解释统一。采用 SWIFT 信用证,信用证必须按国际商会规定的 UCP600、ISBP745(International Standard Banking Practice for the Examination of Documents under Documentary Credits, 国际标准银行实务)的规定处理。因此,在 SWIFT 信用证中可以省去银行的承诺条款,但并不能免去银行所应承担的义务。SWIFT 信用证可省去按 UCP600 处理的声明,但该信用证仍按 UCP600 处理。

(5)费用较低。与电传、电报比较,同样多的内容,SWIFT 费用只有 TELEX(电传)的 18% 左右,CABLE(电报)的 2.5% 左右。

(6)系统服务范围广。SWIFT 系统服务范围广,凡会员银行所处理的有关国际银行业务的电讯均可使用 SWIFT 系统。主要业务包括外汇买卖、证券交易、开立信用证、办理信用证项下的汇票业务等,同时还兼理国际账务结算和银行间的资金调拨。

(7)处理业务快捷。SWIFT 系统的电讯线路速度为普通电传的 48 ~ 192 倍,在正常情况下,每笔交易从发出电讯到收到对方确认只需 1 ~ 2 分钟。会员间还可以利用 SWIFT 系统的存储功能,随时从该系统索取所需要的电讯往来记录。

(8)自动功能。SWIFT 系统具有自动收发存储信息、自动加押和核押、自动将文件分类等功能,可每周 7 天 24 小时连续不停地运转。

第二节 SWIFT 信用证

一、SWIFT 信用证的填制及审核

27:SEQUENCE OF TOTAL

必选项。报文的页次顺序以及总的报文页数。

引例中"1/1"代表"本信用证共 1 页,此为第 1 页";同理"2/3"表示"本信用证共 3 页,此为第 2 页"。

40A:FORM OF DOC. CREDIT

必选项。信用证的类型。

当前使用的大多为不可撤销跟单信用证(Irrevocable Documentary L/C)。

20:Documentary Credit Number 信用证号码

必选项。发报行的信用证编码。

引例中信用证的号码为“103CD137273”。

23:REFERENCE TO PRE-ADVICE

可选项。信用证预先通知号。

如果有报文形式的信用证预先通知号,则把号码填到此项。

引例中该信用证没有预先通知,因此本栏空。

31C:DATE OF ISSUE

可选项。开证行开立跟单信用证的日期。

SWIFT 电文的日期表示为:YYMMDD(年月日),如:2014 年 7 月 19 日,表示为 140719。

若没有明确开证日期,则以发电日为开证日,如由他行转电或转开,则电文开头的日期应为转电日或转开日,电文内可能述及原信用证开证日。

引例中的开证时间为 2014 年 8 月 15 日。结合第三章中赛道公司签订的销售合同,其中“THE BUYER SHALL OPEN...AN IRREVOCABLE SIGHT LETTER OF CREDIT TO REACH THE SELLER 30 DAYS BEFORE THE MONTH OF SHIPMENT ”,而装运月份为“DURING SEP. 2014”,说明买方需要在 2014 年 8 月 1 日之前通过银行开出信用证。而本章引例中开证日期为 2014 年 8 月 15 日,开证日期比合同规定晚了半个月。

31D:DATE AND PLACE OF EXPIRY

必选项。信用证项下的最迟交单日期和交单的可能地点,又可称为“截止日期”和“截止地点”。

信用证的“截止日期”以前叫作“到期日”。国际商会的专家出于把“Expiry”(a coming to an end of a contract period,时效期限)和“Maturity Date”(the date on which an obligation must be repaid,支付到期日)相区别的目的,在 2006 年修订跟单信用证统一惯例时,正式把“Expiry”翻译成“截止日期”,而把“Maturity Date”继续翻译成“到期日”。

信用证必须规定一个截止日期,有效期不宜过长或过短,应允许受益人有足够的时间装货备单。许多银行开证手续费以 6 个月的信用证有效期为标准,超过 6 个月加收费用。到期日适逢节假日时,自动顺延至下一个工作日。

截止地点,意指有效期应以受益人向何地银行的交单日期为准,具体视 L/C 的规定而定,可能为出口地行、进口地行,或第三国银行。后两种情形出口人很难控制单据到达开证行的邮程时间,为保证安全收汇,我国出口业务原则上应争取到期地点选择在中国境内。若 L/C 规定在国外(进口地)到期,则应提早 10 ~ 15 天向银行交单,以便议付行在有效期内将单据寄到开证行。

引例中合同对信用证截止日期的规定为信用证"REMAIN VALID FOR NEGOTIATION IN CHINA UNTIL THE 15th DAY AFTER THE FORESAID TIME OF SHIPMENT",既要在装运期后 15 天内持续有效。合同中的装运日期为 9 月份,因此,合同规定的信用证的截止日期应为 10 月 15 日。而所开信用证的截止日期为 2014 年 10 月 2 日,与合同不符。

引例中信用证的截止地点"SPAIN"与合同规定不符,应改为"CHINA"。

40E:APPLICABLE RULES

必选项。信用证所适用的规则。

引例中显示,本信用证适用规则的"最新版本",即 UCP600。

50:APPLICANT 开证申请人

必选项。信用证的"开证申请人"通常为合同中的进口方,填写进口方的具体名称和地址。

申请人,通常为贸易中的买家,国际贸易中的进口商。其在与出口商签订购销合同后,负责根据合同向银行申请开立信用证;在出口商向开证银行提交单据后,负责向开证行作出承付,赎单提货。在 SWIFT 格式信用证中,申请人的表述为:

Applicant:××××(申请人名称)
××××(申请人地址)

59:BENEFICIARY 受益人

必选项。信用证的"受益人" 通常为合同中的出口方,填写出口方的具体名称、地址,至少要注明城市名,以便开证行选择适当的通知行。

受益人,通常为贸易中的卖家,国际贸易中的出口商。其在收到开证银行开来的信用证后,负责审核信用证条款;在确认信用证条款可以接受后,负责安排生产和出运货物,并按照信用证条款要求制作单据,向银行提交单据,索要货款。在 SWIFT 格式信用证中,受益人的表述为:

Beneficiary:××××(受益人名称)
××××(受益人地址)

"受益人"的名称不能出现与实际英文名称"不符"的现象,哪怕只是个别字母拼写"笔误",受益人也必须要求申请人指示开证行修改信用证,否则,既容易出现单证不符,又容易出现收汇困难。

引例中,受益人名称与合同规定不符,应改为"Beijing Saidao Trading Co.,Ltd."。

41A/D:AVAILABLE WITH...BY...被指定银行及信用证的兑用方式

必选项。该栏位列明被授权对该信用证付款、承兑或议付的银行及该信用证的兑用方式。兑用方式分别用下列词句表示:BY PAYMENT(即期付款方式)、BY ACCEPTANCE(承兑方式)、BY NEGOTIATION(议付方式)、BY DEF PAYMENT(延期付款方式,有关付款的详细条款应在栏位"42P"中列明)、BY MIXED PYMT(混合付款方式,有关付款的详细条款应在栏位"42M"中列明)。

被指定银行,就是开证行指定的代其向受益人付款的银行(一般在出口商所在地,有时和通知行是一家银行)。被指定银行负责按照开证行的授权对受益人付款,常见的授权有对信用证做议付、付款、承兑、保兑、转让等。当开证行在信用证中规定可在任一银行兑用时,任何银行都可以是被指定银行。开证行在信用证中作出的授权是单方面的,被指定的银行有权利选择是否接受开证行的授权。在SWIFT格式信用证中,被指定银行的表述为:

Available with...by...: ×××(被指定银行SWIFT代码或名称、地址)...by...

进出口商还要根据不同的贸易方式,在国际惯例规定的付款、延期付款、承兑和议付四种信用证中进行选择。

在付款期选定为即期的情况下,假如希望被开证行指定的银行能够凭相符交单先支付货款给受益人,可以选择即期付款信用证。

在付款期为远期的情况下,假如希望使用汇票,引入票据法的约束和保护,并增加票据融资的机会,可以选择远期承兑信用证。假如不希望使用汇票,以避免印花税类的费用,可以选择延期付款信用证。

假如希望开证行授权受益人所在地的银行对受益人做议付,也就是被指定的银行在开证行付款之前向受益人承诺支付或实际支付货款,可以选择议付信用证。

引例中,直接以通知行中行作为议付行。

32B:CURRENCY CODE, AMOUNT 信用证金额

必选项。在SWIFT信用证中,数字(包括数量和金额)中的分节号和小数点都是与我们惯常的方法相反,千位以上数字用小数点"."分隔,小数点用逗号

“,”来表示。

平常的写法:“200,000SQF”(平方英尺),USD6,356,263.36

SWIFT 信用证的写法:“200.000SQF”,USD6.356.263,36

信用证金额中有扣除佣金的条款(如 Less 5% Commission),则信用证金额必须为扣除佣金后的净额;否则,在不允许分批情况下,发票价值与信用证金额间的差距将无法为银行所接受。

引例中货币名称与合同规定不符,应改为“USD”。

39A:POS/NEG. TOL.(%)信用证金额增减的百分率

可选项。规定信用证金额浮动范围时,要注意与数量条款的溢短装条款相一致。

39B:MAXIMUM CREDIT AMOUNT 信用证最大限制金额

可选项。信用证的最高限额,用“NOT EXCEEDING”表示。

42C:DRAFTS AT... 汇票付款期限

可选项。如果信用证规定需要提交汇票,必须列明跟单信用证项下的汇票付款期限。注意,此汇票期限要与信用证的付款方式对应。

引例中汇票付款期限与合同规定不符,应改为“AT SIGHT”。

42A:DRAWEE 汇票付款人

可选项。如信用证规定需要提交汇票,该栏位列明汇票付款人。

引例中汇票付款人为开证申请人不妥,应改为“BANCO SANTANDER, S. A”

42M:MIXED PAYM. DETAILS 混合付款条款

可选项。如果信用证的兑用方式为混合付款,该栏位列明混合付款跟单信用证项下的付款日期、金额及其确定的方式。

42P:DEFERRED PAYM. DET. 延期付款条款

可选项。如果信用证的兑用方式为延期付款,该栏位仅用来列明延期付款跟单信用证项下的付款日期及其确定的付款方式。

43P:PARTIAL SHIPMENTS 部分装运条款

可选项。该栏位列明货物是否允许在一个时期内分几次装运。

引例中,信用证规定不允许分批与合同规定不符,应改为“ALLOWED”。

43T:TRANSSHIPMENT 转运条款

可选项。该栏位列明货物是否允许在信用证规定的起点到终点之间的运输过程中,从一件运输工具卸下再装上另一件运输工具。

引例中,信用证规定不允许转运与合同规定不符,应改为“ALLOWED”。

44A:TAKING CHARGE PLACE 起运地、发货地、收货地

可选项。该栏位列明货物起运地点(在使用多种运输方式联运单据的情况下),接受地(公路、铁路、内陆水运单据、信件、快递服务单据),标注在货运单据上的发货地。

44E:PORT OF LAODING/AIRPORT OF DEPARTURE 装货港口/始发航空港

可选项。该栏位描述货运单据中列明的装货港口或始发航空港的名称。

引例中,信用证的装货港口为"ANY CHINESE PORT",与合同不符,应改为"QINGDAO"。

44F:PORT OF DISCHARGE/AIRPORT OF DESTINATION 卸货港口/航空港目的地

可选项。该栏位描述货运单据中列明的卸货港口或航空港目的地的名称。

引例中,信用证的目的港为"VALENCIA, SPAIN",与合同规定不符,应改为"BARCELONA"。

44B:FINAL DESTINATION 最终目的地/运往……/交货地点

可选项。该栏位描述货运单据中列明的最终目的地或交货地点名称。

44C:LATEST DATE OF SHIPMENT 最迟装运日期

可选项。该栏位列明的是装船、发运和接受监管的最迟日期,以 YYMMDD 的方式表示日期。

引例中,合同规定装运期为"DURING SEP. 2014"(2014 年 9 月),即最迟到 9 月 30 日完成装运。而信用证中的最迟装运日期为 2014 年 9 月 15 日,显然与合同不符,应改为"140930"。

44D:SHIPMENT PERIOD 装运期

可选项。该栏位列明货物装船、发运和接受监管的一个有起点有终点的时段。

45A:DESCRIPTION OF GOODS 货物/劳务描述

可选项。该栏位包括货物或劳务的描述。价格条款也应列在该栏位中,如 FOB Shanghai at USD 50/PC.

关于货物描述(国内有的学者认为翻译成"商品名称"),UCP600 第 18 条 c 款的规定是:商业发票上的描述必须与信用证描述完全一致,不能使用统称(in general terms)。信用证中的商品名称的全称(full name)以及全部"45A"的内容都要填写在商业发票上面,不得减少;其他单据(如提单、保险单、产地证、装箱单等)则可以使用统称(即简称)。

实务中,也有些申请人或者是图省事,或者是出于其他原因,对货物描述只填写“参照某某号合同”,或者“参照某某号形式发票”。这至少是不受鼓励的做法,信用证下的商业发票照此填写将会没有具体货名,容易导致涉及禁运货物之嫌,表4-1所示为货物名称之间不同关系的说明及示例。

表4-1 货物名称关系的说明及示例

序号	两种描述之间的关系	举例说明	
		信用证上的名称	单据上的名称
①	具有“包含”关系	Men's Cotton Shirts	Garments
②	具有“相反”关系	Steel Rail	Cast Iron Rail
③	具有“不相关”关系	Computer	Television Set

引例中,信用证中的合同号与贸易合同的规定不符,应改为“YH08039”;信用证中的数量与合同规定不符,应分别改为“BLACK COLOUR/5000 PCS”和“BROWN COLOUR/ 8000 PCS”;信用证中每箱的件数与合同的包装条款不符,应改为“500PCS/CTN”。

46A:DOCUMENTS REQUIRED 单据要求

可选项。该栏位列明要求受益人提交的单据的种类、份数,以及必要时对出单人、单据内容的要求。例如,如果信用证规定有运输单据的最迟出单日期,该条款应和有关单据的要求一并在该栏位中列明。

引例中,要求卖方提供保险单,这与FOB术语不符,应要求取消。

47A:ADDITIONAL CONDITIONS 附加条件

可选项。该栏位列明信用证的附加条件。

引例中“47A”的第4条是信用证暂不生效条款,属于典型的信用证软条款,应该予以修改或删除。有关信用证软条款“47A”的内容,详见本节下文中的信用证审核部分。

71B:DETAILS OF CHARGES 费用负担

可选项。这里的费用是指银行间业务往来所产生的一系列费用。按照UCP500中“由指示方承担银行费用”的支付原则①,此项费用应由开证申请人承担。但该项规定在UCP600第12条中被删除。

① 参见《UCP500》第18条。

SWIFT 信用证中,该栏位的出现即表示费用由受益人承担。若报文无此栏位,且信用证也未见其他栏位规定费用承担方时,则表示除议付行费、转让费外,其他费用均由申请人负担。

该栏位可能出现的代码(代码后面跟货币符号和金额)有:/AGENT/代理商佣金、/TELECHAR/电讯费用、/COMM/我行费用、/CORCOM/我行代理费用等。

引例中,所有的费用由受益人负担不妥,应改为"ALL CHARGES OUTSIDE SPAIN ARE TO BE BORN BY BENEFICIARY"。

48:PRESENTATION PERIOD 交单期限

可选项。该栏位列明单据应在信用证要求提交的运输单据后的多少天提示付款、承兑、议付。如该栏位未作规定,则在适用的时候为应在装运日期后的21 个日历日内提交。

一般规定为装运日后 15 天,但对我国内地至港澳及近洋运输,因运输时间较短,以 7 ~10 天为宜。

引例中,"WITHIN 5 DAYS AFTER THE DATE OF SHIPMENT"规定的时间过短,可改为"WITHIN 15 DAYS AFTER THE DATE OF SHIPMENT"。

49:CONFIRMATION 保兑指示

必选项。该栏位必须用下列某一代码来列明给收报行的保兑指示:

CONFIRM:要求收报行保兑该信用证。

MAY ADD:收报行可以对该信用证加具保兑。

WITHOUT:不要求收报行保兑该信用证。

53:REIMBURSING BANK 偿付行

可选项。该栏位列明被开证行授权偿付跟单信用证金额的银行。

偿付行,是代开证行向受益人支付货款的银行。当进口商所在地使用的货币不是信用证使用的货币时,为了支付方便,开证行有时会在信用证中授权另一家银行代替其向受益人支付货款。这家银行所在国家的货币通常是信用证使用的货币,开证行也通常在这家银行开有账户,因此清算比较顺畅便利。在有偿付行的情况下,对于受益人来说,做了相符交单后要看准的是应先向偿付行要钱,而不是开证行。例如,日本和韩国开来的信用证有很多是带有偿付行的,如果信用证的币种是美元,日、韩的开证行一般会指定他们在纽约(全世界的美元清算中心)的分行作为偿付行,由偿付行直接向受益人的银行付款。在SWIFT 格式信用证中,偿付行的表述为:

Reimbursement bank: ×××××(偿付行 SWIFT 代码或名称,地址)

78:INSTRUCTIONS　付款行、承兑行或议付行的指示

可选项。该栏位列明开证行给付款行、承兑行或议付行的指示。如要求指定银行对开证行发索偿预先通知，也可以在此栏位指明。

例如，寄单指示的表述为：Instructions to the Paying/Accepting/Negotiating Bank 78:All documents are to be forwarded to ×××××(收单行名称、地址) in two consecutive lots/in one lot.

付款承诺的表述为：Instructions to the Paying/Accepting/Negotiating Bank 78:Upon receipt of all documents in order, we will duly honour/accept the drafts and effect the payment as instructed (at maturity).

57D:ADVISE THROUGH...BANK　通知行

可选项。如果该信用证需通过收报行以外的另一家银行转递、通知或加具保兑后给受益人，该栏位内填写该银行，即第二通知行。

通知行，指将信用证通知给出口商的银行。通常为出口商所在地的银行，开证行与其建立有代理行关系，出口商一般在其开有结算账户。负责审核信用证的密押或者印鉴，以确定信用证的真假；并负责按照原样将信用证及时通知给受益人，在SWIFT格式信用证中，通知行的表述为：

Receiver或Advise through bank :×××(通知行SWIFT代码或名称、地址)

72:SEND. TO REC. INFO.　附言

可选项。该栏位可能出现的代码：

/PHONBEN/：请用电话通知受益人(后跟电话号码)；/TELEBEN/：请用快捷有效的电讯方式通知受益人，包括SWIFT、传真、电报、电传。表4－2所示为SWIFT常用的货币符号。

表4－2　SWIFT常用的货币符号

货币符号	货币名称	货币符号	货币名称
HKD	港币	IRR	伊朗里亚尔
JPY	日本元	KWD	科威特第纳尔
MOP	澳门元	MYR	马来西亚林吉特
PKR	巴基斯坦卢比	PHP	菲律宾比索
SGD	新加坡元	THB	泰国铢
CNY	人民币	EUR	欧元
USD	美元	GBP	英镑
AUD	澳大利亚元	NZD	新西兰元

二、信用证条款举例

（一）国别信用证条款举例

1. 智利进口鱼粉所需报检单据：

HEALTH CERTIFICATE FOR EXPORT IN ONE ORIGINAL AND TWO COPIES ISSUED BY SOCIETE GENERAL DE SURVEILLANCE S. A. IN CHINA.

CERTIFICATE OF ORIGIN FORM CHINA – CHILE FTA IN ONE ORIGINAL AND TWO COPIES ISSUED BY OFFICIAL CHILE.

2. 巴基斯坦信用证：

SHIPMENT/TRANSSHIPMENT ON ISRAEL FLAG VESSEL IS PROHIBITED.

3. 阿尔及利亚信用证：

OCEAN BILL OF LADING CLEAN ON BOARD MADE OUT TO THE ORDER OF BANQUE NATIONALE D'ALGERIE, NOTIFY APPLICANT AND MARKED FREIGHT PAYABLE AT DESTINATION + 2 COPIES OF MARKED NON – NEGOTIABLE BILL OF LADING.

COMMERCIAL INVOICE IN 12 ORIGINAL COPIES.

COPY CERTIFICATE OF CONFORMITY.

COPY CERTIFICATE OF ORIGIN STAMPED BY THE CHAMBER OF COMMERCE.

COPY PACKING LIST.

4. 中东信用证：

COMMERCIAL INVOICE MADE OUT IN THE NAME OF：× × × CO., LTD IN 5 COPIES SIGNED BY THE BENEFICIARY INCLUDING ONE ORIGINAL CERTIFIED BY THE CHINA COUNCIL FOR THE PROMOTIOIN OF INTERNATIONAL TRADE. THE INVOICE MUST BEAR THE FOLLOWING ATTESTATION：A. WE CERTIFY THAT THIS INVOICES IS AUTHENTIC, THAT IS THE ONLY ONE ISSUED BY US FOR THE GOODS DECLARE ALSO THAT THE ORIGIN OF THE GOODS IS EXCLUSIVELY FROM CHINA.（原产地声明）

FULL SET ORIGINAL CLEAN ON BOARD BILL OF LADIING MADE OUT TO ORDER OF SHIPPER, ENDORSED IN BLANK, MARKED"FREIGHT PREPAID" AND NOTIFY APPLICANT AND HSBC BANK MIDDLE EAST,

P. O. BOX 66 BEIRA, DUBAI.(指示性抬头空白背书提单)

CERTIFICATE OF ORIGIN ISSUED BY THE CHAMBER OF COMMERCE CERTIFYING THAT GOODS ARE OF CHINESE ORIGIN IN ONE ORIGINAL AND ONE COPY. THE ORIGINAL LEGALIZED BY THE U. A. E. REPRESENTATION IN CHINA. A CERTIFICATE OF ORIGIN INCORPORATED IN THE INVOICE WILL NOT BE ACCEPTABLE.(商会出具的产地证)

5. 孟加拉信用证:

PACKING LIST IN TRIPLICATE SHOWING DESCRIPTION OF GOODS COMPLETE PACKAGE DETAILS NET WEIGHT AND GROSS WEIGHT AND CERTIFYING THAT GOODS ARE PACKED IN EXPORT STANDARD PACKAGES.(装箱单证明商品用适于出口的包装)

ALL SHIPMENT UNDER THIS CREDIT MUST BE ADVICED BY THE BENEFICIARY WITHIN SEVEN WORKING DAYS AFTER SHIPMENT DIRECTLY TO CITY GENERAL INSURANCE COMPANY LTD. LOCAL OFFICE BAITUL HOSSAIN BUILDING 27, DILKUSHA C/A DHAKA－1000 BANGLADESH MENTIONING MARINE COVER NOTE NO. CGIC/LO/MC －644/10/2014 DATED 14－10－2014 AND A COPY OF SUCH ADVICE MUST ACCOMPANY THE SHIPPING DOCUMENTS.(通知证明)

GOODS DESTINATED TO BANGLADESH BY ISRAELI FLAG VESSEL IS NOT ALLOWED. A CERTIFICATE ISSUED BY THE SHIPPING CO. OR THEIR AGENT TO THIS EFFECT MUST ACCOMPANY SHIPPING DOCUMENTS.(船公司证明)

6. 其他:

PORT SHIPMENT INSPECTION CERTIFICATE INDICATING CONTAINER NUMBER AND SEAL NUMBER ISSUED BY CCIC.(废料进口报检)

(二)软条款

1. THIS CREDIT IS NOT OPERATIVE ONLY AFTER HAVING OBTAINED THE IMPORT LICENSE AND IN ANY CASE ONLY AFTER OUR SWIFT ADVICE TO YOU.(信用证暂不生效)

2. THE MERCHANDISE IS SUBJECT TO A SUBSEQUENT INSPECTION IN PANAMA. IF THE SPECIFICATION OF MERCHANDISE IS NOT CONFORMITY

WITH OUR STANDARD, PAYMENT SHOULD BE REFUSED.(客户检验)

3. BENEFICIARY'S CERTIFICATE CERTIFYING THAT THEY HAVE SENT 1/3 ORIGINAL B/L TO APPLICANT AFTER SHIPMENT IS REQUIRED.(物权凭证丧失)

4. FULL SET OF CLEAN ON BOARD BILL OF LADING CONSIGNED TO APPLICANT WITH FULL NAME AND ADDRESS MARKED FREIGHT COLLECT AND NOTIFYING TO SAME AS CONSIGNEE.(以开证申请人为收货人)

5. OUR OBLIGATION TO PAY UNDER THIS L/C IS CONDITIONAL UPON OUR NOT RECEIVING AN ORIGINAL NOTICE OF REJECTION ISSUED BY THE GOVERNMENTAL HEALTH/SANITARY AUTHORITIES IN RESPECT OF THE GOODS WITHIN 60 DAYS FROM AND INCLUDING THE DATE OF SHIPMENT AS EVIDENCED BY THE DATE OF THE ON BOARD BILL(S) OF LADING .(银行有条件付款)

第三节　信用证修改及风险防范

一、信用证的修改

(一)信用证修改的流程

信用证的修改流程见图 4-1。

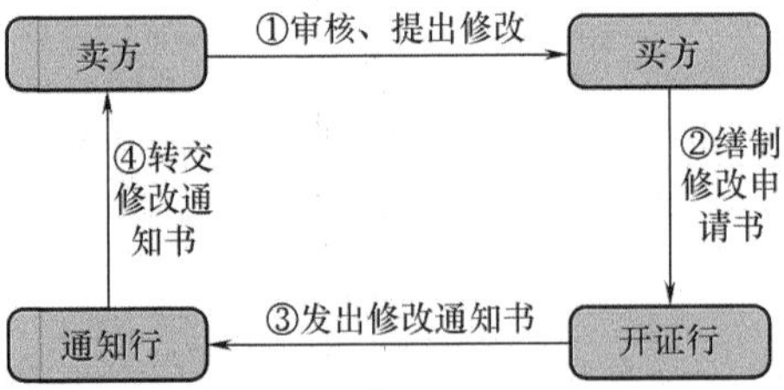

图 4-1　信用证修改流程

(二)信用证修改申请书

信用证修改申请书的形式如表 4-3 所示。

表4-3 信用证修改申请书样本

信用证修改申请书

IRREVOCABLE DOCUMENTARY CREDIT AMENDMENT APPLICATION

To: Banque Nationale de Paris　　　　Date: 20140518

Credit No. (信用证号码) 002/0000095	Amount: (原证金额) [USD] [7500]
No. of Amendment: (修改次数) 1	
Beneficiary: (受益人) Tokyo Sakura Furniture Co., Ltd. Jingshen 56rd, Kobe, Japan	
New Date of Expiry: (新效期) 20140616	New Latest Shipment Date (新装期) 20140601
Increase of DC Amount: (信用证增额) [\ ] [\ ]	
Decrease of DC Amount: (信用证减额) [\ ] [\ ]	
New DC Amount After Amendment: (修改后信用证金额) [\ ] [\ ]	
Terms of Amendment (修改条款)	
其余条款不变OTHER TERMS AND CONDITIONS REMAIN UNCHANGED	

经办人：

申请人签章：

接受改证后，信用证修改书成了原信用证的组成部分，并替代原信用证对应条款而使其失效，受益人交单时需要向银行一并提供原信用证及修改书。

(三)修改信用证的注意事项

修改信用证的注意事项包括以下几个方面。

(1)凡是需要修改的内容,应做到一次性提出。

(2)对于不可撤销信用证中任何条款的修改,都必须取得当事人的同意后才能生效。

(3)对于修改内容要么全部接受,要么全部拒绝,部分接受修改中的内容是无效的。

(4)受益人可以书面形式表示接受或拒绝该信用证修改通知,也可以行动表示接受。

(5)受益人收到信用证修改后,应及时检查其修改内容是否符合要求,并根据情况表示接受或重新提出修改要求。

(6)信用证修改必须通过原信用证通知行通知才有效。

(7)明确修改费用承担问题,一般按照责任归属来确定修改费用。

二、信用证风险防范

国内出口商采用信用证方式,只要相符交单,就能得到开证行付出的款项或到期得到开证行付出的款项,货款由开证行或保兑行(如有)保证承付。表面上看,出口货款是安全的、没有风险的,但实际情况未必完全如此。进口商所在的国家或地区、开证行或保兑行(如有)的规模和资信、远期证期限的长短、信用证的兑用方式、信用证规定的单据种类及填制内容、出口商品的特性等因素可能导致国内出口商(受益人)不能充分获得开证行、保兑行(如有)的银行信用保障,国内受益人的风险还是或多或少存在的,应采取相应预防措施。

(1)选择在华有分行的境外商业银行为开证行。国内出口商应尽量指定世界知名银行,如花旗银行、法国兴业银行、汇丰银行、德国商业银行、澳新银行、渣打银行等作为开证行。这些银行信誉卓著,且大都在华设有分行,只要受益人相符交单,就能取得相应的货款;不接受进口国的地方性小银行作为开证行。

(2)指定银行在受益人所在地。不管信用证以何种方式兑用,国内受益人都需要力争信用证有指定银行,并且指定银行在受益人所在城市或对受益人最方便的城市,如是,受益人既能方便交单、议付,又能避免证内要求的单据在寄往开证行或保兑行(如有)途中遗失的风险。

(3)采用即期信用证。采用即期信用证方式,无论自由议付信用证,还是受益人选定指定银行的付款信用证或限制议付信用证,受益人向指定银行交单后,指定银行一般当天或翌日快邮寄出相关单据,开证行或保兑行(如有)收到单据翌日起算5个银行工作日内必须兑付相符交单。

(4)避免接受延期付款信用证。延期付款信用证项下，尽管信用证可能规定由开证行延期付款，开证行兑付相符交单；又或者信用证可能规定由指定银行延期付款但其未承诺到期付款，或虽承诺到期付款，实际到期并未付款，开证行同样须兑付相符交单。但开证行到期付款前，可能会受到法院止付令的限制而无法付款（有些国家的申请人能够比较容易申请到法院止付令）。

(5)保兑信用证。对一些国别风险比较高的开证行或资产规模小的开证行开立的信用证，国内受益人不能接受远期信用证，即期信用证也须经第三国的国际性大银行加具保兑，保兑行与开证行一样承担第一性付款责任；同时，受益人还要争取信用证内规定的单据少、填写的内容简单，保证相符交单。

(6)交单期尽量长。指定银行在国内受益人所在地，信用证的交单期越长，对受益人越有利。这样，国内受益人在收到指定银行提示的不符点报文后，可以有足够的时间置换不符单据，进而相符交单。

(7)必要时，投保短期出口信用险。必要时，国内受益人可以投保信用证方式短期出口信用险，信用证方式的信用险费率很低，但理赔的前提是受益人相符交单。

一、问答题

1. 如果信用证采用 SWIFT 格式开立，但通知行收到时发现报文为乱码，或者信开信用证在寄往通知行的途中遗失，信用证是否仍然有效？

2. 如果开证行发出预先通知，能否随后通知撤销该信用证？

3. 远期信用证项下开证行确认交单相符后发送了承兑通知，将单据交给申请人。货到港后海关发现货物不符合标准，不允许入关，开证行是否可以在到期日拒绝付款？

4. 开证行能否纳入指定银行？

5. 当信用证规定 10% 的尾款凭完工证明支付，完工证明是否需要在信用证规定的装运日后 15 天内提交？

6. 信用证规定由开证行付款，SWIFT MT700 的 31D 栏位的效期地点是受益人所在国，单据应在效期前提交到何处？

7. 信用证规定在中国银行兑用，MT700 的 31D 栏位的效期地点在开证行柜台。如果相符单据在效期内提交给中国银行，但是在效期之后抵达开证行柜台，开证行可否拒付？

8. 开证行指定某银行的 A 分行为议付行，处于同一国家的该银行的 B 分行办理了议付，开证行可否以 B 分行不是指定银行为由拒付？

9. 信用证限制在通知行议付(available with advising bank by negotiation)，在同时指明了第二通知行的情况下，信用证应该由第一通知行议付还是由第二通知行议付？

10. 信用证限制在开证行付款，受益人所在地的 A 银行可否应受益人要求办理议付？

11. 单据未由指定银行提交，开证行可否拒付？

答案

1. 根据 UCP600 第 7 条 b 款，"开证行自开立信用证之时起即不可撤销地承担承付责任"，"自开立信用证之时起"实际上意指当信用证脱离开证行控制之时起。因此信用证乱码或者在途中遗失的事实并未改变此信用证已经开立、开证行自开立之日起便受其约束的现实。

2. 虽然预先通知是信用证的初步通知，不构成开证行的责任，但是开证行发出预先通知，不能随便撤销。UCP600 第 11 条 b 款规定得很清楚："开证行作出该预先通知，即不可撤销地保证不迟延地开立或修改信用证，且其条款不能与预先通知相矛盾。如果一家银行不确定是否要开证，就不应发出预先通知。"开证行发出预先通知后，如果不开出有效的信用证或修改，或者开出的信用证或修改与预先通知的条款不一致，必然会给受益人造成损失。因此开证行对预先通知也要承担不可撤销的责任。

3. 根据 UCP600 第 5 条，"银行处理的是单据，而不是单据可能涉及的货物、服务或履约行为"。UCP 下所有信用证都被视为不可撤销，开证行不可随意撤销所做的付款承诺。单证相符，开证行应在到期日承付，关于货物质量的问题应由买卖双方在信用证外协商解决。当然，为避免类似情况再度发生，进口商在日后的交易中最好在信用证中加列由第三方检验机构在装运前对货物进行检验并提交检验证书的条款。

4. UCP600 第 2 条将指定银行定义为"信用证可在其处兑用的银行，如信用证可在任一银行兑用，则任何银行均为指定银行"。第 6 条 a 款称："规定在指定银行兑用的信用证同时也可以在开证行兑用。"有人认为，既然信用证可在开证行兑用，开证行也能归入指定银行，但这种理解过于宽泛。根据定义，指定银行是由开证行指定代替自己承付或议付的银行，包括指定的付款行、延期付款行、承兑行、议付行和保兑行。鉴于开证行开立信用证时已经承担了承付的责任，因此不需要再指定自己作为指定银行。

5. 交单期限只适用于信用证要求提交正本运输单据的情况。当信用证规定10%的尾款凭完工证明支付，同时规定交单期限为装运日后15个日历日内时，完工证明无须受此交单期限的约束，单据只需在信用证截止日内提交。

6. 理想来说，信用证兑用地点应该与到期地点一致。上述条款表明信用证仅仅规定在受益人的国家交单。当相符单据在效期内提交给指定的银行或信用证中规定的任何银行时，该银行应向开证行确认单据是在有效期内提交，然后再把单据寄至开证行柜台，开证行收到时虽然已过截止日，但只要单证相符，开证行仍必须承担责任。

7. 如果信用证规定在开证行柜台到期，表明单据必须在该规定期限的当日或之前抵达开证行柜台，否则开证行可以迟交单及信用证过期为由拒付。

8. 一家银行的总行和分行及在同一国家的分行在法律意义上只有一个法人，应视为一家银行。当开证行指定一家银行履行指定行为时，开证行只能指定一家银行，而不应指定该银行的某分行。题中的A分行及B分行属于同一个国家内的同一家银行议付，应该同等对待，开证行不应以单据经不同的分行议付为由拒付。

9. 如果第二通知行是第一通知行在自己通知有困难的情况下，自行选择的另一家银行，则应由第一通知行议付。如果第二通知行是受益人选定的，应该由第二通知行议付，因为第一通知行只是开证行用以纯粹进行信用证通知的银行，它并不方便受益人交单议付。但如果信用证并未明确 available the second advising bank，也可由第一通知行议付。对这样的条款，开证行应在信用证中明确规定，以使受益人能够判断信用证的有效银行。

10. 信用证限制在开证行兑用，则无指定银行。如果A银行接受受益人要求叙做议付，实际上是作为非指定银行在该证下行事，其行为在UCP的保护及认可之外。但是，鉴于银行在办理议付时，往往会与受益人签有书面协议，所以银行的行为应该受到当地法律的保护。

11. 信用证规定由通知行议付，受益人在效期前将单据提交给自己的往来银行，再由自己的往来银行寄送给开证行。UCP第6条a款指出："规定在指定银行兑用的信用证同时也可以在开证行兑用"，因此开证行不能因单据未通过指定银行提交而提出拒付。但是开证行在对相符交单进行支付前可以与指定银行进行核对，防止受益人重复交单。

二、单据超市

认识以下信用证所要求的单据。

46A: Documents required:

1. Signed commercial invoice in 5 folds indicating L/C No. and contract No.

2. Full set (3/3) of on board multimodal transport document made out to order and blank endorsed, marked"freight prepaid" and notify the applicant.

3. Insurance policy or certificate in 2 originals for 110 pct of the invoice value indicating claim payable at destination covering ocean transportation all risks and war risks as per ICC clauses.

4. Packing list in 3 folds indicating gross and net weight of each package.

5. Certificate of origin in 3 folds.

答案

1. 签署的商业发票一式五份并注明信用证及合同号码。

2. 全套(3/3)已装船联运单据,指示性抬头、空白背书,并标注"运费预付",被通知人为开证申请人。

3. 保险单或保险凭证两份正本,按照发票金额的110%投保,并注明目的地赔付,投保中国人民保险公司的海运一切险并加保战争险。

4. 装箱单一式三份,要求注明每包的毛重和净重。

5. 一般原产地证一式三份。

三、审证题

APPLICATION HEADER O 700 1627 150105 BKIDUS33XXX 5644 268881 150105 2027 N

* BANK OF INDIA

NEW YORK

SEQUENCE OF TOTAL *27 : 1 / 1

FORM OF DOC. CREDIT *40 A : IRREVOCABLE

DOC. CREDIT NUMBER *20 : 1234

DATE OF ISSUE 31 C : 20150105

APPLICABLE RULES *40 E : UCP LATEST VERSION

EXPIRY *31 D : DATE 150315 PLACE OUR COUNTER

APPLICANT *50 : ABC COMPANY LIMITED
MADISON AVE. 18,
NEW YORK, NY10011 USA

BENEFICIARY *59 : NANJING SUNRISE COMPANY
16, NORTH INDUSTRY ROAD
NANJING, CHINA

AMOUNT *32 B : CURRENCY USD AMOUNT 100.000,00

MAX. CREDIT AMOUNT 39 B : NOT EXCEEDING

AVAILABLE WITH/BY *41 D : BANK OF CHINA
BY ACCEPTANCE

DRAFTS AT ... 42 C : AT SIGHT

DRAWEE 42 A : ABC COMPANY LIMITED,
NEW YORK

PARTIAL SHIPMENT 43 P : NOT ALLOWED

TRANSSHIPMENT 43 T : NOT ALLOWED

PORT OF LOADING 44 E :

SHANGHAI PORT, PEOPLE'S REPUBLIC OF CHINA

PORT OF DISCHARGE 44 F :

NEW YORK, USA BY SEA

LATEST DATE OF SHIP. 44 C : 150229

SHIPMENT PERIOD 44 D : SEE FIELD 45A

DESCRIPT. OF GOODS 45 A :

POLYOL CONVENTIONAL (GY-3500)

PRICE TERMS: CIF NEW YORK

QUANTITY: 50000 KGS PRICE: USD2.000,00 PER MT

FIRST LOT: 20000 KGS TO BE SHIPPED ON OR ABOUT 20150210

SECOND LOT: 30000 KGS TO BE SHIPPED ON OR ABOUT 20150225

DOCUMENTS REQUIRED 46 A :

1. SIGNED COMMERCIAL INVOICES AND ONE COPY.

2. FULL SET OF MULTIMODAL TRANSPORT DOCUMENT MADE OUT TO ORDER AND BLANK ENDORSED MARKED FREIGHT PREPAID NOTIFYING THE APPLICANT.

3. PACKING LIST AND ONE COPY.

4. INSPECTION CERTIFICATE ISSUED BY APPLICANT AND COUNTERSIGNED BY MR. JOHN SMITH OF ABC COMPANY, NEW YORK, USA.

ADDITIONAL COND.　47 A：

1. CONTAINER SHIPMENT IS REQUIRED.

2. USD50,00 DISCREPANCY FEE FOR EACH DISCREPANCY SHALL BE DEDUCTED FROM THE PAYMENT FOR DOCUMENTS CONTAINING DISCREPANCIES.

3. WE SHALL ADVISE YOU OF RECEIPT OF IMPORT LICENCE AFTER WHICH DATE THIS CREIDT WILL BECOME VALID.

DETAILS OF CHARGES　71 B：

ALL BANK CHARGES ARE FOR ACCOUNT OF THE BENEFICIARY.

PRESENTATION PERIOD　48　：

DOCUMENTS TO BE PRESENTED WITHIN 7 DAYS AFTER THE DATE OF SHIPMENT BUT WITHIN THE VALIDITY OF THE CREDIT.

CONFIRMATION　*49　：WITHOUT

INSTRUCTIONS　78　：

1. IF WE GIVE NOTICE STATING ALL DISCREPANCIES IN RESPECT OF WHICH WE REFUSE THE DOCUMENTS, WE SHALL DELIVER THE DOCUMENTS TO THE APPLICANT FOR THEIR APPROVAL AND SHALL NOT BE LIABLE FOR ANY CONSEQUENCES OF THAT ACTION. WE SHALL MAKE PAYMENT TO YOU UPON THE AUTHORIZATION OF THE APPLICANT.

2. WE HEREBY ENGAGE WITH DRAWERS AND/OR BONAFIDE HOLDERS THAT DRAFTS DRAWN AND NEGOTIATED IN CONFORMITY WITH THE TERMS OF THIS DOCUMENTARY CREDIT WILL BE HONOURED ON PRESENTATION.

TRAILER　ORDER IS <MAC：> <PAC：> <ENC：> <CHK：> <TNG：> <PDE：>

问：该信用证存在哪些错误？

答案

①信用证的指定银行为受益人所在地银行，但效期地点在境外。②货物数量以公斤（公吨）计量，但信用证金额不允许超过。③承兑信用证，未要求远期汇票。④未要求汇票付款人为银行。⑤44C 和 44D 同时出现。⑥根据 UCP600，on or about 共为 11 天，据此计算的最后装运日超过 20150229。⑦要求提供涵盖至少两种以上运输方式的单据，与 44E 和 44F 及价格条款矛盾。

⑧要求提交客检证。⑨价格条件是CIF,但是缺少保险单据的要求。⑩有非单据化条件。⑪不应每一不符点扣一笔不符点费用。⑫有"暂不生效"条款。⑬不应所有费用由受益人负担。⑭交单期过短。⑮有开证行免责条款。

四、根据合同审核信用证

合同资料:

SALES CONFIRMATION

BUYERS:BELLAFLORA GARTEN CENTER GE-SELLSCHAFT **NO.205001**

ADDRESS: M.B.H FRANZOSENH-AUSWEG 50 A-4020 LINZ, AUSTRIA **DATE:2015-05-09**

SELLERS: DALIAN ARTS&CRAFTS IMPORT&EXPORT CORP.

ADDRESS: NO.23 FUGUI STR.,DALIAN, CHINA

The undersigned buyers and sellers have agreed to close the following transactions according to the terms and conditions stipulated below.

NAME OF COMMODITY & SPECIFICATION	UNIT PRICE	QUANTITY	AMOUNT & PRICE TERMS
CHRISTMAS GIFTS	CIF HAMBURG	(SET)	CIF HAMBURG
AF-634	USD0.66	768	USD 506.8
AF-655	USD0.46	1,600	USD 736.00
AF-555	USD1.01	600	USD 606.00
AF-629	USD0.78	768	USD 599.04
AF-651	USD0.50	1,600	USD 800.00
AF-673	USD0.50	600	USD 300.00
AF-676	USD0.52	672	USD 349.44
AF-609A	USD0.76	420	USD 319.20
AF-609	USD0.90	382	USD 343.80
AF-609B	USD0.95	240	USD 204.00
AF-705	USD0.52	900	USD 468.00
AF-704	USD0.68	648	USD 440.64
AF-701	USD0.58	840	USD 487.20
AF-702	USD0.52	960	USD 499.20
DL-(EACH 400 DOZ)			
1768B,1756B,1718B,1737B,1691B		(DOZ)	
1679B,1703B,1770B,1771B,1768B,	2.15	4,000	8,600.00
DL 1834B	4.10	400	1,640.00
(EACH 400 DOZ) DL 1846B,1789	3.96	800	3,168.00
TM 4648	0.54	750PCS	405.00
TM-2	1.54	750PCS	1,155.00
A-33	1.43	600PCS	858.00

TOTAL USD 22,485.40

PACKING: IN CARTONS

INSURANCE: BY SELLER, FOR THE INVOICE VALUE PLUS 10PCS, AGAINST ALL RISKS AND WAR&S. R. RISKS AS PER O.M.C.C. OF P.I.C.C. CLAUSES DD.1981,01,01 FROM WAREHOUSE TO WAREHOUSE.

TIME OF SHIPMENT: JUNE, 1, 2015. PARTIAL SHIPMENT AND TRANSSHIPMENT ARE ALLOWED.

PORT OF LOADING & DESTINATION: ANYPORT OF CHINA TO HAMBURG

PAYMENT: L/C AT SIGHT, ARRIVED THE SELLER BEFORE MAY 15TH, 2014

THE SIGNATURE OF BUYERS: **THE SIGNATURE OF SELLERS:**

ISSUE OF A DOCUMENTARY CREDIT

SEQUENCE OF TOTAL	*27:	1/1
FORM OF DOC. CREDIT	*40A:	IRREVOCABLE
DOC. CREDIT NUMBER	*20:	273.627
DATE OF ISSUE	31C:	2015-05-14
EXPIRY	*31D:	DATE 2015-07-05 PLACE LINZ
APPLICANT	*50:	BELLAFLORA GARDEN CENTER GE-SELLSCHAFT M. B. H FRANZOSENH-AUSWEG 50 A-4020 LINZ, AUSTRIA
BENEFICIARY	*58:	DALIAN ARTS&CRAFTS IMP. & EXP. CORP. NO. 23 FUGUI STREET, ZHONGSHAN DISTRICT, DALIAN, CHINA
AMOUNT	*32B:	CURRENCY USD AMOUNT 21.330,44
POS./NEG. TOL. (%)	39A:	10/10
AVAILABLE WITH/BY	*41A:	OBKLAT2L * BANK FUER OBEROEATERREICH UND * SALZBURG(OBERBANK) * LINZ BY PAYMENT

PARTIAL SHIPMENTS	43P:	NOT ALLOWED
TRANSSHIPMENT	43T:	ALLOWED
LOADING IN CHARGE	44A:	CHINA PORT
FOR TRANSPORT TO	45B:	HUMBURG
LATEST DATE OF SHIPMENT	44C:	2015-06-20
DESCRIPT. OF GOODS	45A:	CHRISTMAS GIFTS AS PER SALES CONFIRMATION NO. 96DRA207 OF MAY. 9TH 2015: CIF HAMBURG
DOCUMENTS REQUIRED	46A:	

1. COMMERCIAL INVOICE, 5 FOLD, ALL DULY SIGNED, CERTIFYING THAT THE GOODS HAVE PACKED AND CHINESE ORIGIN.
2. FULL SET OF CLEAN ON BOARD ORIGINAL MARINE BILL OF LADING, MADE OUT TO ORDER, BLANK ENDORSED, NOTIFYING BELLAFLORA.
3. CERTIFICATE OF P. R. CHINA ORIGIN TWO ORIGINALS AND ONE COPY AS PER GSP FORM A ISSUED AND MANUALLY SIGNED BY AN AUTHORITY ALSO SHOWING IMPORTING COUNTRY.
4. PACKING LIST IN QUINTUPLICATE, IT SHOULD BE COUNTERSIGNED BY BUYER'S AUTHORIZED PERSON AND CERTIFYED BY ISSUING BANK.

问:该信用证存在哪些错误?

答案

审核信用证后发现其存在的问题如下。

①开证日期错误,应该在3月15日以前。②申请人地址错误,GARDON改成GARTON。③金额错误:应为U. S. D 22485. 40。④39A:不允许增减10%。⑤31D:应为…PLACE IN CHINA 。⑥43P:删除"NOT",即允许分批。⑦44C:日期应该在6月1日以前。⑧45A:合同号为:205001。⑨应注明保单条款。⑩G. S. P FORM A只有一份正本。⑪装箱单处的"由买方指定人会签且必须经开证行证实"为软条款。

第五章　发票

学习要点与要求

理解商业发票的含义和作用，了解不同类型的发票；

掌握商业发票的缮制和审核的技巧。

Learning Objectives

Identify and critically analyze conception and function of commercial invoice. Know something about invoice type.

Be familiar with filling and examining technique of commercial invoice.

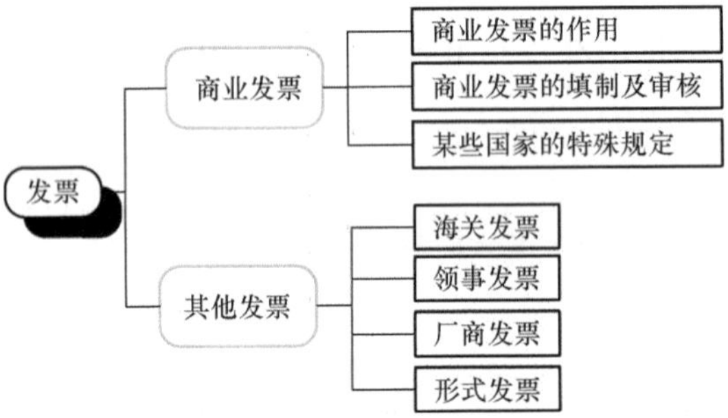

引例

把所有准备工作做好之后，小艾就拿出印有公司抬头的发票开始填制了。因为发票是单据工作的重要开端，所以小艾填得格外认真。

在填写货物描述的时候，小艾犯了难，有两个问题比较棘手：(1)公司为了吸引新客户，免费赠送了50个獭兔皮件，可是这50件赠品该不该写进发票中呢？(2)小艾为了能把工作做细，希望在货物描述中添加信用证中没有的细节，又怕出错，有点矛盾。如何来处理这些问题呢？就让我们和小艾一起，对照表5－1空白发票样本来了解商业发票的填制。

表5－1 空白发票样本

BEIJING SAIDAO TRADING CO., LTD 1

NO. 269, CHAOYANG DISTRICT,
BEIJING, CHINA

COMMERCIAL INVOICE 2

MESSERS: **3**

INVOICE NO.: **5**
INVOICE DATE: **6**
L/C NO.: **7**
L/C DATE: **8**
S/C NO.: **9**

EXPORTERS: **4**

Marks & Numbers	Commodity & Specification	Quantity	Unit Price	Amount
10	11	12	13	14
TOTAL AMOUNT: 15				

OTHERS: **16**

国际贸易实务中使用的发票种类比较多，如果按照交易程序的顺序排列，主要有工厂供货部门向外贸公司（出口商）开具的供货的增值税发票（Value-added Tax Invoice）、出口商向进口商开具的向其收取货款的商业发票（Commercial Invoice）、少数国家的进口商按照本国有关部门的规定和要求向出口商索取的领事发票（Consular Invoice）或海关发票（Customs Invoice）。除此之外，还有银行发票（Banker's Invoice）、联合发票（Combined Invoice）以及厂商发票（Manufacturer's Invoice）等。

在这里，有一点需要特别说明，在众多的国际贸易单证中，除少数特殊单据（如普惠制产地证、各国的海关发票以及我国的报关单等）是由有关主管部门统一制定格式以外，绝大多数单据在国际范围内都没有一个统一的固定格式，更没有一个统一的标准,制单人可以按照实际需要和各自的审美来设计各种单据的具体栏目和格式。

第一节　商业发票

商业发票(Commercial Invoice,简称发票),是卖方向买方开立的,凭以向买方收取货款的发货价目清单,是装运货物的总说明。

UCP600 第 18 条规定:发票①must appear to have been issued by the beneficiary(必须在表面上看来系由受益人出具);②must be made out in the name of the applicant, [except as provided in sub-article 38 (g)][必须做成以申请人的名称为抬头(第三十八条 g 款另有规定者除外)]。

一、商业发票的作用

商业发票是国际贸易实务中最基本、使用频率最高的商业单据,其具体作用主要有以下几点。

(1)买方凭以向卖方支付款项,并作为己方会计做账的重要依据。在信用证和托收支付方式下,买方一般要求凭商业发票和汇票向卖方支付款项,此时的发票就像是汇票项下的一份“付款明细单”,有向买方说明“为什么付款、为什么付这么多款”的作用。有时候,在不使用汇票的“逆汇”(Reverse Remittance)方式下,如向欧洲联盟国家的进口商收款,或者采用“汇付”方式办理支付时,买方可以直接凭发票、不用汇票,直接向卖方支付款项。

(2)买方凭以办理进口报关并缴纳相关税费的重要依据。商业发票是买方在办理进口货物的海关申报时必须提交的申报单据之一。在一般情况下,进口海关直接以商业发票的金额作为其计算海关税费征收数额的依据。

(3)卖方申请有关出口证件,如产地证、出口许可证等的依据。卖方在向政府有关主管部门申请办理出口证件时,一般都要在其申请表后附上一份商业发票,以供官员们审批时参考相关资料和信息。

(4)卖方办理出口托运和货运保险必须提交的单据之一。卖方向承运人或承运人的代理办理货物托运手续时,除了提交“出口货物运输委托书”(Export Transport Instruction/Entrustment)以外,还要提交发票、装箱单等明细单据作为“运输合同”的附件。同时,发票既是承运人装卸、运输、贮存承运货物时重要的参考信息资源,也是承运人或代理凭以向托运人收取运杂费用的依据。

类似地，卖方向保险公司投保货运保险时，除了必须提交“进出口货物运输保险投保单”（Application for Transportation Insurance）以外，还得附上一份商业发票，作为“保险合同”重要的组成部分。承保人（Underwriter）一定要凭投保人（Applicant）提交的商业发票来计算保险金额（Insurance Amount）和保险费（Premium）。

（5）卖方出口报关必须提交的单据之一。卖方在办理货物的出口通关申报手续时，必须向申报海关提交与出口货物有关的文件和单据，其中，商业发票是必不可少的单据之一。而且，如果出口海关要按规定征收出口海关税费，发票金额一般将被作为海关确定其“应税金额”的重要依据。

（6）卖方办理出口退税必须提交的单据之一。商业发票是出口人在出口收汇以后，在规定的时间内到国家税务主管机关办理出口退税手续时，必须提交的单据之一，作为相关部门凭以办理有关手续的重要依据。

（7）卖方向买方收取货物款项以及卖方财会做账的重要凭证。如上所述，卖方向买方收取出口货物款项时，必须列明详细的货款清单，让对方心悦诚服地及时支付款项，而这份“货款清单”就是商业发票。

在不使用汇票的情况下，商业发票还表示要求申请人（买方）支付款项的“支付命令”。

另外，卖方在何年何月何日向谁出口了一批什么货物，明细有哪些，数量、单价、金额各是多少，商业发票号码是什么，等等，出口人的财务部门必须凭这份商业发票来做该笔生意项下的进项财务账目。

（8）卖方缮制同一笔生意下其他单据的重要依据。事实上，在同一笔出口生意项下，商业发票上的绝大多数填写内容都可以而且必须反复复制、粘贴到其他所需的单据上去。

二、商业发票的填制及审核

下面我们就对照本章开头引例中给出的空白发票样本，和小艾一起来了解发票的填制内容和审核方法。

（1）出票人（Issuer/Seller/Exporter）。在托收项下一般填合同中卖方的名称和地址。若为信用证支付方式，发票必须表面看来由信用证中具名的受益人出具，显示的受益人名称必须与信用证中的一致，表明两者是同一实体。如果是可转让信用证，显示由第二受益人出具。

单据如果使用印有该出具人或单位名称的信笺（letter headed by the

issuer),就视为“系由该人或该单位出具”。

思考题

受益人为 XYZ 公司,发票的出票人是谁?

如果 XYZ 公司是总公司,与买方签订合同,信用证结算,但货物由其分部 ABC 公司发运。此时,发票的出票人是谁?

答案:两者都是 XYZ 公司,因为其是信用证的受益人。

特别提示:如果受益人或第二受益人(转让信用证下)修改了公司名称,而信用证的受益人处用的是其原名,此时,发票应按新的公司名称出具,但须注明“该公司原名为××××”(formerly known as /name of the beneficiary or second beneficiary)或类似语句。(其他单据如汇票等,如果遇到类似情况,亦如此操作。)

(2)票据名称。如前文所述,根据最新 ISBP(C1)的规定,①如果信用证只要求“invoice”而未作进一步界定,则提交任何形式的发票均可(如 commercial invoice, customs invoice, tax invoice, final invoice, consular invoice 等)。但是临时发票(provisional invoice)和预开发票(pro-forma invoice)或类似发票不可接受。②当信用证要求提交商业发票时,标为“invoice”的单据也可以接受,即使该单据上注明以报税为目的。

(3)抬头人(To/Messers/Sold to Messers)。“抬头”或“抬头人”在国际贸易单据中一般是指“公文、信函中对方的名称”的意思。商业发票的“抬头人”一般是指该笔买卖的买方。在托收或汇付等方式下,商业发票的“抬头人”一栏一般直接填写买方的名称和地址。

在信用证支付方式下,按 UCP600 第 18 条的规定,如果信用证没有特别规定,商业发票的“抬头人”一栏就必须填写申请人(Applicant)或称“开证人”(Opener)的名称和地址。

信用证方式下某些特殊情况,譬如,当信用证转让以后,按照 UCP600 第 38 条 g 款的规定,商业发票的“抬头人”一栏就可以用“第一受益人”的名称和地址替换原信用证“开证人”的名称和地址。

又比如,如果信用证规定发票抬头是申请人以外的另外一方,应该照办,这表明申请人不是货物的最终买主,可能只是充当货物买卖的中间人。

思考题

有一信用证，申请人为 ABC Company，Hong Kong，而信用证中关于提单和发票的条款是这样的：

1. Full set of clean on board ocean B/L made out to order and blank endorsed marked freight prepaid notify XYZ Company Limited，Tokyo.

2. Signed commercial invoice in three copies made out to above notify party.

问，发票的抬头人是谁？

答案：是 XYZ Company

(4)出口人(Exporters)。同(1)。

(5)发票号码(Invoice No.)。商业发票属于最基本的商业票据之一，很多其他单据上的内容既要依据发票的内容，也要在单据上显示该发票的号码。因此，发票不但要有一个编号，而且为了便于存档和查询，我们在编制发票号码的时候，还要注意按照一定的规律和顺序编号，不可无目的、无秩序地随意取号。比如，按照经营商品的大类编号，或者按照主要的运输方式编号等。

(6)出票日期(Invoice Date)。信用证支付方式下的商业发票，一般把出票日期控制在“信用证开证日期之后至信用证装运日期之前”这一时间段的任何一天都可以。虽然按照 UCP600 第 14 条 i 款的规定，如果信用证没有特别规定，早于信用证开立日期的出单日期的单据银行不能够拒绝，但是，有很多信用证都明确规定：“Any documents prior to the date of issuance of this Letter of Credit are not acceptable.”(任何早于信用证开立日期的单据将不予接受。)

其他支付方式下的出票日期，则一般控制在“买卖合同的开立日期以后至合同规定的装运日期之前”这段时间之间的任何一天都可以。注意，任何信用证项下的单据——当然包括商业发票在内的出票日期都不得晚于信用证的交单期限(Expiry Date for Presenting Documents)和截止日期(Expiry Date)。

(7)/(8)/(9)出票依据(L/C No. & Date and S/C No.)。在商业发票的这个栏目里，如果是信用证支付方式，一般简要填写信用证的号码以及信用证的开证银行名称即可；如果是其他支付方式，该栏目的填写方式就非常自由了，例如，可以选择填写①买卖合同(协议)号码；②订单号码；③形式发票号码等。合同号码应该与信用证上列明的一致，一笔交易牵涉几个合同的，应在发票上表示出来。

(10)唛头(Marks & Nos.)。唛头在教科书和信用证上一般常写成“Shipping Mark”,而在各种国际贸易单据上大都写作“Marks & Nos.”。在填制唛头的时候,应该注意以下几点。

①有时,如果唛头设计得很复杂,不好打,制单人可以专门用白纸将其打印好再分别裁剪成小块的唛头小纸片,然后分别粘贴到每份单据(正本和副本)的“唛头”栏目处,最后在粘贴处加盖相关的骑缝校正章即可。

②唛头的行数、每行的“居中”或“居左”不限。

③有些商业发票以外的单据可以在“唛头”栏目中用“AS PER IINVOICE NO. × ×”(参见第× ×号发票)取代唛头本身。

④散装货物或某些低档商品(如肥料、饲料等)一般没有唛头,单据上就用“N/M”(No Shipping Mark)表示。

小提示

When a credit specifies the details of a shipping mark, documents mentioning the shipping mark are to show those details. The data in a shipping mark indicated on a document need not be in the same sequence as those shown in the credit or in any other stipulated document. 当信用证规定唛头的细节时,载有唛头的单据应当显示该细节。单据唛头中的数据的顺序,无须与信用证或其他规定单据上的一样。

(11)货物描述(Commodity & Specification)。也作“Description of Goods/Descriptions”,此栏目主要填写详细的货物名称(Name of Commodity)、规格(Specification)、数量(Quantity)、包装(Packing)、款式(Pattern)、搭配(Assortment)等。

在信用证支付方式下,按照UCP600第18条c款的规定,商业发票上的货物、服务或履约行为的描述必须与信用证中的描述相一致。商业发票应该确保将信用证货物描述中所包括的货物、价格和交易条件等细节都包括在发票之内。同时,在填制发票货物描述的时候,应该注意以下几点。

①发票中的货物描述必须反映实际装运的货物。例如,信用证显示有两种货物,4辆卡车和5辆拖拉机,不禁止部分装运。如果实际出运了4辆卡车,发票上的货物描述可用两种方法表示:一是可以仅表明装运了4辆卡车,二是可以列明信用证规定的全部货物描述,然后注明实际装运的货物——4辆卡车。

②除非信用证允许,否则发票不可以显示信用证没有要求的货物,包括样品、广告材料等。例如,信用证规定出运10辆轿车,但未对备用轮胎予以描述。尽管轿车销售配备备用轮胎是销售惯例,但银行在审单时显示为“10辆轿车10只备用轮胎”的发票仍然是与国际标准审单实务相悖的,属于不相符单据。

③货物描述中可以添加细节,即发票上的货物描述可以比信用证规定得更为具体,但添加细节的前提是不影响货物的品质,且未改变货物的性质和类别。

思考题

1. 信用证货物描述为“Suede Shoes”,发票的货物描述可否写成“Imitation Suede Shoes”?

2. 信用证货物描述为“Hydraulic Drilling Rig”,发票的货物描述写成“Second-hand Hydraulic Drilling Rig”,是否构成不符点?

3. 信用证货物描述为“profat min 45/46 pct arid protein min 43pct”,受益人提交的发票上显示“profat:46.08%, protein:43.5 pct”,银行是否会拒付?

答案:①不可以。②构成不符点。③不会拒付。

(12)数量(Quantity)。受益人应该准确把握货物出运的数量。除非信用证规定货物有溢装比例,可以在不超过比例的范围之内溢装,否则,发票不得显示溢装(over-shipment)。

有关信用证方式下数量溢短装的内容,请参见UCP600第30条有关货物数量的规定。

提示　第30条信用证金额、数量与单价的增减幅度。

a.“约”或“大约”用于信用证金额或信用证规定的数量或单价时,应解释为允许金额或数量或单价有不超过10%的增减幅度。

b.在信用证未以包装单位件数或货物自身件数的方式规定货物数量时,货物数量允许有5%的增减幅度,只要总支取金额不超过信用证金额。

c.如果信用证规定了货物数量,而该数量已全部发运,及如果信用证规定了单价,而该单价又未降低,或当第30条b款不适用时,则即使不允许部分装运,也允许支取的金额有5%的减幅。若信用证规定有特定的增减幅度或使用第30条a款提到的用语限定数量,则该减幅不适用。

特别提示 在信用证既规定了货物总数量，也规定了分批出运的货物数量时，如果信用证只规定了数量的增减比例，但未进一步说明该增减比例的适用范围，则增减比例既适用于总数量，也适用于每一批出运的货物数量。

(13)单价(Unit Price)。单价包括四个方面的内容，即计价货币、计价金额、计价单位和贸易术语，如 USD100.00 per piece CIF London。如果信用证规定了单价，发票应该显示单价。发票中显示的单价(如果有)和币种必须与信用证中的一致。如果信用证对于单价有特殊要求，发票也应该满足。而如果信用证没作要求，则发票上既可以显示单价，也可以不显示单价。

如果信用证货物描述部分规定了贸易术语，则发票上应该标明此贸易术语。

有关贸易术语的来源问题，如果信用证还规定了贸易术语适用的惯例版本，则发票上也应该注明该版本；反之，如果信用证未规定贸易术语适用的惯例版本，发票上可以不注明版本，也可以注明惯例版本。例如，信用证中贸易术语写成"CIF Singapore"或者"CIF Singapore Incoterms"的形式，在发票中的贸易术语就可以写成"CIF Singapore Incoterms 2010"或其他任何版本均可。

思考题

1. 当信用证上贸易术语是"CIF Singapore Incoterms 2010"，发票上可以写成"CIF Singapore"吗？发票上可以写成"CIF Singapore Incoterms"吗？

2. 信用证中的贸易术语为"CIF Singapore"或者是"CIF Singapore Incoterms"，发票上应该怎么写？

答案：1. 两者都不可以，必须完全按照信用证上的形式填写。

2. 可以照录"CIF Singapore"或"CIF Singapore Incoterms"，也可以写成"CIF Singapore Incoterms 2010"或"CIF Singapore Incoterms 2000"等形式。

(14)金额(Amount)。目前，世界上主要存在以下两种不同的数字标点方法，它们都可以接受。

①常见的："USD 63,597.00""24,586.64KG"等。

②电讯(SWIFT)信用证上常见的："USD 63.597,00""24.586,64KG"等。

单据上有关数据的表达方式，可以选择下述的处理办法，都不会因此造成"单证不符"的不良后果：

①用括号辅助说明,例如,“EUR 35.874,45(EUR 35,874.45)”。

②用大写给予补充,例如,“EUR 35.874,45(SAY EUROS THIRTY FIVE THOUSAND EIGHT HUNDRED SEVENTY FOUR AND CENTS FORTY FIVE ONLY.)”。

③直接按照信用证的写法填写。

(15)总金额(Total Amount)。总金额即用英文大写把金额部分重新确认一下。

在实际制单时,若来证要求在发票中扣除佣金,则必须扣除。折扣与佣金的处理方法相同。有时证内无扣除佣金规定,但金额正好是减佣后的金额,发票应显示减佣,否则发票金额超证。有时合同规定佣金,但来证金额内未扣除,而且证内也未提及佣金事宜,则发票不宜显示,待货款收回后另行汇给买方。另外,在CFR和CIF价格条件下,佣金应按扣除运费和保险费之后的FOB价计算。

(16)其他备注(Other Remarks)。有时候,由于某些特殊情况,买方要求卖方在发票上注明某些特别的字句,以便于买方办理进口通关手续等,卖方应该给予配合。例如信用证规定:“COMMERCIAL INVOICE IN 5 FOLD AND CERTIFYING THAT THE GOODS HAVE BEEN PACKED AND MARKED SEPARATELY FOR EACH ‘BELLAFLORA BRANCH’.”(商业发票一式5份,签署并证明“此商品系单个包装”,并且在每件包装上都分别标明了“BELLAFLORA BRANCH”的字样。)

又如 Beneficiary must make the statement on invoice : We certify that each piece/each packing unit of the goods has an undetachable label which shows ‘Made in China’ words.(受益人必须在发票上证明:我们证明货物的每件或每个包装单位都附有不可拆的“中国制造”字样的标签。)

有些加注信息不能完全照搬原信用证条款,如:Commercial Invoice indicating breakdown of insurance and freight.(商业发票注明保险费和运费明细。)

此外,关于签章(Signature),国际上的通用惯例和规则规定,商业发票不需要签署。也就是说,当信用证没有特别规定的时候,商业发票既可以签署也可以不签署。但是,如果信用证规定需要签署的时候就必须签署,如“Signed commercial invoice …”。而且,如果信用证规定需要手签时还必须用手写的形式签署,例如“Manually signed commercial invoice …”或者“All the documents must be manually signed”等。另外,鉴于商业发票的号码和日期经常会被标注到其他单据上,如汇票、保险单、产地证等,发票在实际工作中一般都是有号码、有日期,并经出票人签字盖章的。

三、某些国家对发票的特殊规定

(1)智利:发票内要注明运费、保险费和 FOB 值。

(2)南亚国家尼泊尔、印度和斯里兰卡:发票要求手签,要注明商品的税则号。

(3)拉丁美洲国家墨西哥、秘鲁、巴拿马、智利和委内瑞拉:商品名称用西班牙文表示,如果是 CIF 术语的,则要在发票上分别显示运费、保险费和 FOB 价,发票手签并要求进口国使/领馆认证;如果出口地没有使/领馆,可以由贸促会代理认证,但要在发票明示"there is no ××× country's consulate here"(本地无某国领事馆),如标注"there is no Mexican consulate here"(此地无墨西哥领事馆),在北京可由墨西哥驻华使馆签证。

(4)科威特、巴林、伊朗等阿拉伯国家:发票或产地证上显示制造厂商的名称与地址,注明商品税则号,发票手签并要求进口国使/领馆认证,如果出口地没有使/领馆,可以由贸促会代理认证,但要在发票上明示"There is no ××× country's consulate here"(本地无某国领事馆)。

(5)黎巴嫩:发票上加注真实性证实词句:We hereby certify that this invoice is authentic, that it is the only one issued by us for the goods herein, that the value and price of the goods are correct without any deduction of payment in advance and its origin is exclusively China.

第二节　其他发票

一、海关发票

海关发票(Customs Invoice)是指进口国海关规定的进口报关必须提供的特定格式的发票,主要是作为估价完税、确定原产地、征收差别待遇关税或征收反倾销税的依据。海关发票主要在美国、加拿大、澳大利亚、新西兰以及非洲的一些国家和地区使用。

海关发票由进口国海关统一制定并提供,所以在具体制作时应要求客户提供海关发票样式,并如实填写,具体的填写要点如下。

(1)凡海关发票与商业发票上共有的项目和内容必须一致,不得互相矛盾。

(2)对"出口国国内市场价格"一栏,应按有关规定谨慎处理,因为,此价格的高低是进口国海关作为是否征收反倾销税的重要依据。

(3)如售价中包括运费或包括运费和保险费,应分别列明 FOB 价、运费、保险费各是多少,FOB 价加运费应与 CFR 货值相等,FOB 价加运费和保险费应与 CIF 货值相等。

(4)海关发票上的签字人和证明人不能为同一个人,他们均以各自身份签字,而且必须手签才有效。表 5-2 所示为海关发票的示例。

表 5-2 美国海关发票样本

DEPARTMENT OF THE TREASURY

UNITED STATES CUSTOMS SERVICE

19 U.S.C. 1481, 1482, 1434

SPECIAL CUSTOMS INVIOCE

(Use separate invoice for purchased aug non-purchased goods.)

Form Approved

O.M.B.NO.48-RO342

1.SELLER	2. DOCUMENT NR. 3. INVOICE NR.AND DATE
	4. REFERENCES
5. CONSIGNEE	6. BUYER (*if other than consignee*)
	7. ORIGIN OF GOODS
8. NOTIFY PARTY	9. TERMS OF SALE PAYMENT AND DISCOUNT
10. ADDITIONAL TRANSPORTATION INFORMATION	11.CURRENCY USED · 12.EXCH. RATE(if fixed or agreed) · 13.DATE ORDER ACCEPT

14. MARKS AND NUMBERS ON SHIPPING PACKAGES	15. NUMBER OF PACKAGES	16. FULL DESCRIPTION OF GOODS	17. QUANTITY	UNIT PRICE		20. INVOICE TOTALS
				18.HOME MARKET	19. NVOICE	

21. ☐ If the production of these goods involved furnishing goods or services to the seller (e.g., assists such as dies. molds. Tools, engineering work) and the value is not included in the invoice price, check box (21) and explain below.	22. PACKING COSTS	
27. DECLARATION OF SELLER/SHIPPER (OR AGENT)	23. OCEAN OR INTERNATIONAL FREIGHT	
I declare. (A) ☐ If there are any rebates, drawbacks or Bounties allowed upon the exportation of goods, I have checked box (A) and itemized separately below. I further declare that there is no other invoice Differing from this one(unless otherwise described Below) and that all statements contained in this Invoice and declaration are true and correct. (B) ☐ If the goods were not sold or agreed to be sold, I have hecked box(B) and have indicated in column 19 the Price I would be willing to receive. (C) SIGNATURE OF SELLER/SHIPPER(OR AGENT):	24. DOMESTIC FREIGHT CHARGES	
	25. INSURANCE COSTS	
	26. OTHR COSTS (Specify Below)	
28. THIS SPACE FOR CONTINUING ANSWERS		
THIS FORM OF INVOICE REQUIRED GENERALLY IF RATE OF DUTY BASED UPON OR REGULATED BY VALUE OF GOODS AND PURCHASE PRICE OR VALUE OF SHIPMENT EXCEEDS $ 500, OTHERWISE USE COMMERCIAl INVOICE		

Not necessary for U.S. Customs purposes.

Custo ms Form 5515 (12-20-76)

二、领事发票

领事发票(Consular Invoice)是指由进口国在出口国的领事签证的发票，主要用于部分拉丁美洲国家。领事发票是进口国海关用于确定货物的原产地，凭以实施差别关税的依据；或用于核定发票售价是否合理，确定是否存在倾销行为的依据。

领事发票是一种官方单证。有些国家规定了领事发票的固定格式，这种格式的发票可以到进口国的领事馆去领取。在实际工作中，更多的情况是直接由领事在卖方出具的商业发票上进行“认证”(legalize/legalization)，具体做法是由领事馆相关官员在发票上签字和盖章，表示对商业发票的内容予以认同。领事发票中应注明的内容视信用证上发票认证的条款而定，一般须注明“装运货物是×××(出口国)制造/出产”，表5-3所示为领事发票样本。

表5-3　领事发票样本

<table>
<tr><td colspan="4">Consular Invoice</td></tr>
<tr><td colspan="4">THE GOVERNMENT of BRAZIL</td></tr>
<tr><td colspan="2">Date:
Invoice No:
Issued At:</td><td colspan="2">Port of loading
Port of Discharge
Date of Departure
Carrier</td></tr>
<tr><td colspan="4"></td></tr>
<tr><td colspan="2">EXPORTER</td><td colspan="2">CONSIGNEE</td></tr>
<tr><td>Marks and Numbers</td><td>Quantity</td><td>Description of Goods</td><td>Value of Shipment</td></tr>
<tr><td></td><td></td><td colspan="2">Total(FOB, CFR, or CIF)</td></tr>
<tr><td colspan="2">Other Charges

Certified Correct By:
Witnessed By:
Fee Paid: U.S.$</td><td colspan="2">Amount of charges

Total U.S.$</td></tr>
</table>

三、厂商发票

厂商发票(Factory Invoice)是出口货物的制造厂商所出具的以出口国货币计价的、用来证明出口国国内市场出厂价格的发票。此种发票在珠三角地区使用较多,多为外贸加工厂的厂商依据我国港台地区客户要求而制作。

进口商要求提供厂商发票的目的,是为了检查出口国的商品是否有倾销行为,供进口国海关估价、核税以及征收反倾销税之用。

各生产厂家的厂商发票格式不尽相同,但内容相差不多,一般包括如下几项。

(1)在发票正上方或右上方要印有醒目粗体字"厂商发票"(Factory Invoice);

(2)缮制出口商为发票抬头;

(3)出票日期应早于商业发票日期;

(4)货物名称、规格、数量、包装件数等内容必须与商业发票一致;

(5)应使用出口国货币缮制单价和总额,不能显示贸易术语,单价可按发票的 FOB 价适当打九折或八五折;

(6)因为货物出厂时还没有刷上运输标志,所以厂商发票上不必显示唛头,如来证有明确规定,则厂商发票也应打上唛头;

(7)由厂方负责人在发票右下方签署盖章。

四、形式发票

形式发票(Proforma Invoice)也称预开发票或估价发票,在实务中使用得较多,主要是进口商为了向进口国当局申请进口许可证或请求核批外汇,在未成交之前,要求出口商按拟出售成交的商品名称、单价、规格等条件开立的一份参考性发票。

Proforma 是拉丁文,意思是"纯为形式的",所以从字面来理解,Proforma Invoice是指纯形式的、无实际意义的发票。这种发票本来是卖方在推销货物时,为了供买方估计进口成本、假定交易已经成立所签发的一种发票,实际上可能货物并没有进出口。正因为如此,在日本这种发票也被称为试算发票。

在实务中,形式发票通常是出口商应进口商的要求而制作的,没有完整的商业条款,只涉及品名、支付条件、价格构成、交货期限等,不像合同条款那样完整。有些进口商将形式发票作为合同来成交,如果发生争议,容易引起各方不同的解释,继而产生贸易纠纷,所以业者须持谨慎态度。

各外贸公司的形式发票格式不尽相同,但内容大同小异,一般包括以下几项。

(1)在发票正上方或右上方要印有醒目粗体字"形式发票"(Proforma

Invoice)；

(2)进出口商各自的名称与地址，包括国家与城市；

(3)编号、日期以及参考号码；

(4)运输路线与装船期限；

(5)支付条件与保险条款；

(6)货号、货名、规格、数量、单价与金额，包括贸易术语；

(7)备注。

其中备注是最重要的部分，从备注中买卖双方可以知晓形式发票的有效期，以及形式发票中价格的不确定性(货物价格以卖方的最后确认为准)。表5－4所示为形式发票的示例。

表5－4　形式发票样本

<table>
<tr><td colspan="2">ISSUER</td><td colspan="3" rowspan="2">形式发票
PROFORMA INVOICE</td></tr>
<tr><td colspan="2" rowspan="2">TO</td></tr>
<tr><td>NO.</td><td colspan="2">DATE</td></tr>
<tr><td colspan="2" rowspan="2">TRANSPORT DETAILS</td><td>S/C NO.</td><td colspan="2">L/C NO.</td></tr>
<tr><td colspan="3">TERMS OF PAYMENT</td></tr>
<tr><td>Marks and Numbers</td><td>Number and kind of package
Description of goods</td><td>Quantity</td><td>Unit Price</td><td>Amount</td></tr>
<tr><td></td><td></td><td></td><td></td><td></td></tr>
<tr><td colspan="5">Total:
SAY TOTAL:</td></tr>
<tr><td colspan="5">PORT TO LOADING:
PORT OF DESTINATION:
TIME OF DELIVERY:
INSURANCE:
VALIDITY:

BENEFICIARY
ADVISING BANK:
NEGOTIATING BANK:</td></tr>
</table>

一、问答题

1. 信用证以 EUR 开立,偿付条款中声明“at maturity, we shall effect payment for the equivalent in USD”(到期时,我们将支付等额的美元),发票应以哪种货币做成?

2. SWIFT MT700 格式报文 45A 栏位的所有内容是否都要显示在发票上?

3. 信用证规定货物描述为“shirts, trousers”,发票可否描述为“garments”?

4. 信用证金额为 10 万美元,如果提交的发票金额为 11 万美元,该发票是否一定不得接受?

答案

1. UCP600 第 18 条 a 款要求商业发票“必须与信用证的货币相同”,开证行表示偿付时用等额美元支付,并不表示信用证的货币是美元,商业发票仍应用欧元做成。

2. 根据 SWIFT 手册,45A 栏位的属性是“Description of Goods and/or Services”。第 18 条 c 款要求“商业发票上的货物、服务或履约行为的描述应该与信用证中的描述一致”,因此出现在 45A 栏位中的货物描述需显示在发票中。如果 45A 栏位的内容中包含国际贸易术语如 FOB、CIF 等,则发票内容也应包含国际贸易术语。如果货物描述提供了贸易术语的来源,如“CIF Incoterms 2010”,则发票还须标明相同的来源。

3. 信用证规定货物描述为衬衫、裤子,表明对发运的服装种类要求非常具体。如果发票中的货物描述显示为“服装”,将与信用证的货物描述不相一致。描述为服装,实际发运的货物种类可能与信用证中的规定不一致,也许出运的是“skirts, pants”。如果是相反的情况,则是可以接受的。货物描述可以显示与信用证不相矛盾的附加信息,只要这些附加信息未对所显示的货物描述造成负面影响。

4. UCP600 第 18 条 b 款规定:“按指定行事的指定银行、保兑行(如有)或开证行可以接受金额大于信用证允许金额的商业发票,其决定对有关各方均有约束力,只要该银行对超过信用证允许金额的部分未做承付或者议付。”这就表述了指定银行、保兑行(如有)或开证行对超出信用证允许金额的商业发票的可接受性,前提是该行承付或议付的金额没有超出信用证允许的金额。如果银行承付或议付的金额不超过信用证金额,就不会给申请人和开证行带来任何损害。因此,如果指定银行接受了此类发票且承付或议付金额没有超过信用证金额,保兑行或开证行也必须接受;如果开证行接受了此类发票且承付没有超过信用证金额,申请人也必须接受,即"其决定对各方都有约束力"。当发票金额超过信用证金额时,如果受益人的汇票只要求支付10万美元,且指定银行的面函上的索汇金额也是10万美元,这就表明指定银行已接受超出信用证金额的发票,但其承付或议付的金额没有超出信用证允许的金额。据此,指定银行的行为对开证行和保兑行(如有)具有约束力,此发票应予接受。

二、制单题

1. 将背景资料中适用的内容填入发票的相关栏位。

信用证条款:

APPLICANT: XYZ COMPANY,JAPAN

BENEFICIARY: ABC COMPANY, NANJING

PARTIAL SHIPMENT: ALLOWED.

AMOUNNT:CIF TOKYO USD350,000.00

DESCRIPTION OF GOODS: 500 M/TONS OF GROUNDNUT OIL GRADE I AT USD 700.00 PER M/T AND PACKED IN 5,000 BARRELS.

SHIPPING MARKS: XYZ IN DIAMOND/DESTINATION/1 - UP

SHIPMENT FROM SHANGHAI TO ANY PORT IN JAPAN

其他资料:

提单显示:

200 M/TONS OF GROUNDNUT OIL AND PACKED IN 2,000 BARRELS 20 CARTONS.

PORT OF DISCHARGE: TOKYO

2. 将背景资料中适用的内容填入发票的相关栏位。

信用证条款:

BENEFICIARY: ABC COMPANY,NANJING

APPLICANT: NQL COMPANY,LONDON

L/C AMOUNT: NOT EXCEEDING USD 250.000,00.

PARTIAL SHIPMENTS: PROHIBITED

TERMS OF SHIPMENT:FROM NANJING TO LONDON

DESCRIPTION OF GOODS: 1,000 DOZENS OF MEN'S LEATHER SHOES AT USD 250.00/DOZEN

PRICE TERMS: CIP LONDON

DOCUMENTS REQUIRED: SIGNED COMMERCIAL INVOICE IN 6 COPIES.

ADDITIONAL CONDITIONS: 5 PCT OF INVOICE VALUE BEING AGENT'S COMMISSION SHOULD BE DEDUCTED FROM THE GROSS VALUE OF THE GOODS AND COMMERCIAL INVOICE MUST EVIDENCE THE DEDUCTION TO THAT EFFECT. THE GROSS VALUE OF THE GOODS BEFORE DEDUCTION OF AGENT'S COMMISION, IF ANY, MUST NOT EXCEED THE CREDIT AMOUNT.

答案

1. 见表 5 –4。

表 5 –4

<table>
<tr><td colspan="3">ISSUER
ABC COMPANY,
NANJING</td><td colspan="3" rowspan="2">商业发票
COMMERCIAL INVOICE</td></tr>
<tr><td colspan="3" rowspan="2">TO
XYZ COMPANY,
JAPAN</td></tr>
<tr><td colspan="2">NO.
IV0000066</td><td>DATE
2014-08-29</td></tr>
<tr><td colspan="3" rowspan="2">TRANSPORT DETAILS
FROM NANJING TO TOKYO</td><td colspan="2">S/C NO.
contract01</td><td>L/C NO.
002/0000025</td></tr>
<tr><td colspan="3">TERMS OF PAYMENT
L/C AT SIGHT</td></tr>
<tr><td>Choice</td><td>Marks and Numbers</td><td>Description of goods</td><td>Quantity</td><td>Unit Price</td><td>Amount</td></tr>
<tr><td></td><td>XYZ
TOKYO
1-20</td><td>GROUNDNUT OIL
GRADE I</td><td>200M/T</td><td></td><td>CIF TOKYO
USD700.00/MT
USD140 000.00</td></tr>
<tr><td colspan="6">SAY TOTAL:
SAY US DOLLARS ONE HUNDRED AND FORTY THOUSAND ONLY</td></tr>
</table>

2. 见表 5 – 5。

表 5 – 5

ISSUER ABC COMPANY, NANJING			**商业发票** **COMMERCIAL INVOICE**		
TO NQL COMPANY, LONDON			**NO.** IV0000066		**DATE** 2014-08-29
TRANSPORT DETAILS FROM NANJING TO LONDON VIA ×××			**S/C NO.** contract01		**L/C NO.** 002/0000025
			TERMS OF PAYMENT L/C AT SIGHT		
Choice	**Marks and Numbers**	**Description of goods**	**Quantity**	**Unit Price**	**Amount**
				[	]
	N/M	MEN'S LEATHER SHOES LESS 5PCT AGENT'S COMMISSION	1000 DOZENS	CIP LONDON 250.00/DOZEN TOTAL:	USD250,000.00 USD 12,500.00 USD 23,500.00
SAY TOTAL: SAY US DOLLARS TWENTY THREE THOUSAND FIVE HUNDRED ONLY					

第六章　运输单据

学习要点与要求

了解国际货物运输单据的含义和种类；

理解海运托运流程，掌握托运单、提单的缮制及审核技巧；

了解空运托运流程及单证实务；

理解空运单据的缮制和审核。

Learning Objectives

Know the conception and type of transport documents.

Breakdown and analyse the procedure of shipper's instruction. Be familiar with filling and examining technique of shipper's letter of instruction and B/L.

Know the procedure of air consignment and related document.

Be familiar with filling and examining technique of Air Waybill (AWB).

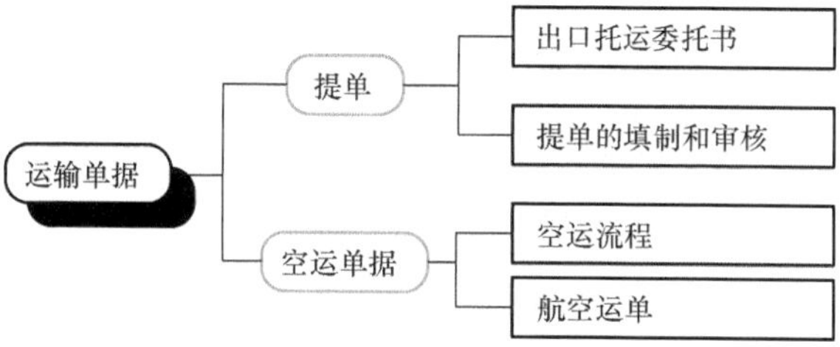

引例

Linda 找到小艾，告诉她有一批从澳大利亚进口的货发货了，对方把提单传真了一份过来。Linda 说小艾正在做的西班牙那单业务也会要涉及提单，让她提前熟悉一下。小艾看了一下，填写的都是一些常规内容，但审来审去总觉得好像有些问题。

记名提单、不记名提单、指示性提单

Shipper ARMSTRONG WORLD TEXTILE CORP., PTY LTD 2164 MILLS ROAD BRAESIDE 3195 VICTORIA AUSTRALIA 2	B/L NO: CMELSHA7AQ328 1 Carrier
Consignee TO ORDER 3	×××集装箱运输（香港）有限公司 已装船提单、待运提单 CHINA SHIPPING CONTAINER LINES(HONGKONG) CO., LTD. Cable: CSHKAC Telex: 87986 CSHKAHX
Notify Party BEIJING SAIDAO TRADING CO., LTD ROOM16, NO. 269, CHAOYANG DISTRICT, BEIJING, CHINA 4	BILL OF LADING
*Pre carriage by	RECEIVED in external apparent good order and condition except as otherwise noted. The total number of packages or units stuffed in the container, the description of the goods and the weights shown in the Bill of Lading are furnished by the Merchants, and which the carrier has no reasonable means of checking and is not a part of this Bill of Lading contract. The carrier has issued the number of Bills of Lading stated below, all of this tenor and date, one of the original Bill of Lading must be surrendered and endorsed or signed against the delivery of the shipment and whereupon any other original Bills of Lading shall be void. The Merchants agree to be bound by the terms and conditions of this Bill of Lading as if each had personally signed this Bill of Lading. SEE clauses on the back of this Bill of Lading (Terms continued on the back hereof, please read carefully)

Ocean Vessel & Voy. No. OOCL SYDNEY 011N 5	*Place of Receipt MELBOURNE, AUSTRALIA 8	
Port of Loading MELBOURNE, AUSTRALIA 6 9	Port of discharge SHANGHAI, CHINA 7	
*Place of Delivery SHANGHAI	*Final destination SHANGHAI	Flag

ORIGINAL

Container No. Seal No.	Marks and Numbers	Pag Type, Description of Goods	Gross weight	Measurement
ADDRESSED CONTAINER CCLU2068006 Seal: 168983 根据货物和/或包装状况的批注	10 清洁提单、不清洁提单	PACKAGES 1×20 CONTAINER STC: 164 ROLLS & 10 CTNS VINYL FLOOR COVERING (L/C NO. LC9401372/04) 3918. 10.0: 6,002.40 M2 WEIGHT: 22,584.60 KGS NETT ECN(s) 2E041381604VAC FCL/FCL 12 FREIGHT PREPAID ; SHIPPER'S LOAD STOW AND COUNT; SHIPPED ON BOARD 24/5/2013	22668.280 直达提单、转船提单、联运提单、多式联运提单 13	32.5 M^3 14

Total Number of Containers or Packages(in words) ONE Container(s) 11

Freight and charges 15		Prepaid		Collect	
Description	Basis	Curr	Amount AUD	Curr	Amount AUD

Payable At	Place/Date Issue 16	No. of Org Bs/L
MELBOURNE	MELBOURNE 24 MAY, 2015	3 17

倒签提单、预借提单

By ← 船公司提单、货代提单等

18

有几票服装，交货期已越来越近了，星期一上午 Linda 没来公司上班，估计是直接去供货厂家了。

小艾手头没什么事，准备把寄开证行和客户单据的快递面单先填好。寄客户的没什么问题，信用证的申请人栏位有地址。但52 栏的开证行只有银行的名称没有地址，不知道怎么填。确定空运单的被通知方时，自作主张用了信用证最后面的开证行寄单地址，也不知道有没有问题。想了一会儿，决定打电话给中行的小赵。小赵告诉他，信用证最后一页上的那个寄单地址，应该就是这个银行的收件地址，按这个地址寄就行了，用为空运单的被通知人，也没有问题。

小艾确定那个地址没问题，填完不久，有一份快递的文件送到，拆开一看是货代寄过来的正本空运单和承运人的证明。小艾左看右看，只见到一份正本的空运单，而信用证上要求两份正本，该如何处理呢？

第一节　提单

一、国际货物运输单据

运输单据专指在货物装运后，由卖方向买方提供或卖方向银行提供的，在提取货物、清关申报、检验检疫、货物转运、银行收汇、核销退税等环节中用于货物运输操作、管理、证明的一切国际货物运输单据、收据、凭单和电子报文。

UCP600 把运输单据分为 7 大类共 9 种，如表 6－1 所示。

表 6－1　运输单据的分类

运输方式	运输单据中文名称	运输单据英文名称	英文简称	运输单据签署人
多式联运	多式或联合运输单据	Multimodal or Combined Transport document	MTD 或 CTD	承运人或其具名代理人，或船长或其具名代理人
海运	提单	Bill of Lading	B/L	承运人或其具名代理人，或船长或其具名代理人
	不可转让的海运单	Non-negotiable Sea Way-bill	SWB	承运人或其具名代理人，或船长或其具名代理人
	租船合同提单	Charter Party Bill of Lading	CB/L	船长或其具名代理人，或船东或其具名代理人，或租船人或其具名代理人

续表

运输方式	运输单据中文名称	运输单据英文名称	英文简称	运输单据签署人
空运	空运单据	Air Transport Document	Air TD	承运人或其具名代理人
公路、铁路、内河	公路、铁路或内陆水运单据	Road, Rail or Inland Waterway Transport Document	Road/Rail/Inland Waterway TD	承运人或其具名代理人，或由承运人或其具名代理人以签字、印戳或批注表明货物收讫
专递或邮寄	快递收据、邮政收据或投邮证明	Courier Receipt, Post Receipt or Certificate of Posting	P/R	发运地快递机构盖章或签字，并表明取件或收件的日期；发运地邮政机构盖章或签署，并注明日期

除此之外，在国际货物运输过程中，还会出现货运单证（Cargo Transport Documents）。所谓货运单据，泛指在国际货物运输过程中，由承运人、发货人、收货人、货运代理人签发的，在组织货源、托运订舱、检验检疫、海关申报、货物装运、交单提货、银行结汇、数据交换等各业务环节中用于货物运输操作、管理、证明的一切国际货物运输单据、收据、凭条和电子报文。除上述装运单证外，常见的货运单证还包括如下几种（见表6－2）。

表6－2　常见的货运单据

中文名称（俗称）	英文名称（缩写）	中文名称（俗称）	英文名称（缩写）
国际货物运输委托书	Shipper's Letter of Instruction (SLI)	货物积载图（舱图、船图）	Cargo Plan
托运单	Booking Note (B/N)	提单	Bill of Lading (B/L)
装货单（下货纸）	Shipping Order (S/O)	海运单	Sea Waybill (SWB)
收货单（大幅收据）	Mates Receipt (M/R)	航空总运单	Master Air Waybill (MAWB)
装货清单（小舱单）	Loading List (L/L)	航空分运单	House Air Waybill (HAWB)
载货清单（舱单）	Cargo Manifest	铁路运单	Rail Waybill (RWB)
提货通知书	Delivery Notice	国际多式联运单据	Multimodal or Combined Transport document（MTD或CTD）
提货单	Delivery Order (D/O)	承运货物收据	Cargo Receipt
交货记录	Delivery Record	快递收据	Courier Receipt
邮政收据	Post Receipt		

在获得运输单据前，需要办理托运。所谓托运，是指出口人直接或通过外运公司或其代理人向承运人或其代理人办理货运委托业务的过程。海运货物

托运是一个比较复杂的过程,涉及出口公司、外运公司、外轮公司之间的货物流转及单据流通。海运出口托运的流程为:接受货主委托→缮制托运单→承运人确认订舱、发装货单→安排货物装箱进港→代理报检并取得出境货物通关单→代理报关、配合查验、纳税→将海关放行货送承运人指定地点→取得已装船提单→将提单交给托运人→预报海外代理或善后。

二、出口托运委托书

(一)出口托运委托书的作用

1. 它是托运人向承运人发出的书面托运文件,也是运输合同不可或缺的组成部分。在国际贸易实务中,一般托运人与承运人之间并不专门草拟、签署一份运输合同,而是直接凭运输委托书处理相关的托运事宜——承运人凭运输委托书运送托运货物、缮制运输单据、收取运杂费用等。如果在运输业务中发生了法律纠纷,也以运输委托书作为重要的法律依据。

2. 它是承运人凭以填制运输单据相关内容的重要依据。运输单据是由承运人缮制、签发的,而单据上的很多填写内容,承运人起初并不知道,如货物名称、数量、重量、体积、装运港、目的港、装运期限、信用证或买卖合同对于货物运输的某些特殊要求等,都要依据运输委托书上列明的细节去一一填写,如果据此出了差错,也由托运人自负。

3. 它是承运人凭以向托运人收取运杂费用的凭证之一。承运人向托运人收取运杂费用时,必须向托运人的财务部门提交运输委托书作为附件,否则,托运人将会予以拒绝。

4. 它是日后万一发生运输纠纷,承运人和托运人双方必须出具的法律依据。

5. 它还是便于承运人与托运人和收货人联系相关运输事宜的"通信录",如托运人、收货人的名称、地址、联系电话、传真、电子信箱、联系人等。

(二)填写出口货物运输委托书应注意的事项

1. 表格中填写的文字和数据必须绝对准确、完整,容不得半点错误或遗漏。

2. 对于信用证中规定的关于提单的特别条款,一定要准确无误、简洁明了地陈述在运输委托书上。必要时,还可以另用纸张补充说明。托运人不宜为图省事,直接将信用证副本附上交给托运人。

3. 托运人自己如果有什么关于运输方面的特殊要求,也要事先明白无误地陈述在运输委托书上，不能仅限于“口头吩咐”，以免误会或遗忘，最终导致差错，而且没有文字依据，在法律上也站不住脚。

4. 运输委托书的内容填写、审查完毕之后，托运人在向承运人提交之前，还需要加盖托运人单位的印章，因为委托书具有法律效力。

表6－3所示为出口托运委托书的样本。

表6－3　出口托运委托书实例

出口货物托运委托书

（货物明细单）日　期：　JAN. 16, 2015

根据《中华人民共和国合同法》与《中华人民共和国海商法》的规定，就出口货物委托运输事宜订立本合同。	运输编号		发票号码	TJ0604B
	合同号码	MANURO5129	信用证号	ILS06/00060
SHIPPER: BEIJING SAIDAO TRADING CO., LTD ROME 16, NO. 269, CHAOYANG DISTRICT, BEIJING, CHINA	付款方式	L/C	贸易性质	GENERAL
	贸易国别	MANURITIUS	消费国别	MANURITIUS
CONSIGNEE: TO THE ORDER OF THE MAURITIUS COMMERCIAL BANK LTD PORT LOUIS MAURITIUS	运输方式	BY VESSEL	出口口岸	TIANJIN
	装运期限	MAR.10, 2015	有效期限	MAR.31.2015
NOTIFY PARTY: LAISAN AND CO 121 LOUIS PASTEUR STREET PORT LOUIS MAURITIUS	装运港	TIANJIN	目的港	PORT LOUIS
	可否转运	ALLOWED	可否分批	ALLOWED
	正本提单	3	副本提单	3
	运费预付	Prepaid	运费到付	

标志唛头	货名规格、海关编号	件数及包装式样	总尺码（立方米）	重量（公斤）			
				毛重	净重	单价	金额
N/M	CAST IRON MANHOLE GOVERS AND FRAMES	21 PACKEAGES	19 CBM	21 210KG			USD 10 750.00

法定商检		保险条款		保险金额		赔付地点	

受托人注意事项				
3/3 + 3 NON NEGOTIABLE COPIES CLEAN ON BORAD MARINE BILL OF LADING MADE OUT TO THE ORDER OF THE MAURITIUS COMMERCIAL BANK LTD PORT LOUIS MAURITIUS MARKED FREIGHT PREPAID NOTIFY LAISAN AND CO 121 LOUIS PASTEUR STREET PORT LOUIS MAURITIUS	指定货代			
	运费		确认	
	随附单据			
	1. 发票	2份	2. 装箱单	2份
	3. 报关单	2份	4. 检验证	1份
	5. 许可证	×份	6. 合同	1份

受托人（承运人或货运代理人）		委托人（即托运人）	
名称		名称　北京赛道贸易有限公司	
电话	传真	电话 ×××××××	传真 ×××××××
委托代理人签章	联系人	联系人　×××	委托人签章

三、提单的填制及审核

如果信用证要求提交仅适用于海运方式的提单，如 marine bill of lading(海运提单)、ocean bill of lacing(海洋提单)或者 port to port bill of lading(港至港提单)，应该提交适用于 UCP600 第 20 条的提单。

只要提单显示为港至港运输即符合信用证规定，单据名称不一定要使用和信用证相同的“海运提单”“海洋提单”“港至港提单”等措辞，甚至可以没有“bill of lading”字样，只要表明用于海洋运输，内容满足了信用证的条款，符合 UCP600 第 20 条的规定即可接受。下面参照引例中的提单样本逐项讲解提单的填制及审核。

(1)“提单号码”(B/L No.)。提单号码就是该份提单的“名字”，提单号码一般由提单的签发人统一编制。为了便于工作联系和核查，提单必须注明提单编号，否则提单无效。提单号码一般列于提单右上角，与装货单、大副收据或场站收据的号码一致。

(2)“托运人”(Shipper)或“发货人”(Consignor)。此栏在信用证支付方式下，如果信用证没有特别规定的话，一般应该严格按照信用证中的“Beneficiary”(受益人)的名称和地址详细填写；如果信用证特别要求以某一个特定的其他人作为“托运人”，例如，以开证申请人作为“托运人”，而且受益人认为对他的利益不构成威胁，因此也没有提出修改信用证条款，此栏就必须按照信用证的要求填写。

在汇付(Remittance)或托收(Collection)支付方式下，如果买方没有特别要求，则直接填写卖方的名称和地址。

(3)“抬头人”(Consignee)即“收货人”。在信用证支付方式下，此栏必须严格按照信用证的相关规定填写；在其他支付方式如汇付或托收方式下，如果买方没有特殊要求，一般填写“To Order”(凭指定)或“To the Order of Shipper”(凭托运人指定)，此时需要托运人或其代理人背书。

贸易实务中按抬头形式不同，可以把提单分为：记名提单(Straight B/L)、不记名提单(Open B/L)和指示提单(Order B/L)三种。其中指示提单是目前应用范围最广的提单形式，可以背书转让。

引例中的 SWIFT 信用证要求受益人提供“...BILLS OF LADING MADE OUT TO ORDER...”，说明提单的抬头应该做成“TO ORDER”的形式。

(4)“通知人”(Notify Party)。这里的“通知人”在逻辑上应该理解为“被通知人”,即承运人将货物运抵目的港(地)以后,按照此栏目里填写的信息,与收货人及时取得联系,以方便货物及时、妥善地交接,避免无谓的滞留、发生不必要的不便和损失。由于指示性抬头提单上不出现收货人的名称和地址,货到后承运人即与被通知人进行联系。

小提示

1. 在信用证项下的提单,如果信用证对提单被通知人有具体规定,必须严格按信用证要求填写。如果信用证未指定被通知人,提单的相关栏目可以空白或以任何方式填写,若在被通知人栏填写了申请人的详细信息,且该信息包括地址和联系方式等内容,这些内容不能与信用证矛盾。

2. 如果信用证只规定了提单上到货被通知人的名称,没有地址,而实际提交的提单被通知人名称后加注了详细地址,该提单可以接受。

3. 如果是记名提单或收货人指示提单,且收货人又有详细地址的,则此栏可以不填。如果是空白抬头提单或托运人指示提单,则此栏必须填列被通知人名称及详细地址。如果地址不详,无法通知,可能造成延迟报关提货等严重后果。

4. 无论信用证有无规定被通知人,交给承运人随船带去的提单副本应填明被通知人详细名称和地址,以便船到目的港后及时取得联系。

思考题

指出下列信用证条款的抬头人是谁?如何背书转让?

(1) FULL SET OF B/L CONSIGNED TO ABC CO.

(2) FULL SET OF B/L MADE OUT TO ORDER

(3) B/L ISSUED TO ORDER OF APPLICANT

(4) FULL SET OF B/L MADE OUT TO OUR ORDER

(5) FULL SET OF B/L MADE OUT TO ORDER OF SHIPPER

(6) TO ORDER OF NATIONAL BANK OR TO ORDER

答案:

(1) ABC CO.——不可背书转让;(2) TO ORDER——由 SHIPPER 或其具

名代理背书；(3)TO ORDER OF ××× CO.(××× CO.为开证申请人)——由××× CO背书；(4)TO ORDER OF ××× BANK(××× BANK为开证行)——由开证行背书；(5)TO ORDER OF SHIPPER——同(2)即由SHIPPER或其具名代理背书；(6)TO ORDER OF NATIONAL BANK或TO ORDER，前者由NATIONAL BANK背书，后者由SHIPPER或其具名代理背书。

(5)船名和航次(Vessel and Voyage Number)。此栏填写载货船舶的名称及其航次。需要注意的是，此处的“船名”一定要是信用证或买卖合同中规定的在“装运港”开航的船名和航次。例如：如果信用证中规定的装运港是“上海”，而且是海运，此批货物又是从重庆用船舶运往上海的，提单上的“船名”就不能是“重庆—上海”的船名和航次，而必须是“上海—目的港”的船名和航次。

(6)装运港(Port of Loading)。有时又叫“装货港”，一般装运港都会在相关的信用证和买卖合同中做出明确的规定。如果信用证或合同只是笼统地规定“Any Chinese Ports”(任何中国港口)，则出口人就可以在中国境内的任意一个港口装运。但是，如果装运的港口不是像“Shanghai”“Tianjin”“Dalian”一类的知名港口，为了避免麻烦，最好在港口后面加“China”字样，如“Wuhan, China”等。

(7)卸货港(Port of Discharge)。在单一的海运方式下，卸货港就是“目的港”(Port of Destination)；但是在国际多式联运方式下，卸货港就仅指“海运的终点”，而不是指“全程运输的终点”了。

(8)收货地点(Place of Receipt)。“收货地点”是指承运人从托运人手上接受承运货物的地方。这一栏是为联运单据准备的，如果是单以海运方式运输货物，此栏不用填写；如果是联运提单，填写第一程承运人的收货地。

(9)到货地点(Place of Delivery)。此栏主要为国际多式联运方式所设立，如果在单一的海运方式下，此栏可以空着不填；但在多式联运方式下，此栏一般应该填写最终的目的地名称。

小提示

装船批注是货物装船的证明。提单应该通过预先印就的文字，或注明货物装运日期的已装船批注来表明货物已在信用证规定的装运港装运到具名船只上。

船公司可以出具两种格式的提单。一种是已装船提单，即提单上印就"Shipped on board the goods in apparent good order and conditions"（已装船货物表面状态良好）语句，这种提单无须另外加注"已装船"批注，提单的出具日期就是发运日期。另一种是备运提单，预先印有的是"Received for shipment"，这种提单须用装船批注来表明货物已装船，装船批注日期即视为装运日期。已装船批注具备"on board"字样和"on board date"两个要素即可。

引例中的提单是集装箱运输方式下的提单，是待运提单，因此必须加注装船批注。

思考题

信用证规定"Shipment from Rotterdam to Hong Kong"，而提单上显示如下表所示。在此条件下，如何使提单满足信用证规定？

Pre-carriage by Moon	Place of Receipt Rotterdam
Ocean Vessel Sun	Port of Loading Dubai
Port of Discharge Hong Kong	Place of Delivery

参考答案：在提单上另加装船批注。

On Board the Vessel Moon

From Rotterdam

YYMMDD（注明年月日）

（10）标志和号码（Marks/Nos）及集装箱号码（Container No.）。标志和号码（Marks/Nos）即"唛头"（Shipping Marks），是货物运输过程中为了便于识别而刷在外包装上的装运标记，是提单的一项重要内容，是提单与货物的主要联系要素，也是收货人提货的重要依据。提单上的唛头应与发票等其他单据以及实际货物保持一致，否则会给提货和结算带来困难。

散装货物没有唛头，可以表示为"No mark"或"N/M"。裸装货物通常以不同颜色区别，例如在钢材、钢条等上刷上红色标志，在提单上可以用"red stripe"

表示。

对于集装箱号码(Container No.),只要货物是装集装箱运输的,信用证和买方一般都会要求在提单上显示"集装箱号码"。这样,一方面可以方便买方在目的港提货;另一方面可以在一定程度上对卖方起到制约的作用。因为,大轮船公司的装运信息是可以随时从互联网络上查询到的,装运信息中就包含了某个航次的某船舶上所装载的每一个集装箱的详细情况。如果买方上网查不出某个号码集装箱的信息,就说明卖方所说的装运信息是伪造的、实际不存在的。

(11)包装或集装箱件数(No. Package or Containers)。此栏货物数量是指"货物的外(运输)包装的数量",而不是指"货物本身的数量"(5 000 件衬衣,3 000双皮鞋等),也不是指"货物的内包装数量"(如400 盒白色粉笔等)。

(12)包装类型及货物描述(Package Type, Description of Goods)。包装类型一定要与信用证一致。例如,信用证规定包装类型为"Packed in gunny bags"(麻袋包装),而发票与提单却表示为"Packed in used and repaired gunny bags"(旧、修补麻袋包装),则单证不符,引起银行拒付。

提单上关于货物的描述要与商业发票上的货物描述一致。如提单上货物用统称表示时,该统称需与信用证中的货物描述完全一致,且与其他单据有共通联结的特征,例如唛头、包装件数和种类等。

(13)货物毛重(Gross Weight)。此栏一般只需填写整批货物的"总毛重"(Total Gross Weight)即可,主要是为了便于承运人合理地安排装卸和运输。"毛重"的单位一般使用"kilos"或"KG"(公斤)。

(14)商品的体积(Measurement)。此栏一般只需填写整批货物的"总体积"(Total Volume),主要目的也是便于承运人合理地安排装卸和运输。"体积"的单位一般使用"cubic metres"或"CBM"(立方米)。

(15)运费和费用(Freight & Charges)。包括"Freight Prepaid"(运费预付或运费已付,即由卖方来支付运费)和"Freight to Collect"(运费到付,即由买方来支付运费)两种。

(16)提单日期和签发地点(Place/Date of Issue)。通常签发地点为装运港所在地,签发日期也一般为"已装船"(On Board)的日期。提单的签发日期可以与货物的装船日期填写为同一天。如果提单日期晚于装船日期,只要不超过交单期限和信用证的截止日期,是完全可以接受的。而如果提单日期早于货物实际装船的日期,一般不可取,因为这有"备运提单"(Received for Shipment B/L)和"预借提单"(Advanced B/L)的嫌疑。

小提示

除已装船批注外,提单的批注还包括"清洁"批注和"不清洁"批注。

常见的"不清洁"批注有:

content leaking, packaging soiled by contents, packaging broken/ holed/torn/ damaged, packaging contaminated, goods damaged/scratched, goods chafed/torn/ deformed, packaging badly dented, packaging damaged – contents exposed, insufficient packaging, packaging is not sufficient for the sea journey, blood-soaked wrappings, bags stained/town and resewn 等。

常见的"清洁"批注有:

second hand packaging materials used, old packaging materials used, reconditioned packaging materials, term such as unprotected/unboxed/partly protected, iron and steal shipments may be claused "rusty", repaired/mended/resewn/repacked/coopered, packaging may not be sufficient for the sea journey 等。

(17)提单正本份数(No. of Original Bs/L)。此栏填写海运提单的正本份数。传统的海运提单正本份数为三份,但是现在使用电子提单的情况下,提单正本份数也可以是一份。根据 UCP600 的规定,银行接受任何份数的正本提单,如果信用证要求提交全套提单,那么提单上注明的正本份数必须与受益人提交的正本份数一致。

(18)签署(Signed for the Carrier)。此栏由承运人、船长或其代理签字盖章。在与印度、斯里兰卡、黎巴嫩、阿根廷等国贸易时,虽然信用证没有规定提单需要手签,但由于当地海关要求提单必须手签,因此需要特别注意。

常见的提单签发人和表示方法见表 6 – 4。

表 6 – 4　常见的提单签发人和表示方法

提单签发人	表示方法	备注
由承运人或其具名代理人	× × × as carrier	1. 承运人、船长或其代理人的任何签字必须表明其身份 2. 代理人签字必须表明其系代表承运人还是船长签字
	as agent for or on behalf of the carrier	
由船长或其具名代理人	× × × as master	
	as agent for or on behalf of the master	

第二节　空运单据

运输单据按照它们的票面价值和作用,可以划分为“物权单据”和“非物权单据”两大类。物权单据主要是指收货人必须凭其正本才能提取货物的运输单据,它们一般包括海运提单、多式联运单据和承运货物收据等。物权单据在约束买方付款赎单、保护卖方安全收汇等方面起着牵制作用。非物权单据主要是指收货人不需要凭此单据就能够提取货物的运输单据,它们通常包括空运提单、国际铁路联运运单、海运单、租船合同提单、货物收据、快件运单、邮政收据等。非物权单据在卖方先装运货物、买方而后支付货款的情况下对于卖方存在着很大的收汇风险,为了避免最终招致钱货两空的不幸结局,卖方在装运货物使用非物权单据时,一定要注意采取必要的变通手段加以防范。

下面简要介绍实务中比较常用的空运单据。

一、空运流程

图 6－1 所示为航空运输的一般流程。

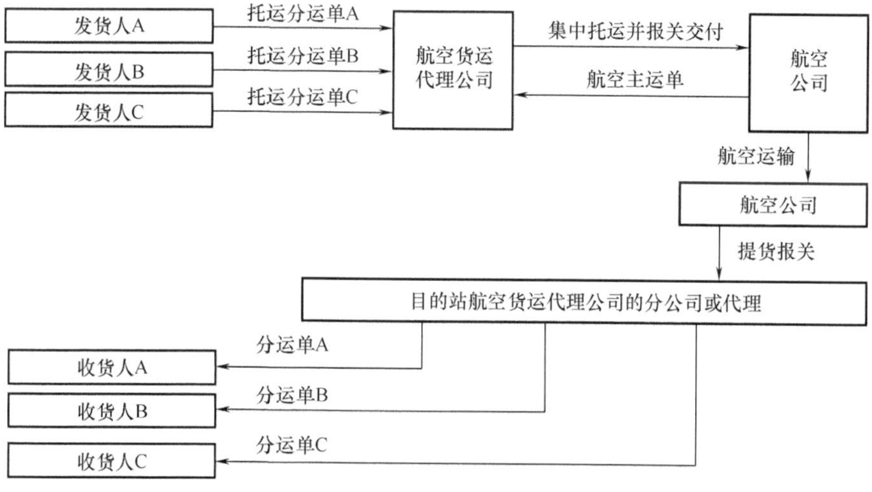

图 6－1　空运流程

从图 6－1 中可以看出,航空运输主要包括两类承运人。

一为航空运输公司。航空运输公司是航空货物运输业务中的实际承运人,负责办理货物从起运机场至到达机场的运输业务,并对全程运输负责。

二为航空货运代理公司。航空货运代理公司兼有货主代理和航空公司代理的双重身份,既负责办理空运货物的订舱、起讫机场间货物交接及进出口报关等事宜,又可在办理接货过程中以航空承运人的身份签发航空运单,对运输过程负责。中国对外贸易运输总公司在实际业务中即充任航空货运代理公司,已与世界上许多国家和地区的货运代理公司建立了航空货运代理业务关系。

二、航空运单

航空运单(Air Waybill,简称 AWB)是由承运人或其代理人签发,由托运人和承运人签字或盖章的重要货物运输单据,是承、托双方运输契约的证明,也是货物收据及承运人据以核收运费的账单,其内容对双方均有约束力。

概括起来,航空运单的性质和作用有以下几个方面。①航空运单是发货人与承运人之间的运输合同;②航空运单是货物收据,但非物权凭证,不能背书转让,但可凭以办理议付、结汇,不能凭以提货,收货人只能凭"到货通知"办理提货;③航空运单是运费账单,收货人留作运费记账凭证;④航空运单是报关单据,是海关放行查验的基本单据;⑤航空运单是保险单据,若在航空运单上加载保险条款,则该运单可视为保险证书;⑥航空运单是承运人进行业务操作的依据,凭以办理发货、转运、交付等事项。

航空运单一式三份,分三种不同颜色,三联正本具有同等法律效力,每份的背面都印有条款。浅蓝色联(第三联)经承运人签字后交托运人(或发货人)结汇用,是承运人或其代理人接收货物、托运人在预付运费时交付运费的依据,正本上注明"ORIGINAL FOR THE SHIPPER";浅绿色联(第一联)经托运人或其代理人签字后交承运人留存,作为记账凭证,正本上注明"ORIGINAL FOR THE ISSUING CARRIER";粉红色联(第二联)经托运人签字后随货同行,在目的地交收货人,作为核收货物的依据,正本上注明"ORIGINAL FOR THE CONSIGNEE"。副本至少六份,有需要还可以增加份数,分别发给代理人,目的港第一、二、三承运人用于报关、财务结算、国外代理、中转分拨等和用作提货收据。副本除提货收据为黄色,其余均为白色。

航空运单与海运提单类似,也有正面、背面条款之分。货运单正本背面印刷了有关航空货物运输的条款,这是解决航空运输中发生争议的依据。不同的航空公司会有自己独特的航空运单格式。各航空公司所使用的航空运单大多借鉴 IATA 所推荐的标准格式,差别并不大。我国航空运单由中国民航总局印制。填制航空运单的主要依据是发货人提供的国际货物托运书。航空运单的样本见表 6-5 所示。

表 6－5 航空运单样本

Shipper's Name and Address / Shipper's Account Number LINHAI WOVLEN MILL, ZHEJIANG PROVINCE CO., LTD NO. 96 LISHEN ROAD, LINHAI CITY, ZHEJIANG PROVINCE CHINA	NOT NEGOTIABL Air Waybill Issued by Copies 1，2 and 3 of this Air Waybill are originals and have the same validity.
Consignee's Name and Address / Consignee's Account Number EM TRADING SWEDEN AB KCRSGATAN 13 SK-411 GOTEBORG SWEDEN	It is agreed that the goods described herein are accepted in apparent good order and condition (except as noted) for carriage SUBJECT TO THE CONDITIONS OF CONTRACT ON THE REVERSE HEREOF. ALL GOODS MAY BE CARRIED BY ANY OTHER MEANS INCLUDING ROAD OR ANY OTHER CARRIER UNLESS SPECIFC CONTRARY INSTRUCTIONS ARE GIVEN HEREON BY THE SHIPPER, AND SHIPPER AGREES THAT THE SHIPMENT MAY BE CARRIED VIA INTERMEDIATE STOPPING PLACES WHICH THE CARRIER DEEMS APPROPRIATE. THE SHIPPER'S ATTENTION IS DRAWN TO THE NOTICE CONCERNING CARRIER'S LIMITATION OF LIABILITY. Shipper may increase such limitation of liability by declaring a higher value for carriage and paying a supplemental charge if required.
Issuing Carrier's Agent Name and City JFS/SHA TEL: 021-62329995 FAX:021-62329950	
Agent's LATA Code / Account No. Airport of Departure (Addr.of First Carrier) and Requested Routing SHANGHAI, P.R.CHINA	Accounting information NOTIFY: SAME AS CONSIGNEE FREIGHT COLLECT

To	By First Carrier	to	by	to	by	currency	CHGS code	WTNAL PPO	WTNAL COLL	Other PPO	Other COLL	Declared Value for Carriage	Declared Value for Customs
GOT	SK												

Airport of Destination	Flight/Date	Amount of Insurance	INSURANCE-If Carrier offers insurance,and such insurance is requested in accordance with the conditions thereof,indicate amount to be insured in figures in box marked 'Amount of Insurance.
GOTHENBURG, SWEDEN	| SK998 DEC15.2006 |	N.I.L.	

Handing information

AGENT: TERMINUS SPEDITION & TRANSPORT AB TEL: 46 31640210 SCI

No of Pieces RCP	Gross Weight	Kg lb	Rate Class / Commodity Item No.	Chargeable Weight	Rate Charge	Total	Nature and Quantity of Goods
							VOL: 13.169CBM

Prepaid / Weight Charge / Collect [ ] [ ] [AS AGREED]	Other Charges AS AGREED USD CC CC PP N.V.D N.C.V
Valuation Charge [ ]	
Tax [ ]	
Total other Charges Due Agent [ ]	Shipper certifies that the particulars on the face hereof are correct and that insofar as any part of the consignment contains dangerous goods, such part is properly described by name and is in proper condition for carriage by air according to the applicable Dangerous Goods Regulations.
Total other Charges Due Carrier [ ]	Signature of Shipper or his Agent
Total Prepaid / Total Collect	DEC 12, 2015 SHANGHAI 艾迪

60 2460K 2460KGS AS AGREED WAFFLEBLANKET

YELLOW

MARKS: 100% POLYESTER

Total Prepaid	Total Collect	
	AS AGREED	DEC 12, 2015 SHANGHAI 艾迪
Currency Conversion Rates	CC Charges in Dest. Currency	Executed on (date) at(place) Signature of issuing Carrier or its Agent
For Carrier's Use only At Destination	Charges at Destination	Total Collect Charges AS AGREED

问答题

1. 信用证要求提交海运提单,允许提交多式运输单据。受益人提交了多式运输单据,注有发送日期和装船日期。应以哪个日期为发运日期?

2. 货物已装上一具名船,提单显示了两条船,是否两条船都须做装船批注船?

3. 多式或联运提单的发送地、接管地以及最终目的地已经根据信用证要求显示后,装货港、卸货港栏位是否可以不填写?

4. 多式运输单据在信用证要求的发送、接管、装运地点或最终目的地前后显示了额外的地点可否接受?

答案

1. 该信用证开立得不正确。要求的是港至港运输,因此海运提单是恰当的单据。当要求提交海运提单并允许提交多式运输单据时,信用证应该指出使用多式运输的运输路径。在信用证结构有问题的前提下,受益人提交了多式运输单据,接受监管地(与信用证规定的装运港不同)处显示了发运日期(dispatch date),并在装运港处注明了另一个装船批注日期,此时应以装运港处的装船日期作为发运日期。信用证没有提到收货地,所以多式运输单据上显示的发送日期与信用证条款无关。

2. 根据 UCP600 第 20 条 a 款,提单必须显示货物已经在信用证规定的装货港装上具名船只。如果提单还注有在装货港和卸货港之间的运输过程中将要发生转运的船名,不要求加注有关转运船只的装船批注。

3. 如果信用证规定的起运地点非港口或者最终目的地非港口,MT700 报文 44 栏位用的是 44A 和 44B,则多式或联运提单的收货地、最终目的地栏位或二者的相似栏位中的内容按信用证要求填写即可,而且无须标明所采用的运输方式。

4. 可以接受。UCP600 第 19 条 a 款要求多式运输单据要"表明信用证中规定的发送、接管或发运地点以及最终目的地,即使该运输单据另外还载有一个不同的发送、接管或发运地点或最终目的地",这就允许承运人签发不仅涵盖信用证所预见的航程而且还涵盖整个航程的运输单据,运输单据可以显示在货物发运、接受监管或装船所在地之前运输的其他地点,或在信用证中规定的最终目的地之后的其他地点。当显示了不同的发送、接管或装运地点时,该运输单据必须确保已经表明货物已在信用证规定的地点发送、接管或是装船。而运输单据上最终目的地不同于信用证要求的最终目的地，通常发生在信用证规定的最终目的地是港口或飞机场，而货物随后还要运往一个内陆目的地的情况之下。

第七章　保险、检验检疫单据

学习要点与要求

理解保险单据的概念和种类，了解国际货运保险单据的流转；

掌握保险单的内容及填制方法；

了解出/入境报检单的内容及填制注意事项。

Learning Objectives

Formulate and address the conception and type of insurance documents. Know the procedure of using insurance documents.

Be familiar with filling and examining technique of insurance policy/certificate.

Know the content and filling skills of entry – exit inspection and quarantine.

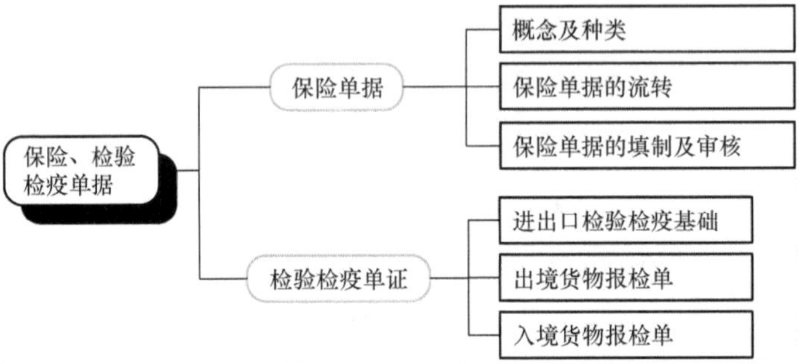

引例

工作有条不紊的向前推进，今天小艾拿到了保险公司开来的单据，名称是 Insurance Policy，是向中国太平洋财产保险公司投保的。小艾记得之前收到过一张 Insurance Certificate 的保险单据，不知道两个不同名称的单据有什么区别？

第一节　保险单据

保险单的作用是：在被保险货物遭受损失时，它是被保险人索赔的主要依据，也是保险公司理赔的主要依据（样本见表7－1）。

一、保险单据的概念及种类

保险单据是证明保险合同成立的法律文件，它既反映保险人与被保险人之间的权利和义务关系，又是保险人的承保证明。一旦发生保险责任范围内的损失，它就是被保险人要求赔偿的法律依据。在国际贸易中，保险单据经背书可以随货物所有权转让而转让。

实务中经常会接触的保险单据有以下几种。

（1）保险单（Insurance Policy）。俗称"大保单"，背面都有保险公司印就的明确规定保险人（即"承保人"）（Underwriter/Insurer）与被保险人（Insured）双方权利和义务的保险条款。保险单是投保人和承保人之间订立正式保险合同的书面凭证。

（2）保险凭证（Insurance Certificate）。俗称"小保单"或"简式保单"，是一种简化的保险单。保险凭证的正面格式、内容及其法律效力等与保险单没有差别，但背面没有保险条款。

（3）联合保险凭证（Combined Insurance Certificate）。联合保险凭证是指在商业发票上面加盖保险章，注明保险编号、险别、金额、装载船名、开船日期等，以此作为保险凭证。它与保险单有同等效力，但不能转让。一般多用于港澳地区中资银行开来的信用证项下业务。

（4）预约保险单（Open Policy/Open Cover）。这是一种长期性的货物运输保险合同。合同中规定了承保范围、险别、费用、责任、赔款处理等项目。凡属合同约定的运输货物，在合同有效期内自动承保。在实际业务中，一般是在每批货物装运后，由被保险人向保险公司或进口商发出"保险声明"（Insurance Declaration）或"装运通知"（Shipment Advice），其上列明被保险货物的名称、数量、毛重、金额、运输工具、运输日期以及预保合同编号，作为正式保单生效的标志，其副本或相关的受益人证明书通常作为议付的单据之一。

（5）批单（Endorsement）。保险单出立后，保险人需要补充或变更其内容时，可向保险公司提出批改申请。保险公司如同意就出立批单，注明更改或补充的内容，并对批单内容负责。批单原则上须粘贴在保险单上，并加盖骑缝章，

表 7－1　保险单样本

投保单序号： PICC　No. 0000060

中 国 人 民 保 险 公 司

The People's Insurance Company of China

地址：北京市海淀区清华西路 28 号　　邮编（POST CODE）: 100084

ADD: Qinghua West Road No. 28 Haidian District Beijing, China

电话（TEL）： ＋86－10－62616611　　传真（FAX）：＋86－10－62616612

货物运输保险单投保单

APPLICATION FORM FOR CARGO TRANSPORTATION INSURANCE POLICY 1

被保险人：

Insured: BEIJING SAIDAO TRADING CO., LTD 2

发票号（INVOICE NO.） TJ0608B

合同号（CONTRACT NO.） ITALY52658

信用证号（L/C NO.）ILS07/000

发票金额（INVOICE AMOUNT） EUR 3465 投保加成（PLUS）

10 %

兹有下列物品向中国人民保险公司河北省分公司投保.（INSURANCE IS REQUIRED ON THE FOLLOWING COMMODITIES）:

标　记 MARKS &NOS.	包装及数量 QUANTITY	保险货物项目 DESCRIPTION OF GOODS	保险金额 AMOUNT INSURED
N/M 3 INV. NO.: 070822	1180 BAGS 4 B/L NO.: ZNEGEN0709017 CNTR. NO.: MSKU2301586	WOOD PELLETS 5	3811.5 6

费率：　保费：　免赔额/率：

RATE AS ARRANGED PREMIUM: AS ARRANGED 7 DEDUCTIBLE/FRANCHISE 8

开航日期：　装载运输工具：

Sig. on or abt. Sep. 7 2015 9 PER CONVEYANCE: CORNELIA /0710

自　经　至

FROM TIANJIN, CHINA VIA TO GENOA, ITALY

提单号：　赔款偿付地点：

B/L NO.: CLAIM PAYABLE AT GENOA, ITALY IN EUR 11

投保险别：（**PLEASE INDICATE THE CONDITIONS &/OR SPECIAL COVERAGES**）：

COVERING ALL RISKS AS PER OCEAN MARINE CARGO CLAUSES (1/1/1981) OF THE PEOPLE'S INSURANCE COMPANY OF CHINA 10

投保日期：（DATE） Sep. 7 2015 12　　承保人：（Issur） 13

作为保险单不可分割的一部分。

二、保险单的流转

以 CIF 和 CIP 等“由卖方办理货运保险”条件下的保险单据为例，来介绍保险单据的流程（见图 7－1）。

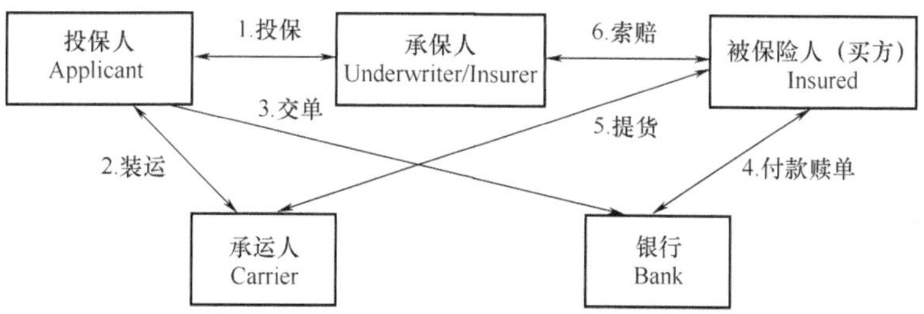

图 7－1　保险单据的流程（on CIF basis）

“投保人”的英文也叫“Applicant”即“保险申请人”，也就是与承保人签订保险合同、支付保险费用的人。这跟信用证中的“Applicant”（开证申请人）不同。

三、保险单的填制及审核

（1）保险单（Insurance Policy/Insurance Certificate）。“保险单”是投保人（Applicant）与承保人（Underwriter）就某项保险标的保险事宜达成的保险合同。保险单上的所有内容在该份保险合同的有效期内，对双方都具有法律约束力。

信用证要求提交如保险单（Insurance Policy）或保险证明书（Insurance Certificate）或保险声明书（Declaration）等，都属于保险单据。

（2）被保险人（Insured/Policy Holder）。保险单据上的“被保险人”也称保险单的“抬头人”。但是，保险单的“抬头人”与海运提单等运输单据的“收货人”一栏不同，它不存在所谓“记名”或“指示”的问题。也就是说，在保险单据里，“被保险人”一栏一般直接填写投保人的名称。

信用证不应要求保险单据的被保险人栏做成来人抬头（To Bearer）或空白抬头（To Order）的形式。

如果信用证要求保险单据开成以“To Order of 公司名”的形式，抬头中“To Order”不需要标注，只要该公司是被保险人或赔偿费用接收方即可。

如果信用证没有规定被保险人，保险单据的抬头可以填写开证行或开证申请人名称；抬头不能写成信用证受益人或其他任何的公司实体，除非受益人或该公司做了空白背书或将保险单据背书转让给开证行或开证申请人。

思考题

下列保险单据抬头人及背书形式是否正确？

1）“Beneficiary as the assured/insured and blank endorsed.”

2）“Any party as assured and blank endorsed”，比如“a freight forwarder”。

3）“Beneficiary as the assured/insured”，不背书。

4）背书成“Payable to beneficiary”。

答案：1）正确；2）正确；3）不正确；4）不正确。

（3）唛头（Marks & Nos.）。此栏一般仅用于打印运输标志（即“唛头”）。通常情况下承保人可能是嫌太麻烦，不愿意打印唛头，就仅注明“As per Invoice No. ×××”（参见×××号发票），银行和买方也是会接受的。

（4）包装及数量（Quantity）。此栏仅需填写“保险货物外包装的数量及其单位”即可，而不用列明“具体货物的数量及其单位”。例如：“25 PALLETS”（25托盘）、“420 CASES”（420箱）、“1,200 CARTONS”（1 200纸箱）等。

（5）保险货物项目（Description of Goods）。此栏主要填写投保货物的商品名称，仅列明货物的概括性名称，只要不与信用证对货物的描述相矛盾即可。

（6）保险金额（Amount Insured）。保险金额是指：①承保人凭以向投保人收取保险费的依据，②保险标的发生风险损失后，承保人赔偿给被保险人的最高限额。在一般情况下，当商业发票金额为CIF或CIP的价值时，保险金额=发票金额×（1+保险加成率）。

按照国际惯例，保险单据必须表明投保金额并以与信用证相同的货币表示。

“保险金额”与“总保险金额”的关系为：

①如果一份保险单上只有一种货物，二者就完全相同；

②如果一份保险单上有几种货物，“总保险金额”就等于各“保险金额”之和。例如：

AMOUNT INSURED:

---

①SHIRTS USD 11,000.00

②BLOWSE USD 22,000.00

③JACKETS USD 33,000.00

TOTAL AMOUNT INSURED:SAY U.S. DOLLARS SIXTY SIX THOUSAND ONLY (USD 66,000.00).

③在保险单上“保险金额”一般使用小写(In Figures),而“总保险金额”则一般需要大写(In Words)。

(7)保险费(Premium)。此栏一般已由保险公司在保险单印刷时填入“As Arranged”字样。出口公司在填写保险单时无须填写。但如来证要求:“Insurance Policy/Certificate endorsed in blank full invoice value Plus 10% marked Premium paid.”或“Insurance Policy/Certificate endorsed in blank full invoice value Plus 10% marked Premium paid USD ×××.”对于上述要求,制单时应把原有的“As Arranged”删去,加盖校对章后打上“Paid”或“Paid USD ×××”字样。

(8)免赔额/免赔率(Deductible/Franchise)。保险单据可以规定免赔额/免赔率,但如果信用证规定不计免赔率(Irrespective of Percentage, I.O.P.),则保险单据不得规定免赔额/免赔率。

(9)开航日期(Sailing on or about)、装载运输工具(Per Conveyance S.S.)和运输路线(Route)。开航日期一般填写提单签发日期,也可填写提单日期前后各5天之内的任何一天的日期,或填写“As Per B/L”。

装载运输工具(Per Conveyance S.S.)填写装载船的船名。当运输由两程运输完成时,应分别填写一程船名和二程船名。例如:一程船名为Mayer,二程船名为Dongfeng,该栏填写“Mayer/Dongfeng”,如转运到内陆应加填“Other Conveyance”。

运输路线(Route)“from…via…to…”栏目,UCP600第28条第5项iii款规定,保险单需表明承保的风险区间至少涵盖从信用证规定的货物接管地或发运地开始到卸货地或最终目的地为止。

如果运输方式是“直达”,就只需要在“from”后面填写装运港的名称、在“to”后面填写目的港的名称,“via”后面不填。当一批货物经转船到达目的地时,这一栏填写:目的港W/T(VIA)转运港。当一批货物到达目的港后须转运内陆某地买方仓库,如到达纽约港后转运芝加哥,保单目的港可填“NEWYORK AND THENCE TO CHICAGO”或“NEWYORK IN TRANSIT TO CHICAGO”。

(10)投保险别(Conditions and/or Special Coverage)。此栏是关系到被保险人切身利益的关键性栏目,尤其在信用证支付方式下,受益人一定要认真领会信用证中关于保险条款的每一句细节，不能遗漏。

(11)赔付地点(Claim Payable at)。一般的，将目的地作为偿付地点，将目的地名称填写入该栏。如买方指定理赔代理人，理赔代理人必须在货物到达目的港的所在国内，便于到货后检验。赔款货币一般为与投保额相同的货币。

(12)保险单的出单日期(Issuing Date)。按照国际惯例，保险单必须有出单日期。

保险单据的出单日期最好早于或与运输单据的装运日期为同一天；如果保险单据的出单日期晚于装运日期，可以在保险单据加注表明"保险责任不迟于发运日生效"的批注；否则容易引起纠纷。

(13)签发人/承保人(Issuer/Insurance Company/Underwriter)。保险单据应该看似由保险公司或承保人或其代理人或代表出具并签署。例如，由"×××Insurance Ltd."出具的保险单据就是"看似由保险公司出具的"，而不必像提单那样还要再标注"as Insurance Co."。

保险单据的签署栏可以只显示保险公司的商业名称，比如"×××"，但在保险单据的其他地方必须标清公司全称"××× Insurance Company"以及地址、联系方式等信息。

当保险单据由代理或代表签署时，需要明确其所代表的保险公司或承保人的名称。例如，如果保险单据上已经确定"××× Insurance Ltd."为承保人，其代理在签署的时候可以写"John Doe (by proxy) on behalf of the insurer"或"John Doe (by proxy) on behalf of ××× Insurance Ltd."。

第二节　出入境货物检验检疫单证

进出口货物贸易实务中，国内检验检疫机构或者国外检验检疫机构能够出具的检验检疫证明或证书种类繁多，如品质证书、重量证书、卫生证书等，我国的检验检疫机构是政府指定的官方机构，可以出具国外进口商要求的官方证书，如植物检疫证书、健康证书、卫生证书、GSP FORM A、互惠原产地证书等；国外的检验检疫机构大都是民间机构，不能出具国内口岸检验检疫机构或海关要求的官方证书，如植物检疫证书、动物检疫证书、互惠原产地证书、特惠原产地证书等，这类证书须由出口国或地区政府指定机构签发。检验检疫证书无论是由检验检疫机构签发，或是由政府指定的其他相关机构签发，都需要满足证书的特定功能要求。托收和汇付项下，相关检验检疫证书只需符合相应的合同规定或双方的约定和检验检疫机构的相关规定即可。

我国的植物检疫证书、动物卫生证书、卫生证书、数量检验证书、熏蒸/消毒证书等的样本见表 7 - 2 至表 7 - 6。

表 7 - 2 植物检疫证书样本

中华人民共和国出入境检验检疫

ENTRY-EXIT INSPECTION AND QUARANTINE

OF THE PEOPLE'S REPUBLIC OF CHINA

植物检疫证书

PHYTOSANITARY CERTIFICATE

编号
No.:

发货人名称及地址：SHANGHAI FOREIGN TRADE IMPORT & EXPORT LTD
Name and Address of Consignor

收货人名称及地址：* * * * * * * * * * *
Name and Address of Consignee

品　名：NORTH-EAST SMALL RED BEANS　　植物学名称 * * *
Description of Produce　　Botanical Name of Plants

报验数量：296 M/TONS　　标记及号码
Quantity Declared　　Mark & No.

包装种类及数量：　　B. O. C.
Number and Type of Packages 5,889 GUNNY BAGS　　1 - 5889

产地：
Place of Origin CHINA

到达口岸：
Port of Destination TOKYO

运输工具：　　检验日：
Means of Conveyance BY SHIP　　Date of Inspection JUN. 17, 2015

此证明上述植物、植物产品或其他检疫物已经按照规定程序进行检查和检验，被认为不带有输入国或地区的规定的检疫性有害物，并且基本不带有其他的有害物，因而符合输入国或地区现行的植物检疫要求。

This to certify that the plants, plant products or other regulated articles described above have been inspected and tested according to appropriate procedures and are considered to be free from quarantine pests specified by the importing country/region, and practically free from other injurious pests; and that they are considered to conform with the current phytosanitary requirements of the importing country/region.

杀虫和/或灭菌处理 DISINFESTATION AND/OR DISINFE TREATMENT

日期：* * *　　药剂及浓度：* * *
Date　　Chemical & Concentration

处理方法：* * *　　持续时间及温度：* * *
Treatment　　Duration & Temperature

附加声明：
ADDITIONAL DECLARATION　　CREDIT NUMBER: M30 - 33221

印章：×××　　签证地点：SHANGHAI　　签证日期：JUN. 17, 2015
Stamp　　Place of Issue　　Place of Issue

授权签字人：LLI　　签名：丁毅
Authorized Officer　　Signature

中华人民共和国出入境检验检疫机关及官员或代表不承担签发本证书的任何财经责任。

No financial liability with respect to this certificate shall attach to the entry-exit inspection and quarantine authorities of the P. R. of China or any of its officers or representives

表7-3 动物卫生证书样本

中华人民共和国出入境检验检疫

ENTRY-EXIT INSPECTION AND QUARANTINE

OF THE PEOPLE'S REPUBLIC OF CHINA

动物卫生证书 编号 No.

ANIMAL HEALTH CERTIFICATE

发货人名称及地址:

Name and Address of Consignor ________________

收货人名称及地址:

Name and Address of Consignee ________________

动物种类: Spectes of Animals ________	动物学名: Scientific Name of Animals ________
动物品种: Breed of Animals ________	产地: Place of Origin ________
报验数量: Quantity Declared ________	检验日期: Date of Inspection ________
起运地: Place of Dispatch ________	发货日期: Date of Dispatch ________
到达国家/地区: Country/Region of Destination ________	运输工具: Means of Conveyance ________

中华人民共和国出入境检验检疫机关及其官员或代表不承担签发本证书的任何财经责任。

No financial liability with respect to this certificate shall attach to the entry-exit inspection and quarantine authorities of the P. R. of China or to any of its officers or representatives.

表 7－4　卫生证书样本

中华人民共和国出入境检验检疫

ENTRY-EXIT INSPECTION AND QUARANTINE

OF THE PEOPLE'S REPUBLIC OF CHINA

卫生证书

编号 No.：

SANITARY CERTIFICATE

发货人名称及地址：

Name and Address of Consignor ____________________

收货人名称及地址：

Name and Address of Consignee ____________________

品名：

Description of Goods ____________________

加工种类或状态：

State or Type of Processing ____________

标记及号码：

Mark & No.

报验数量/重量：

Quantity/Weight Declared ____________________

包装种类及数量：

Number and Type Packages ____________________

储藏和运输温度：

Temperature during Storage and Transport ____________

加工厂名称、地址及编号（如果适用）：

Name, Address and Approval No. of the

Approved Establishment (if applicable) ____________

起运地：

Place of Despatch ____________

到达国家及地点：

Country and Place of Destination ____________

运输工具：

Means of Conveyance ____________

发货日期：

Date of Despatch ____________

中华人民共和国出入境检验检疫机关及其官员或代表不承担签发本证书的任何财经责任。

No financial liability with respect to this certificate shall attach to the entry-exit inspection and quarantine authorities of the P. R. of China or to any of its officers or representatives.

表7-5　数量检验证书样本

中华人民共和国出入境检验检疫

ENTRY-EXIT INSPECTION AND QUARANTINE

OF THE PEOPLE'S REPUBLIC OF CHINA

数量检验证书

QUANTITY CERTIFICATE

编号
No.：325422

发货人：SHANGHAI
Consignor IMPORT & EXPORT TRADE CORPORATION ……………

收货人：
Consignee ………… RIMAS BROWN & SONS …………

品　名：
Description of Goods ···· 100% COTTON DISHCLOTHS

标记及号码
Mark & No.
SAFDIE-MTC
S/CT0303
NOS. 1-367

报验数量/重量：
Quantity/Weight Declared 33350 DOZ/19911 KG····

包装种类及数量：
Number and Type of Packages 367 BALES ····

运输工具：
Means of Conveyance ···· PUDONG V. 053 ····

检验结果：
Results of Inspection
14″×14″　PACKED IN 80 BALES OF 200 DOZ EACH
15″×25″　PACKED IN 60 BALES OF 100 DOZ EACH
22″×32″　PACKED IN 227 BALES OF 50 DOZ EACH
TOTAL：33350 DOZENS
TOTAL：367 BALES

我们已尽所知和最大能力实施上述检验，不能因我们签发本证书而免除卖方或其他方面根据合同和法律所承担的产品数量责任和其他责任。

All inspections are carried out conscientiously to the best of our knowledge and ability. This certificate does not in any respect absolve the seller and other related parties from his contractual and legal obligations especially when product quantity is concerned.

表7－6　熏蒸/消毒证书样本

中华人民共和国出入境检验检疫
ENTRY-EXIT INSPECTION AND QUARANTINE
OF THE PEOPLE'S REPUBLIC OF CHINA

熏 蒸 / 消 毒 证 书
编号 No.:

FUMIGATION/DISINFECTION CERTIFICATE

发货人名称及地址
Name and Address of Consignor ______

收货人名称及地址
Name and Address of Consignee ______

品名
Description of Goods ______　产地 Place of Origin ______

报检数量
Quantity Declared ______

起运地
Place of Despatch ______

到达口岸
Port of Destination ______

运输工具
Means of Conveyance ______

标记及号码
Mark & No.

印章
Official Stamp

签证地点 Place of Issue ______　签证日期 Date of Issue ______

授权签字人 Authorized Officer ______　签　名 Signature ______

第二篇　制单员

一、出入境货物检验检疫基础

（一）进出口商品检验检疫的含义

进出口商品检验检疫是指检验检疫机构按照相应的法律、法规或进出口合同的规定，对商品的质量、数量、重量、包装、卫生、安全及装运条件进行检验并出具相应的检验证书的一系列活动，通常简称为商检工作。

（二）我国的检验检疫机构

我国海关通关系统《商品综合分类表》中“监管条件”有“B”字母，表示该商品出境报关时，经营单位须向海关提交报关地出入境检验检疫机构签发的出境货物通关单；有“A”字母，表示该商品入境报关时，经营单位须向海关提交报关地出入境检验检疫机构签发的入境货物通关单。出境货物须先经检验检疫机构检验检疫合格后放行通关；入境货物一般报检后先放行通关，再进行检验检疫，经检验检疫合格后，才能在国内销售、使用。通关单就是法定检验商品的一种通行文件，即通常所说的商检单。

在国际贸易中，商检机构一般分为官方、半官方和民间三大类型。目前我国的进出口商品检验机构为出入境检验检疫局。

（三）检验的范围与期限

实施法定检验的范围包括以下内容。

（1）列入《出入境检验检疫机构实施检验检疫的进出境商品目录表》（简称《目录表》）内的出口商品。

（2）出口食品的卫生检验。

（3）贸易性出口动植物产品的检疫。

（4）出口危险物品和《目录表》内商品包装容器的性能检验和使用鉴定。

（5）装运易腐烂变质食品、冷冻品出口的船舱和集装箱等运载工具的适载检验。

（6）有关国际贸易条约、信用证规定须经检验检疫机构检验的出口商品。

（7）其他法律、行政法规规定须经检验检疫机构检验的出口商品。

需检验的出境货物最迟应于报关或装运前 7 天报检。对于个别检验检疫周期较长的货物，应留有相应的检验时间。经检验检疫机构检验合格发给检验证书或者放行单的出口商品，一般应在证单签发之日起两个月内装运出口，鲜活类出口商品应当在两周内装运出口。超过上述期限的应向检验检疫机构重新报检,并交回原签发的所有检验证书和放行单。

二、出境货物报检单

(一)出境货物报检相关规定

《中华人民共和国进出口商品检验法》自 2002 年 10 月 1 日起施行,简称《商检法》。该法第五条规定:“列入目录的进出口商品,由商检机构进行检验。前款规定的进口商品未经检验的,不准销售、使用;前款规定的出口商品未经检验合格的,不准出口。本条第一款规定的进出口商品,其中符合国家规定的免于检验条件的,由收货人或者发货人申请,经国家商检部门审查批准,可以免于检验。”

《商检法》第七条规定:“列入目录的进出口商品,按照国家技术规范的强制性要求进行检验;尚未制定国家技术规范的强制性要求的,应当依法及时制定,未制定之前,可以参照国家商检部门指定的国外有关标准进行检验。”

《中华人民共和国进出口商品检验法实施条例》(自 2005 年 12 月 1 日起施行,简称《商检法实施条例》)第二十五条规定:“在商品生产地检验的出口商品需要在口岸换证出口的,由商品生产地的出入境检验检疫机构按照规定签发检验换证凭单。发货人应当在规定的期限内持检验换证凭单和必要的凭证向口岸出入境检验检疫机构申请查验。经查验合格的,由口岸出入境检验检疫机构签发货物通关单。”

《商检法实施条例》第二十六条规定:“法定检验的出口商品、实行验证管理的出口商品,海关凭出入境检验检疫机构签发的货物通关单办理海关通关手续。”

《商检法实施条例》第二十九条规定:“出口危险货物包装容器的生产企业,应当向出入境检验检疫机构申请包装容器的性能鉴定。包装容器经出入境检验检疫机构鉴定合格并取得性能鉴定证书的,方可用于包装危险货物。出口危险货物的生产企业,应当向出入境检验检疫机构申请危险货物包装容器的使用鉴定。使用未经鉴定或者经鉴定不合格的包装容器的危险货物,不准出口。”

(二)出境检验电子申报流程

中国检验检疫出境电子监管系统(简称“电子监管系统”)是国家质量监督检

验检疫总局(简称国家质检总局)为全面推进“大通关”建设而开发的信息化监督管理系统。充分利用 CIQ2000 综合业务管理系统现有资源,建立与 CIQ2000 全面衔接、适用于所有出口报检企业和商品、适用于不同经济发展水平的地区和检验检疫机构的中国检验检疫电子监管系统。融合“电子申报”和“电子放行”,形成完整的中国电子检验检疫,达到“提速、减负、增效、严密监管”的目标。

企业实施电子监管的步骤如下。

(1)企业向当地检验检疫机构提出实施电子监管申请(在中国电子检验检疫平台 http://www.eciq.cn 下载并填写“检验检疫电子监管企业端用户软件申请表”后,发送到指定邮箱,等待管理员在两个工作日内与企业联系,以便取得企业账号、激活密码等信息)。

(2)申请单位经检验检疫机构确认后,申请取得企业电子密匙和个人电子密匙,并在中国电子检验检疫平台注册。

(3)检验检疫机构指定的集成商免费给企业安装电子监管企业端软件,并对企业相关操作人员进行培训。

(4)企业申报。企业通过电子监管企业端软件向检验检疫机构进行生产批相关信息申报。

我国出口货物贸易实务中,报检人或其代理人网上进行电子远程申报,先将拟制好的报检单向所属的检验检疫机构 CIQ2000 系统发送相关的报检申请,并应清楚无误地勾选所需要的检验检疫证单,如:电子换证凭条、换证凭单、通关单以及品质证、健康证、质检证等。

当 CIQ2000 系统自动审单功能审核通过后,自动给报检人反馈回执,产生正式报检号。出口货物备好后,报检人即可联系辖区内的检验检疫机构,进行检验检疫。不同的出口产品,报检人应联系不同的检验检疫业务部门。例如,植物性产品,联系植检处(科);轻工纺织服装类,联系轻纺检验处(科);机械类工业品,联系机电处(科)等,并同时提交全套纸质报检单据。出口货物报检单据主要包括:网上打印的加盖公章的报检单、商业发票、装箱单、买卖合同、信用证(如需)复印件、厂检单原件或由检验检疫机构认可的检测部门所出具的检测报告原件等;出境危险品货物,还包括《包装性能检验结果单》和《出境危险货物包装使用鉴定结果单》;纸箱包装、与食品直接接触的食品包装,还需要检验检疫机构出具的《出境货物包装性能检验结果单》;出口质量许可证管理的商品或出口卫生注册等食品类的产品以及 3C 认证的产品等,需附出口质量许可证或卫生注册证或 3C 产品认证证书的复印件。

报检时应注意，对于一般货物，报检时间最迟不能迟于报关前 7 天，否则检验检疫机构将没有足够的时间进行检验检疫。检验检疫机构对所申报的货物进行检验检疫合格后，会根据报检人在出境货物报检单上所申请的检验检疫证单出具相关证明。下面就两种常见的证明进行细述。

（1）电子换证凭条或换证凭单及通关单。出入境检验检疫机构按照产地检验、口岸查验的原则对出口货物进行监管。如果出口产品在产地检验检疫合格后，运到外省（跨越省级检验检疫分机构的属地）口岸出口，报检人应申请换证凭条或换证凭单。换证凭条和换证凭单的作用是供报检人在异地口岸换取通关单之用。产地检验检疫机构应出口企业的申请，出具换证凭条或换证凭单。如果出口货物在本省内出境，出口企业就直接申请通关单，省内检验检疫机构出具的通关单可在本省内任何一个口岸使用。

（2）相关检验检疫证书。出口货物报关出境后，报检人或其代理人领取出境货物报检单列明的相关检验检疫证书。

在填制出境货物报检单时需要注意的是，需要的证单种类和份数在报检单上要一次填写清楚，切勿疏漏。出境货物报检时，除提交网上在线打印下来的、检验检疫机构已受理的报检单外，报检人还需要提交报检单上列明的其他单据，例如，报检单中注明的其他单据包括合同、发票、装箱单、厂检单、报检委托书等。

资料

2013 年 8 月，商务部取消绝大部分产品出口商检，但木家具、玩具类、节日用品、含木制成分的圣诞用品、家庭用的塑料制品（商品编码 39241000，392490000，下同），以及日用瓷餐具类关乎安全的产品出口还要进行商检。

其余商品，如卫生纸（480300000）、面巾纸、餐巾纸及类似纸出口，出口的服装（除童装外），不再需要商检。拖鞋（6402200000）、仿首饰（7117190000）及其他贱金属制仿首饰，出口不再需要商检。连接线（8544421100）、额定电压≤80 伏有接头电缆、电动自行车（8711901010）、山地自行车（8712003000）出口不再需要商检。对电气台灯（9405200000）、床头灯、落地灯、LED 灯系类、各类电池取消了商检通关单。对开关、电风扇也取消出口商检。单喇叭音箱（8518210000）、音箱喇叭扬声器均已取消出口商检。

家用型洗碟机（8422110000）出口取消商检。只需提供一套报关单证——

无纸化报关单证即可报关出口,货通全球。太阳能热水器(8419191000)取消出口商检通关单,实行无纸化报关即可。其他彩色的监视器、LCD 显示屏(8528591090)出口不用再商检。电磁炉(8516601000)出口不再需要商检。数控机床、激光切割机等 84 章的产品均不再需要商检。对加工金属的数控矫直机床(8462211000)、铅笔(9609101000)已取消出口商检。

(三)出入境货物报检单填制的基本要求

出入境货物报检单位应加盖单位公章,并准确填写本单位在检验检疫机构登记的代码,下列各项必须完整、准确、清晰,不得涂改。

(1)编号。由检验检疫机构报检受理人指定,前六位为检验检疫机构代码,第七位为报检类代码,第八位、第九位为年份代码,第十位至第十五位为流水号。实行电子报检后,该编号可以自动生成,全国唯一。

(2)报检单位。按工商营业执照核准的单位全称填写,并加盖与名称一致的公章。

(3)报检单位登记号,指报检单位在国家质检总局登记的登记证号码。本栏填 10 位数登记证号码,填报检人员姓名和报检人员的联系电话。

(4)报检日期,指检验检疫机构接受报检当天的日期,并由检验检疫机构受理人员填写。

(5)发货人①,根据不同情况填写。进口报检,填写外贸合同中的发货人;出口报检,填写外贸合同中的卖方或信用证的受益人;出口预报检,可填写生产单位名称。本栏分别用中、英文分行填报发货人名称。

(6)收货人②,指外贸合同中、信用证上所列收货人名称。本栏用中、英文对照填报。

(7)货物名称(中/英文),指被申请报检的出境货物名称、规格、型号、成分以及英文对照。本栏应按合同、信用证、商业发票中所列商品名称的中、英文填写。注意:废旧物资在此栏内须注明。

(8)HS 编码,指海关《协调商品名称及编码制度》中所列编码,以当年海关

① 货物出境时,发货人指在检验检疫机构已办理登记备案的境内发货单位或自然人;货物入境时,发货人指境外发货单位或自然人。

② 货物出境时,收货人指境外收货单位或自然人;货物入境时,收货人指在检验检疫机构已办理登记备案的境内收货单位或自然人。

公布的商品税则编码为准。本栏填报八位商品编码。有些商品有最后两位补充编码时，应填报十位编码。

（9）产地。在出境货物报检单中指货物生产地、加工制造地的省、市、县名，填报其中文名称。在进境货物报检单中是指该进口货物的原产国或地区。

（10）数量/重量，指以商品编码分类中计量标准项下的实际检验检疫数量、重量。本栏按实际申请检验检疫的数量/重量填写，重量还须列明毛重、净重和皮重，并应与合同、发票或报关单上所列的货物数量/重量保持一致。

（11）货物总值，指出入境货物的金额及币种。本栏应与合同、发票或报关单上所列货物总值一致，不需要填报价格术语。

（12）包装种类及数量，指货物实际运输外包装的种类及数量。本栏应按照实际运输外包装的种类及相应的数量填报，如“136 箱”等。若有托盘集中包装，除了填报托盘种类及数量以外，还应填报托盘上小包装的数量及包装种类。

其中，包装种类使用国家质检总局编制的包装容器名称代码，代码由代表包装种类、材料和类型的数字与字母混合编码组成；由运输工具直接载运的散件、挂件、裸装货物等视为无包装。申报检验检疫数量单位使用海关计量单位代码。

（13）运输工具名称号码，指载运出境货物运输工具的名称和运输工具编号。其中，运输工具种类指载运检验检疫货物的交通工具种类，不含集装箱等无自动力的运输设备，使用国家质检总局编制的运输工具种类代码。运输工具名称指运输工具的冠名或标牌名称，中籍运输工具使用中文名称，外籍运输工具使用英文名称。运输工具编码指运输工具的航班、航次、车次或（车）牌号。

本栏填制实际出境运输工具的名称及编号，如船名航次等。若报检申请时未定运输工具的名称及编号，可以填制笼统的运输方式总称，如填报“船舶”或“飞机”等。

（14）合同号。合同号指对外贸易合同、订单、形式发票等的号码。本栏填报的合同号应与随附合同、订单等号码一致。

（15）贸易方式。贸易方式指该批货物的贸易性质，即买卖双方将商品所有权通过什么方式转让。本栏填报与实际情况一致的海关规范贸易方式，使用海关的贸易方式代码。常见的贸易方式有：“一般贸易”“来料加工贸易”“易货贸易”“补偿贸易”等。

（16）货物存放地点。货物存放地点是指出口货物的生产企业存放出口货物的地点。本栏按实际填报具体地点、仓库。

(17)发货/到货日期。出境货物报检单中的“发货日期”指出境货物实际出境的日期。按实际开船日或起飞日等填报发货日期，以年、月、日的顺序填报。入境货物报检单中的“到货日期”是指入境货物到达进口口岸的日期。

(18)输往/起运国家(地区)。出境货物报检单中的输往国家(地区)，指出口货物直接运抵的国家(地区)，是货物的最终销售或消费国家。本栏填输往国家(地区)的中文名称。入境货物报检单中的起运国家(地区)，填装运本批货物的交通工具的起运国家或地区。

(19)许可证号/审批号。凡申领进出口许可证或其他审批文件的货物，本栏应填报有关许可证号或审批号。无许可证或没有审批文件的出境货物本栏免报，直接填写“＊＊＊”。

(20)生产单位注册号。仅见于出境货物报检单，指出入境检验检疫机构签发给生产单位的卫生注册证书编号或加工仓库的注册编号等。本栏填报实际生产单位的注册编号。

(21)起运地/起运口岸。出境货物报检单中的“起运地”填报出境货物最后离境的口岸的中文名称。如“上海口岸”等。入境货物报检单中的“起运口岸”填报入境货物最后离境的口岸的中文名称。

(22)到达口岸/入境口岸。出境货物报检单中的“到达口岸”指出境货物运往境外的最终目的港。最终目的港预知时，本栏按实际到达口岸的中文名称填报，最终到达口岸不可预知时，可按尽可能预知的到达口岸填报。入境货物报检单中的“入境口岸”指入境货物的交通工具进境时首次停靠的口岸名称。

(23)集装箱规格/数量及号码。集装箱规格指国际标准的集装箱规格尺寸，常见的有A型、B型、C型和D型四种箱型。集装箱的数量指实际集装箱个数，不需要换算标准箱。集装箱号码指集装箱的识别号码，其组成规则是：箱主代号(前3位字母)+设备识别号(U为海运集装箱)+顺序号(6位数字)+检测号(最后1位)。

本栏填报实际集装箱“数量”×“规格”/“箱号”，如1×20/TGHU8491952。

(24)合同、信用证订立的检验检疫条款或特殊要求。出境货物报检单中此栏填写在合同中订立的有关检验检疫的特殊条款及其他要求。入境货物报检单中此栏名为“合同订立的特殊条款以及其他要求”，如有则照填。

(25)标记和号码。货物的标记号码(即唛头)，主要用于识别货物。本栏应根据实际合同、发票等外贸单据上相同内容填报。若没有唛头应填报“N/M”。

(26)用途。从以下9个选项中选择符合实际出境货物用途来填报：①种用或繁殖;②食用;③奶用;④观赏或演艺;⑤伴侣动物;⑥试验;⑦药用;⑧饲用;⑨其他。

(27)随附单据。按照实际随附的单据种类画"√"或补充填报随附单据。

(28)签名。由持有报检员证的报检员签名。

(29)检验检疫费用。由检验检疫机构计费人员核定费用后填写,如熏蒸费、消毒费等。

(30)领取证单。报检人在领取证单时填写领证日期和领证人签名。

(31)索赔有效期。仅见于入境货物报检单,按外贸合同规定的日期填写,特别要注明截止日期。

(32)经停口岸。仅见于入境货物报检单,填写本批货物起运后,到达目的地前中途停靠的口岸名称。

三、入境货物报检单

(一)入境货物报检的相关规定

《商检法》第十一条规定:"本法规定必须经商检机构检验的进口商品的收货人或者其代理人,应当向报关地的商检机构报检。海关凭商检机构签发的货物通关证明验放。"第十二条规定:"本法规定必须经商检机构检验的进口商品的收货人或者其代理人,应当在商检机构规定的地点和期限内,接受商检机构对进口商品的检验。商检机构应当在国家商检部门统一规定的期限内检验完毕,并出具检验证单。"

《商检法实施条例》第十六条规定:"法定检验的进口商品的收货人应当持合同、发票、装箱单、提单等必要的凭证和相关批准文件,向海关报关地的出入境检验检疫机构报检;海关放行后20日内,收货人应当依照本条例第十八条的规定,向出入境检验检疫机构申请检验,法定检验的进口商品未经检验的,不准销售,不准使用。进口实行验证管理的商品,收货人应当向海关报关地的检验检疫机构申请验证,出入境检验检疫机构按照国家质检总局的规定实施验证。"

《商检法实施条例》第十八条规定:"法定检验的进口商品应当在收货人报检时申报的目的地检验。大宗散装商品、易腐烂变质商品、可用作原料的固体废物以及已发生残损、短缺的商品,应当在卸货口岸检验。对前两款规定的进口商品,国家质检总局可以根据便利对外贸易和进出口商品检验工作的需要,指定在其他地点检验。"

（二）入境检验电子申报流程

我国进口实务中，进境货物的报检人首先应向货物入境口岸的检验检疫机构报检。报检时，报检人通过检验检疫电子服务平台填报入境货物报检单，收到检验检疫机构已受理报检的反馈信息（通常生成预录入号或正式报检号）后打印出相应的纸质报检单，在检验检疫机构规定的时间和地点提交入境货物报检单和随附单据，随附单据包括进口货物贸易合同、商业发票、装箱单、提（运）单、质量检验证书（如需）、动植物检疫证书（如需）、健康证书（如需）、产地证书（如需）等；进口实行入境检疫许可证管理的动植物产品，报检人应预先办理入境动植物检疫许可证，并提交；进口可用作原料的固体废物、旧机电产品，则应提供我国环境保护部签发的进口废物批准证书和出入境检验检疫机构或者经国家质检总局指定的检验机构出具的装运前检验检疫证明等。

在进境流向报检（入境口岸与申报目的地不同）的情况下，进口货物自入境口岸运往异地，口岸检验检疫机构只对受载集装箱进行卫生除害处理后，即出具入境检验检疫通关单。进口货物到达目的地后，由当地检验检疫部门对其进行检验检疫，报检人会收到口岸检验检疫机构开具的入境货物调离单及入境检验检疫情况通知单。进境流向报检时，报检人仍需提交上述报检资料。如果入境货物属于大宗易腐食品或属于大宗散装货物及残损货物，则应在卸货口岸进行检验检疫。进口货物检验检疫合格后，检验检疫机构出具入境检验检疫证明，收货方凭此进行销售、使用、安装等；如不合格，检验检疫机构将出具入境检验检疫情况通知单或对外索赔证书，该通知单中将详细说明不合格原因及处理意见。

不同入境货物，根据《商检法》《商检法实施条例》及其他相关法律、法规的规定，如需检验检疫机构检验、检疫、验证等，检验检疫机构则需要国内报检人提交国外出口商提供的必要单证（报检人国内办理的单证除外），包括但不限于：国外官方机构出具的植物检疫证书、健康证书、熏蒸/消毒证书等；公证机构出具的品质检验证书、重量证书、数量证书等；我国检验检疫机构或经国家质检总局认可的国外检验检疫机构出具的装船前检验证明等。第三方（包括出口国或地区政府指定部门或机构）签发的检验检疫证书或证明，也是国内报检人或其代理人向检验检疫机构办理入境货物报检时提交的随附单据。

一、问答题

1. 保险单据在注明“Insurance Company”或“Underwriter”的名称的同时，是

否还需要注明他们的身份?

2. 如果保险单据未标明其出具的正本份数,银行能否将所提交的保险单据视作唯一正本而接受?

3. 信用证要求"保险单出具成凭开证行指示",被保险人名称处应该如何填制?

4. 保险单显示被保险人为开证行时有何效力?

5. 信用证仅规定"保险单覆盖一切险",提交的保险单显示"投保一切险,战争险除外",是否可以接受?

答案

1. UCP600 第 28 条 a 款要求保险单据"必须看似由保险公司或承保人或其代理人或代表出具并签署。代理人或代表的签字必须表明其系代表保险公司或承保人签字"。当保险单由保险公司或承保人签署时,应相应表明保险公司或承保人的名称。如"Signed for ABC Insurance Company"。而如果是代理人或代表代保险公司或承保人签发,则签署时应注明代理人或代表的名称、身份以及系代表哪方签署。比如,代表签发保险单时,应该用这样的方式:"For and on behalf of ABC Insurance Company,XYZ as proxy"。

2. 可以接受。只有当保险单据表明其出具了不止一份正本,或者提及在理赔时还可以提交一份标明为"Duplicate"(第二联)或类似名称的单据时,才必须提交全套正本单据。

3. 信用证要求"Insurance policy issued to order of issuing bank",保险单应该显示开证行为被保险人。不过,以"来人"为受益人的保险单据也可以接受,因为保险单据不像海运提单那样可以通过连续背书转让给不同的当事方。

4. 这意味着开证行有权在必要的时候进行索赔。通常是在开证行因申请人破产时要求控制货物并且作为抵押的货物在中途灭损时会出现这种情况,如果这种情况没有出现,开证行将仅仅在保险单据上做空白背书,或在放单给申请人时背书给申请人。

5. 可以接受。信用证不应要求投保"一切险",因为在不同的市场上有各种各样的"一切险"。此外,"一切险"的承保责任有其特定范围,它指的是保险单据列明的"一切险",而不是一般概念的一切风险损失都要负责,所以信用证要求投保"一切险"是一种含义不明确的表述。信用证应该明确所要求的投保险别。如果信用证仅要求投保"一切险"而没有特别列明险别,一份含有任何"一切险"批注或条款的保单均可接受,即使单据没有以"一切险"为标题,比如表明投保的是(伦敦保险)协会货物保险条款(A)。

二、制单题

1. 根据以下所给资料填制保险单据。

信用证条款:

FULL SET OF ORIGINALS OF MARINE INSURANCE POLICY OR CERTIFICATE DATED NOT LATER THAN THE DATE OF BILLS OF LADING SIGNED AND ISSUED BY INSURANCE COMPANY MADE TO ORDER AND BLANK ENDORSED FOR 110 PCT OF CIF VALUE OF GOODS SUPPLIED, COVERING INSTITUTE CARGO CLAUSE (A), INSTITUTE WAR CLAUSE (CARGO) AND INSTITUTE STRIKES CLAUSE (CARGO), INSTITUTE TRANSIT CLAUSES FOR WAREHOUSE TO WAREHOUSE COVER WITH CLAIMS PAYABLE IN INDIA IRRESPECTIVE OF PERCENTAGE, IN INVOICE CURRENCY AND SHOWING TOTAL ORIGINALS ISSUED IN DUPLICATE.

附加材料:

发票显示:

CIFC3 MUMBAI

USD 10,000 LESS USD 300 = USD 9,700.00

提单显示:

DATE OF ISSUE: MAY 4,2014

ON BOARD DATE: APRIL 30,2014

2. 根据以下所给资料填制保险单据。

信用证条款:

INSURANCE POLICY IN NEGOTIABLE FORM IN DUPLICATE TO THE ORDER OF ISSUING BANK FOR FULL CIF VALUE PLUS AT LEAST 10 PCT COVERING OCEAN MARINE CARGO CLAUSES (ALL RISKS), OCEAN MARINE CARGO WAR RISKS CLAUSES AND STRIKES CLAUSES OF CIC WITH CLAIMS PAYABLE AT DESTINATION IN THE CURRENCY OF L/C IRRESPECTIVE OF PERCENTAGE. IN CASE OF CONTAINERIZED SHIPMENT, INSURANCE POLICY OR CERTIFICATE MUST STATE THAT THE RISKS OF JETTISON AND OR WASHING OVER BOARD HAVE BEEN INCLUDED.

附加材料:

发票金额: CIF MARSEILLE USD 10,000.00

提单显示：

PORT OF LOARDING：SHANGHAI；PORT OF DISCHARGE：MARSEILLE

1 ×40′CONTAINER APLU2911652

答案

第 1 题

发票号码 不考核
Invoice No.

保险单号次 不考核
Policy No.

货 物 运 输 保 险 单

CARGO TRANSPORTATION INSURANCE POLICY

被保险人： TO ORDER
Insured:

中保财产保险有限公司(以下简称本公司)根据被保险人的要求，及其所缴付约定的保险费，按照本保险单承担险别和背面所载条款与下列特别条款承保下列货物运输保险，特签发本保险单。

This policy of Insurance witnesses that The People' s Insurance(Property)Company of China, Ltd.(hereinafter called "The Company"), at the request of the Insured and in consideration of the agreed premium paid by the Insured, undertakes to insure the undermentioned goods in transportation subject to the conditions of this Policy as per the Clauses printed overleaf and other special clauses attached hereon.

保险货物项目 Deseription of goods	包装 单位 数量 Packing Unit Quantity	保险金额 Amout Insured
不考核	不考核	USD11,000

承 保 险 别
Conditions

COVERING INSTITUTE CARGO CLAUSE (A), INSTITUTE WAR CLAUSE (CARGO) AND INSTITUTE STRIKES CLAUSE (CARGO), INSTITUTE TRANSIT CLAUSES FOR WAREHOUSE TO WAREHOUSE(1/1/1982) . IRRESPECTIVE OF PERCENTAGE.

货 物 标 记
Marks of Goods

不考核

总 保 险 金 额： SAY U.S.DOLLARS ELEVEN THOUSAND ONLY
Total Amount Insured:

保 费 不考核 **装载运输工具** 不考核 **开航日期** 不考核
Premium **.Per conveyance S.S** **Slg. on or abt**

起运港 不考核 **目的港** MUMBAI
From **To**

所保货物，如发生本保险单项下可能引起索赔的损失或损坏，应立即通知本公司下述代理人查勘。如有索赔，应向本公司提交保险单正本(本保险单共有2份正本)及有关文件。如一份正本已用于索赔，其余正本则自动失效。

In the event of loss or damage which may result in a claim under this Policy, immediate notice must be given to the Company' s Agent as mentioned hereunder. Claims, if any, one of the Original Policy which has been issued in TWO Original(s) together with the relevant documents shall be surrendered to the Company, If one of the Original Policy has been accomplished, the others to be void.

中保财产保险有限公司
THE PEOPLE' S INSURANCE(PROPERTY) COMPANY OF CHINA, LTD.

赔偿支付地点 INDIA
Claim payable at

日 期 APRIL 30,2014（不得迟于提单装船日） **在** 不考核
Date **at**

地 址： 不考核
Address:

保险单背书：

不考核

第 2 题

发票号码 不考核
Invoice No.

保险单号次 不考核
Policy No.

货 物 运 输 保 险 单
CARGO TRANSPORTATION INSURANCE POLICY

被保险人：TO THE ORDER OF ISSUING BANK
Insured:

中保财产保险有限公司(以下简称本公司)根据被保险人的要求，及其所缴付约定的保险费，按照本保险单承担险别和背面所载条款与下列特别条款承保下列货物运输保险，特签发本保险单。
This policy of Insurance witnesses that The People's Insurance(Property)Company of China, Ltd.(hereinafter called "The Company"), at the request of the Insured and in consideration of the agreed premium paid by the Insured, undertakes to insure the undermentioned goods in transportation subject to the conditions of this Policy as per the Clauses printed overleaf and other special clauses attached hereon.

保险货物项目 Description of goods	包装 单位 数量 Packing Unit Quantity	保险金额 Amout Insured
不考核	不考核	USD11,000.00

承 保 险 别
Conditions

COVERING OCEAN MARINE CARGO CLAUSES (ALL RISKS), OCEAN MARINE CARGO WAR RISKS CLAUSES AND STRIKES CLAUSES OF CIC(INCLUDING RISKS OF JETTISON AND WASHING OVER BOARD. IRRESPECTIVE OF PERCENTAGE.

货 物 标 记
Marks of Goods
不考核

总 保 险 金 额：SAY U.S.DOLLARS ELEVEN THOUSAND ONLY
Total Amount Insured:

保 费 不考核
Premium

装载运输工具 不考核
.Per conveyance S.S

开航日期 不考核
Slg. on or abt

起运港 SHANGHAI
From

目的港 MARSEILLE
To

所保货物，如发生本保险单项下可能引起索赔的损失或损坏，应立即通知本公司下述代理人查勘。如有索赔，应向本公司提交保险单正本(本保险单共有 份正本)及有关文件。如一份正本已用于索赔，其余正本则自动失效。
In the event of loss or damage which may result in a claim under this Policy, immediate notice must be given to the Company's Agent as mentioned hereunder. Claims, if any, one of the Original Policy which has been issued in TWO Original(s) together with the relevant documents shall be surrendered to the Company, If one of the Original Policy has been accomplished, the others to be void.

中保财产保险有限公司
THE PEOPLE'S INSURANCE(PROPERTY) COMPANY OF CHINA, LTD.

赔偿支付地点 MARSEILLE IN US
Claim payable at

日 期 不考核
Date

在 不考核
at

地 址: 不考核
Address:

保险单背书：

不考核

第八章　原产地证明书和汇票

学习要点与要求

了解原产地证明书的含义、作用、基本内容；

了解中国原产地证明书的概况；

了解汇票的基本内容；

掌握主要原产地证明书和汇票的缮制技巧。

Learning Objectives

Know the conception, function and fundamental content of Certificate of Origin.

Know the condition of Certificate of Origin of China.

Know the fundamental content of draft.

Be familiar with filling skills of Certificate of Origin and draft.

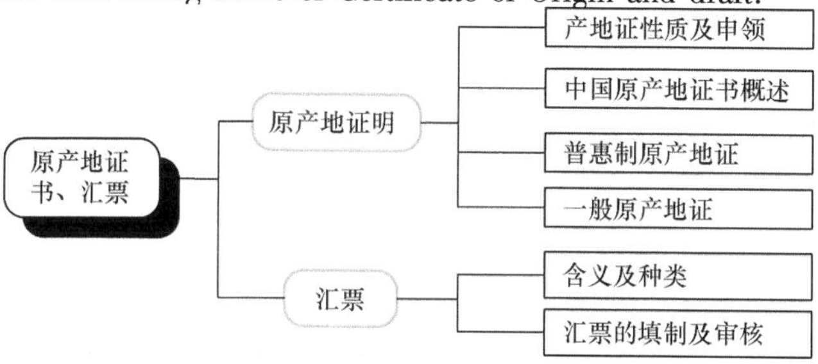

引例

小艾根据信用证上 DOCUMENTS REQUIRED 46A 单据条款，把单据整理了一下，发现信用证要求产地证一式三份（IN TRIPLICATE），但贸促会的产地证只有一份正本（ORIGINAL）和一份副本（COPY）。连忙打电话问银行职员小赵怎么办。小赵说很简单，拿那个副本（COPY）到复印机上复印一份，不就有三份了吗？小艾不放心，追问了一句：“这样真的可以吗？”

小提示

UCP600 第 17 条 e 款规定:如果信用证使用诸如“一式两份”(In Duplicate)、“两张”(In Two Fold)、“两份”(In Two Copies)等用语要求提交多份单据,则提交至少一份正本,其余使用副本即可满足要求,除非单据本身另有说明。

第一节　原产地证明书

一、原产地证明书及申领流程

(一)原产地证明书的概念

原产地证明书(Certificate of Origin),简称产地证,是出口商应进口商要求而提供的,由政府有关当局、公证机构或出口商出具的证明货物原产地或制造地的一种证明文件。原产地证明书是商品进入国际贸易领域的“经济国籍”或“护照”,是贸易关系人交接货物、结算货款、索赔理赔及进口国通关验收、征收关税的有效凭证,也是出口国享受配额待遇、进口国对不同出口国实行不同贸易政策的凭证。

产地证按用途可分为优惠产地证和非优惠产地证两大类;按种类可分为普惠制产地证、一般产地证、区域性经济集团互惠产地证、双边或多边优惠产地证和专用产地证等。

(二)原产地证明书的出具

根据签发者不同,原产地证明书一般可由以下三类实体出具。

1. 国家有关当局出具的产地证,如我国质检总局下属的出入境检验检疫局(CCIQ)出具的普惠制产地证、中国—东盟自由贸易区优惠产地证、一般产地证等;我国商务部许可证局授权的省、自治区、直辖市商务(局)厅出具的输欧盟纺织品产地证、输美纺织品产地证等。

2. 公证机构出具的原产地证明书,如中国国际贸易促进委员会(CCPIT)或中国国际商会(CCIC)签署的一般原产地证。根据海关总署公告2009年第45号,中国国际贸易促进委员会及其地方分支机构作为出口货物原产地证明书签证机构之一,定于2009年8月1日开始签发优惠贸易协定项下原产地证书。目前贸促会受理签发的优惠原产地证书包括《亚太贸易协定》《中国—新加坡自由贸易协定》《中国—新西兰自由贸易协定》。

3. 制造商或出口商出具的原产地证明书。在国际货物买卖中,进口商究竟需要出口商提供哪种原产地证明书,尚没有确定的规则,主要依据合同或信用证的要求。对于出口到给惠国的商品,一般都要求出具普惠制产地证;出口到中东和非洲国家的商品,一般都要求出具中国国际贸易促进委员会或中国国际商会的产地证;对于纺织品出口,一般都要求出具输欧盟或输美纺织品产地证。如果信用证没有明确规定产地证的出具者,那么银行接受任何人出具的任何一种产地证。

(三)申领流程

办理原产地证书的基本流程包括企业注册/备案和原产地证书申报两个步骤(见图8-1)。注册/备案是指签证机构对原产地证书申报企业及其申报产品、原产地证书申领员是否符合有关规定的合格评定活动,审核无误后向申请人发放"原产地证书申请企业登记证"。

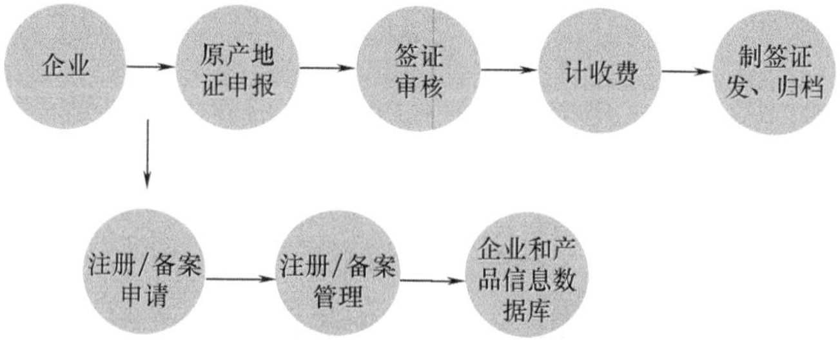

图8-1　办理原产地证书的基本流程图

电子注册/备案原产地证时,企业注册/备案与出入境检验检疫证书办理流程相似,企业首先向当地检验检疫机构提出实施电子监管申请(在中国电子检验检疫平台 http://www.eciq.cn 下载并填写"检验检疫电子监管企业端用户软件申请表"后,发送到指定邮箱,等待管理员在两个工作日内与企业联系,以便取得企业账号、激活密码等信息)。申请单位经检验检疫机构确认后,取得申请企业电子密匙和个人电子密匙，并在中国电子检验检疫平台注册。

原产地证书申领需要出口企业最迟于货物报关出运前三天向签证机构申请办理原产地证，并严格按签证机构的要求，真实、完整、正确地填写相关资料。

电子原产地证申报时，用户要进入信城通主页做相应的业务。首先要将九城/信城通/榕基易检的电子密匙插入计算机的 USB 接口，接着打开 IE6.0 或更高版本的浏览器，并在地址栏内输入指定网址 www.itownet.cn。如果以前没有在报检平台上注册过，点击“总平台入口”进入后则弹出“网上申报申请表”。在表格界面上的相应产地证处打“√”，并把“产地证注册号”填写清楚后，保存并等待诚信通工作人员审核。审核通过后，就可以进入产地证网上申报了。电子原产地证申报流程如图 8－2 所示。

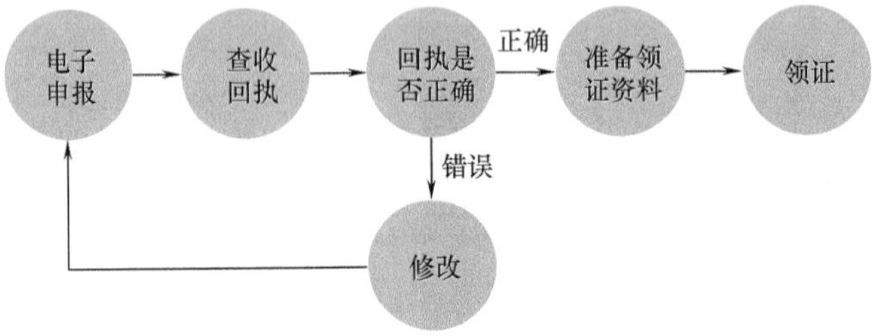

图 8－2　电子申领原产地证书的流程图

小提示

申领产地证时需要提交：①《原产地证书申请书》；②《原产地证明书》（企业通过电子申报软件填制）；③出口货物商业发票、装箱单和提单（后/补发证书需提供提单）。

（四）原产地证明书的申请期限

通常情况下，申请人应于货物出运前提交产地证申请，并预留出足够的时间供签证机构对货物实施原产地调查，尤其是第一次申办原产地证书的货物种类和生产工厂。当然，后发证书也是允许的，但这只是偶尔在申请人非主观故意的特殊情况下被允许,尤其提醒大家注意以下产地证的后发期限。

亚太贸易协定原产地证明书:申请时间不得超过货物出运后3个工作日。

中国—智利自贸区原产地证明书:申请时间不得超过货物出运后30天。

中国—新西兰自贸区原产地证明书:不能后发,申请时间须在出口前或出口时(以提单装运日期为准)。

二、中国原产地证明书概述

区域性优惠原产地证由中国质检总局下属的各地出入境检验检疫局签发。贸易实践中,当海关监管条件含有Y或对于执行进口商品协定税率或执行进口商品特惠税率的进口商品,国内进口商必须向海关提交受惠国政府指定部门签发的证明该货物原产于该国的证明文件,此类证明文件包括由受惠国或地区政府部门指定部门签发的原产地证明书。截至2013年,主要的区域性优惠原产地证有:亚太贸易协定原产地证明书(FORM B)、中国—东盟自由贸易区优惠原产地证明书(FORM E)、中国—智利自由贸易区优惠原产地证明书(FORM F)、中国—巴基斯坦自由贸易区优惠原产地证明书(FORM P)、中国—新西兰自由贸易区优惠原产地证明书(FORM N)、中国—新加坡自由贸易区优惠原产地证明书(FORM X)、中国—秘鲁自由贸易区优惠原产地证明书(FORM R)、中国—瑞士自由贸易协定优惠原产地证明书(FORM S)。

小提示

截至2013年,中国在建自贸区18个,涉及31个国家和地区。其中,已签署自贸协定12个,涉及20个国家和地区,分别是中国与东盟、新加坡、巴基斯坦、新西兰、智利、秘鲁、哥斯达黎加、冰岛和瑞士的自贸协定,内地与香港、澳门签订的《关于建立更紧密经贸关系的安排》(Closer Economic Partnership Arrangement, CEPA),以及大陆与台湾签订的《海峡两岸经济合作框架协议》(Economic Cooperation Framework Agreement, ECFA),除了与冰岛和瑞士的自贸协定还未生效外,其余均已实施;正在谈判的自贸协定6个,涉及22个国家,分别是中国与韩国、海湾合作委员会(GCC)、澳大利亚和挪威的自贸谈判,以及中日韩自贸区和《区域全面经济合作伙伴关系》(Regional Comprehensive Economic Partnership, RCEP)协定谈判。

此外,中国完成了与印度的区域贸易安排(RTA)联合研究;正与哥伦比亚等开展自贸区联合可行性研究;还加入了《亚太贸易协定》(First Agreement on Trade Negotiations among Developing Member Countries of the Economic and Social Commission for Asia and the Pacific),其前身为《曼谷协定》。

中国贸易商在进行进出口贸易的过程中可能会接触到的原产地证,主要是普惠制产地证(FORM A)和一般产地证,这两类产地证将在后面两部分加以详细介绍。这里对下述几种产地证进行简要介绍。

(一)输欧盟纺织品产地证

输欧盟纺织品产地证是一种特殊的原产地证明书。中国的纺织品出口到欧盟27国时,若不属于下述8类中欧监控的纺织品,有关进口国海关需要凭我国商务部许可证局授权的发证机构出具的输欧盟纺织品产地证验放通关。

如果这些纺织品属于中国欧盟监控的4、5、6、7、20、26、31、115类8个类别的,包括T恤衫、套衫、男裤、衬衫、套装、胸衣、床单以及亚麻产品(即中欧双边监控的纺织品),进口商需要凭我国商务部许可证局授权的发证机构出具的输欧盟纺织品许可证(包括电子数据和书面证书)验放通关,外加输欧盟纺织品产地证。此时,输欧盟纺织品产地证是输欧盟纺织品许可证的配套附属证书。因为许可证和产地证证面内容完全一致,所以在申请出口8类监控的纺织品时,无须录入专门的产地证内容,计算机系统会自动生成附属的产地证。

(二)输美纺织品产地证

输美纺织品产地证是一种特殊的原产地证明书。

中国的纺织品出口到美国时,若不属于设限21种类别的,美国海关需要凭我国商务部许可证局授权的发证机构出具的纺织品产地证验放通关。

属于美国设限的21类纺织品,即200/301、222、229、332/432/632T、332/432/632B、338/339、340/640、345/645/646、347/348、349/649、352/652、359/659、363、443、447、619、620、622、638/639、647/648、847类,包括棉纱、袜子、裤子、衬衫、套装、胸衣、泳衣、毛巾、针织布等,进口商需要凭我国商务部许可证局

授权的发证机构出具的输美纺织品许可证(包括电子数据和书面证书)验放通关,外加输美纺织品产地证。此时,输美纺织品产地证是输美纺织品许可证的配套附属证书。因为许可证和产地证证面内容完全一致,所以在申请出口设限的 21 种纺织品时,无须录入专门产地证内容,计算机系统会自动生成附属的产地证。

除上述两种产地证之外,近几年来,我国与许多区域性经济集团进行了多轮谈判并达成协议:双方在减让清单中的产品,可享受比最惠国税率更为优惠的关税税率。这种关税优惠是相互的,与发达国家给予发展中国家的普遍的、非互惠的、非歧视的普惠制有所不同。因而。原产地业务领域出现了一项新的业务——区域性优惠原产地证明书。

(三)亚太贸易协定原产地证明书(FORM B)

亚太贸易协定原产地证明书的英文是:Certificate of Origin Asia - Pacific Trade Agreement (Combined Declaration and Certificate),因为证书号的首字母是 B,所以也称 Form B。自 2006 年 9 月 1 日起签发《亚太贸易协定》产地证,享受的降税幅度从 5% 到 100% 不等。

《亚太贸易协定》的前身是签订于 1975 年的《曼谷协定》。2005 年 11 月,《曼谷协定》签署 30 年来的首届部长级理事会在北京举行,与会部长共同签署了《曼谷协定》的修改文本,并将其更名为《亚太贸易协定》。这是我国加入的第一个具有实质性优惠关税安排的区域性贸易协定,现有 5 个成员:印度、韩国、孟加拉国、斯里兰卡和中国。

(四)中国—东盟自由贸易区优惠原产地证明书(FORM E)

中国—东盟自由贸易区优惠原产地证明书的英文全称是:Asean - China Free Trade Area Preferential Tariff Certificate of Origin (Combined Declaration and Certificate) Form E,简称 Form E。为享受中国—东盟自由贸易区优惠关税协议下优惠待遇而接受本证书的成员国有:文莱、柬埔寨、印度尼西亚、老挝、马来西亚、缅甸、菲律宾、新加坡、泰国、越南和中国。

自 2005 年 7 月 20 日起,除 2004 年根据 HS 第一章至第八章早期收获方案已实施降税的早期收获产品和少量敏感产品外,中国和东盟将正式按照《货物贸易协定》规定的时间表,对原产于中国和东盟的约 7 000 个税目的产品相互给予优惠关税待遇,以自由贸易区的税率实现彼此货物的通关。至 2010 年,中国与文莱、印度尼西亚、马来西亚、菲律宾、新加坡和泰国6个东盟老成员国取消大部分产品的关税,建成自由贸易区。柬埔寨、老挝、缅甸和越南四个东盟新成员国将享受5年的过渡期,至2015年与中国实现自由贸易。

(五)中国—智利自由贸易区优惠原产地证明书(FORM F)

中国—智利自由贸易区优惠原产地证明书的英文名称是:Certificate of Origin Form F for China - Chile FTA,简称Form F。

2005年11月18日,中智两国在韩国釜山签署了《中华人民共和国政府和智利共和国政府自由贸易协定》。这是中国与拉美国家的第一个自由贸易安排,两国从2006年10月起全面启动货物贸易的关税减让进程。中国—智利自由贸易协定项下的智利给惠产品清单涉及范围广泛,包括HS编码96个章7 902个子目项下的产品。同样,从中国—智利自由贸易协定实施之日起,智利对原产于我国的5 891种产品也立即实行零关税,对1 859种产品在10年内分阶段降为零关税,只有152种产品不在优惠之列。自2006年10月1日起,中国各地出入境检验检疫机构开始签发FORM F。

(六)中国—巴基斯坦自由贸易区优惠原产地证明书(FORM P)

中国与巴基斯坦自由贸易区优惠原产地证明书的英文名称是:Certificate of Origin China - Pakistan FTA(Combined Declaration and Certificate),因为证书号的首字母是P,因此也简称为Form P。

根据《中国—巴基斯坦自由贸易协定》(以下简称《中巴自贸协定》),中巴两国将分两个阶段对全部产品实施降税。第一阶段在协定生效(2007年7月1日)后5年内。双方对占各自税目总数85%的产品按照5种类别,以不同的降税幅度实施降税。其中,3年内双方将约占各自税目总数36%的产品关税降为零。中方降税产品主要包括畜产品、水产品、蔬菜、矿产品、纺织品等,巴方降税产品主要包括牛羊肉、化工产品、机电产品等。第二阶段从《中巴自贸协定》生效的第6年开始,双方将在对以往情况进行审评的基础上,对各自产品进一步实施降税。目标是在不太长的时间内,在照顾双方各自关注的基础上,使各自零关税产品占税号和贸易量的比率均达到90%。

(七)中国—新西兰自由贸易区优惠原产地证明书(FORM N)

2008年4月7日,《中华人民共和国政府和新西兰政府自由贸易协定》(以下简称《中新自贸协定》)在两国总理的见证下正式签署,为使我国出口到新西兰的产品能够享受《中新自贸协定》项下的关税优惠待遇,自 2008 年 10 月 1 日起,各地出入境检验检疫机构开始签发中国—新西兰自由贸易区优惠原产地证明书,其英文全称是:Certificate of Origin Form for the Free Trade Agreement between the Government of the People's Republic of China and the Government of the New Zealand。因为新西兰的首字母是 N,因此也简称 Form N。

根据《中新自贸协定》,新西兰承诺将在 2016 年 1 月 1 日前取消全部自中国进口的产品关税,其中 63.6% 的产品从《中新自贸协定》生效时起即实现零关税;中国承诺将在 2019 年 1 月 1 日前取消 97.2% 自新西兰进口的产品关税,其中 24.3% 的产品从《中新自贸协定》生效时起即实现零关税。此外,双方还就服务贸易做出了高于 WTO 的承诺,并对包括技术工人在内的人员流动做出了具体规定。

(八)中国—新加坡自由贸易区优惠原产地证明书(FORM X)

中国—新加坡自由贸易区优惠原产地证明书的英文全称是:China - Singapore Free Trade Area Preferential Tariff Certificate of Origin(Combined Declaration and Certificate)。

根据《中国—新加坡自由贸易协定》,新加坡承诺于 2009 年 1 月 1 日起取消全部自中国进口的产品关税;中国承诺将在 2010 年 1 月 1 日前对来自新加坡 97.1% 的进口产品实现零关税,其中 87.5% 的产品从该协定生效时起即实现零关税。双方还在医疗、教育、会计等服务贸易领域做出了高于 WTO 的承诺。中国出入境检验检疫局自 2010 年 3 月 1 日起正式签发 Form X。

(九)中国—秘鲁自由贸易区优惠原产地证明书(FORM R)

2007 年 9 月 7 日,中国和秘鲁启动自由贸易协定谈判,2009 年 4 月 29 日,中国和秘鲁两国政府签署了《中国—秘鲁自由贸易区协定》,于 2010 年 3 月生效。根据此协定,自协定实施起,秘鲁将逐步降低 92% 的从中国进口产品的关税,其中 90% 将在 10 年内降为零,2% 将分别在 12、15、16、17 年内降为零;中国将逐步降低 94.6% 的从秘鲁进口产品的关税,其中 93% 将在 10 年内降为零,0.8% 将分别在 12、15、16、17 年内降为零。

(十)中国—瑞士自由贸易协定优惠原产地证明书(FORM S)

自 2010 年开始,历时 3 年多,经过 9 轮谈判,中国商务部部长高虎城和瑞士联邦委员兼经济部长约翰·施奈德·阿曼于2013年7月在北京正式签署中国—瑞士自由贸易协定，这是中国与欧洲大陆和世界经济20强国家签署的首个自贸协定，具有里程碑意义。此协定的特点有以下三个。

(1)协定的零关税比例高。瑞方将对中方99.7%的出口立即实施零关税，中方将对瑞方84.2%的出口最终实施零关税。

(2)协定为双方产业合作提供了平台。如中方将扩大引进瑞方先进的钟表检测技术，提升中国钟表业发展水平。双方还承诺开展中医药合作对话，推动中医药“走出去”。这有利于双方产业对接，开展务实合作，提升产业竞争力，实现共同发展。

(3)协定涉及许多新规则并达成共识。对政府采购、环境、劳工与就业合作、知识产权、竞争等中国在以往的自贸谈判中很少碰到的规则问题，即便国际上对这些规则问题没有统一的标准，双方也不回避，而是按照求同存异的原则，达成了许多共识。

三、普惠制原产地证明书(FORM A)

目前给予我国普惠制待遇的有澳大利亚、新西兰、日本、加拿大、挪威、瑞士、俄罗斯及欧盟15国，以及部分东欧国家。凡是向给惠国出口受惠商品，均须提供普惠制产地证，才能获得关税减免的优惠。常用的普惠制产地证主要是格式A(Form A)，但对新西兰还须提供格式59A(Form 59A)，对澳大利亚不用任何格式，只需在商业发票上加注有关声明文句。在我国，普惠制产地证由国家出入境检验检疫局负责统一管理，设在各地的出入境检验检疫机构是我国政府授权、唯一的普惠制产地证的签发机构，普惠制产地证格式见表8-1。

(一)普惠制原产地证明书的内容

0. 证书号码(Reference No.)。此栏不能留空，否则该证书无效。贸促会的证书号码会自动生成，而检验检疫局的证书编号需要根据检验检疫局规定自行编号。通过电子办证系统申办的证书，其证书号由16位字符组成。

表 8－1　普惠制产地证样本

ORIGINAL

1.Goods consigned from (Exporter's business name, address, country) AIGE IMPORT & EXPORT COMPANY ROOM 2501, JIAFA MANSION, BEIJING WEST ROAD, SHANGHAI 200001, P.R.CHINA	0.Reference No.　GP/000/1639 **GENERALIZED SYSTEM OF PREFERENCES** **CERTIFICATE OF ORIGIN** (Combined declaration and certificate) **FORM A**
2.Goods consigned to (Consignee's name, address, country) RIQING EXPORT AND IMPORT COMPANY P.O.BOX 1589, NAGOYA, JAPAN	
3.Means of transport and route (as far as known) From SHANGHAI,CHINA to NAGOYA,JAPAN on September 1, 2015 By Vessel.	4.For official use

5.Item number	6.Marks and numbers of packages	7.Number and kind of packages; description of goods	8.Origin criterion (see Notes overleaf)	9.Gross weight or other quantity	10.Number and date of invoices
1	CANNED LITCHIS JAPAN C/NO.1-1000 MADE IN CHINA	ONE THOUSAND (1000) CARTONS OF CANNED LITCHIS 850Gx24TINS/CTN ************	"P"	1000CARTONS	IV0000066 August 29,2015

11.Certification It is hereby certified, on the basis of control carried out, that the declaration by the exporter is correct. ENTRY-EXIT INSPECTION AND QUARANTINE BUREAU 出入境检验检疫局 FORM A **Place and date, signature and stamp of certifying authority**	12.Declaration by the exporter The undersigned hereby declares that the above details and statements are correct, that all the goods were produced in　China (country) and that they comply with the origin requirements specified for those goods in the Generalized System of Preferences for goods exported to JAPAN (importing country) 艾格进出口贸易公司 AIGE IMPORT & EXPORT COMPANY AIGE ZHANG **Place and date, signature and stamp of authorized signatory**

示例

一份证书完整的证书号为：G08470ZC20390038。第1位字符为英文大写字母，代表证书类别，如"G"代表"FORM A"；第2和第3位字符为阿拉伯数字，代表年份，如"08"代表2008年；第4～12位字符由签证机构的组织机构代码前几位和企业注册号组成，如"470ZC2039"，"470"代表"深圳局"，"ZC2039"代表企业注册号；第13～16位字符代表证书序号。

1. 出口商名称、地址、国别[Goods consigned from (exporter's business name, address, country)]。此栏不得留空，填写出口商的名称、详细地址及国家(地区)。出口商名称是指这次作出口申报的申报方公司名称，是在当地工商行政管理局注册批准的名称，应与第12栏签章相符。

示例

Guangzhou Stars International Trading Co., Ltd

No. 3×× Zhongshan Road, Guangzhou 510×××, P. R. China

Tel: +0086-20-25763369

Fax: +0086-20-25763368

代理其他公司或经其他公司代理出口的，可在出口商名称、地址、国名后加上"ON BEHALF OF (O/B)"、"CARE OF(C/O)"或"VIA"，再加上代理公司名称。被代理公司含境外名称、地址的不得申报。

示例

SINOCHEM International Engineering & Trading Corp

No. 40 Fucheng Road, Beijing, China

Via Hongkong Daming Co. Ltd.

No. 656, Guangdong Road, Hongkong

国际惯例规定,产地证发货人或出口方可以显示信用证受益人或相关任何单据上的托运人之外的另外一个人。

2.收货人的名称、地址和国别[Goods consigned to (cosignee's name, address, country)]。在信用证支付方式下,如果信用证没有特别规定,就直接填写开证申请人的名称和地址;如果信用证有特别规定,就按信用证的要求填写。在其他支付方式下,一般直接填写进口商的名称和地址。

3.运输方式及路线[Means of transport and route (as far as known)]。此栏填写装货和到货地点(始发地必须是中国国内的港口或城市,目的地必须是给惠国城市或国家)、离境日期及运输方式(如海运、陆运、空运、陆海联运等)。

标明离开中国境内的日期,并在日期前加上英文"ON"或"ON /AFTER"表示于×××日期或自×××日期之后起运,不能用"BEFORE"或"ABOUT"表示在×××日期之前或前后。月份须用英文表示,年份须打四位数。

经非给惠国地区转运的(香港、澳门除外),签证时须提供联运提单。如到货港不清楚,可填进口国名或地区(仅限欧盟,如EU)。对转运商品应加上转运港,如经香港转运(VIA HONGKONG);对输往内陆给惠国的商品,如瑞士、奥地利,由于这些国家没有海岸,须经第三国转运至该国。

示例

ON / AFTER NOV. 6 2015
FROM GUANGZHOU TO HAMBURG
W/T HONGKONG BY VESSEL
IN TRANSIT TO SWITZERLAND

4.供官方使用(For official use)。申请人不用填写此栏,通常情况下留空。特殊情况下,签证当局在此栏加注。

(1)货物已出口,签发"后发"证书时,此栏加盖"ISSUED RETROSPECTIVELY"红色印章。

(2)证书遗失、被盗或损毁,签发"复本"证书时,此栏注明原发证书的编号和签证日期并声明原发证书作废,其文字是:"This certificate is in replacement of certificate of origin No. × × × dated × × × which is cancelled”，并加盖“Duplicate”红色印章；附有日本进口原材料证明的 FORM A 证书，应由申请人在此栏加上“Attached with Annex No. × × ×”；货物经香港转往欧盟须办理“未再加工证明”的，由香港中国检验有限公司在该栏批注。

此外还应注意：日本一般不接受“后发”证书，除非有不可避免的原因。

5. 商品顺序号(Item number)。同批出口货物有不同款号的可按顺序分列“1”“2”“3”……；单项货物，该栏可留空。

6. 唛头及包装号(Marks and numbers of packages)。此栏应与发票唛头一致，如无唛头，应填“N/M”字样。此栏不得出现“香港、台湾或其他国家和地区制造” 或“见提单”“见发票”等字样。

7. 包装数量、包装种类及商品名称(Number and kind of packages; description of goods)。

示例

CHERE BRAND STAINLESS STEEL WARE

ONE THOUSAND FIVE HUNDRED AND SIXTY (1560) CARTONS ONLY

* *

填写该栏位时应注意：

(1)此栏填写商品的名称，应据商品的用途及所用材料给予商品详细的描述。商品的描述以能确定 HS 税目号为准。

示例

玩具电扇应载明“TOYS: ELECTRIC FANS”，而不能只列明“ELECTRIC FANS”(电扇)；人造花类应载明“ARTIFICIAL FLOWERS”，而不能只列具体的花名“玫瑰”“兰花”等。

(2)包装数量应包含各种商品的数量及总数量，货物无包装，应注明“散装”(IN BULK)或“裸装”(IN NUDE)。唛头上注明是挂装的衣物，可打总“件数”(PCS)。总数量应用英文大写数字和阿拉伯数字表示，并标明货物包装种类或度量单位。

(3)最后应加上截止线,以防止添加伪造内容。

(4)国外信用证要求填具合同、信用证号码等内容的,可加在截止线下方空白处。

8. 原产地标准[Origin criterion (see Notes overleaf)]。此栏用字最少,却是国外海关审证的核心项目,必须认真审核。对含有进口成分的商品,因情况复杂,国外要求严格,极易弄错而造成退证查询。

(1)完全为中国原产产品,不含任何进口成分,出口到所有给惠国均填“P”。

(2)含有进口成分的产品(须符合原产地标准):

①产品出口到欧盟 27 国、瑞士、挪威、土耳其、列支敦士登、日本等国,填写“W”加商品的 HS 四位数编码。例如:“W”95.03。

②产品出口到加拿大,只填“F”,不填 HS 编码。

③产品出口到澳大利亚、新西兰,此栏可留空或填“W”加商品的 HS 四位数编码。

④产品出口到俄罗斯、白俄罗斯、乌克兰、哈萨克斯坦、乌兹别克斯坦等国家,其进口成分不得超过离岸价的 50%,填写“Y”字样,并在字母后面打上进口价值占出厂价的百分比。例如:“Y”45%。

9. 毛重或其他数量(Gross weight or other quantity)。此栏填写商品的计量单位,如“只”“件”“匹”“双”等。计量单位应以发票所列的销售单位为准。以重量计算的,则填毛重;只有净重的,填净重即可,但要标上:“N. W.”(NET WEIGHT)。

示例

Gross weight or other quantity

25,800KGS

10. 发票号码及出单日期(Number and date of invoices)。此栏不得留空。为避免误解,月份一律用英文缩写,年度要打四位数。此栏所填发票号日期必须与发票一致。发票日期不能晚于第 11 和 12 栏申请签发日期和第 3 栏出货日期。

小提示

如果产地证上出口方或发货人与信用证的受益人不同，则原产地证上的发票号码、出单日期以及运输路线等信息可以与其他单据中的一张或多张不同。

11. 签证当局的证明(Certification)。此栏由签证人员注明地点、日期、签名并加盖公章。审签人签名必须清楚且与备案笔迹保持一致，并留有足够的盖章位置。印章与签名不可重叠。如无特殊要求，只签一份正本，不签副本。申请人要求签副本时，可在备注栏提出申请并提供列有此项要求的信用证复印件，签证人员审核后予以加签副本。此栏日期不得早于发票日期和第 12 栏申请日期。值得一提的是，新版本国际惯例规定中是不需要显示日期的。

示例

Certification

It is hereby certified that the declaration by the exporter is correct.

鉴定机构
公章

李青

HEFEI, ANHUI, CHINA, 1 AUG, 2015

12. 出口商的声明(Declaration by the exporter)。此栏应有出口国国名“中国”和进口国国名，进口国国名必须与第 3 栏目的港一致。运往欧盟的货物，进口国不明确时，此栏可填“EU”。申请人须在此栏签名并加盖经检验检疫局注册的单位印章，填写申报地点和申报日期。此栏的申报日期不得早于发票日期。

示例

Declaration by the exporter

The undersigned hereby declares that the above detail and statements are correct, that all the goods were produced in China and that they comply with the Rules of Origin of the People's Republic of China.

经注册
单位印章

高才

HEFEI, ANHUI, CHINA, 1 AUG, 2015

在证书正本和所有副本上盖章时,避免覆盖进口国名称和手签人姓名。同时,国名应是正式的和全称的。

(二)普惠制产地证的其他说明

(1)澳大利亚的主要规定是出口商直接在商业发票上作出原产地声明即可,而不用专门出具普惠制产地证(Form A)。当然,也可以接受附有普通商业发票的未经官方证明、签署的"Form A"。

(2)加拿大规定不再需要受惠国指定的官方签证机构签证,但出口受惠商品必须和其相应的原产地标准相符,并且必须由出口商提供足够的证明材料作为参考。

(3)新西兰不需要官方证明和签署。

(4)美国不要求提交普惠制产地证。在地区海关官员要求时,提出列述该项商品生产或制造的一切有关详情的声明即可。

(5)在我国出口产品的给惠国中,有两个国家不适用"Form A",一个是新西兰,另一个是澳大利亚。新西兰采用"Form 59A",而澳大利亚则不用任何格式,只需出口人在商业发票上注明指定的声明原产地文句即可。

四、一般原产地证明书(Certificate of Origin, CO)

一般原产地证明书通常用于不使用海关发票或领事发票的国家(或地

区），是用以证明货物的生产国别，进口国海关凭以核定应征收进口关税税率的产地证。在我国，一般产地证由出入境检验检疫局签发，或由中国国际贸易促进委员会签发。实际业务中，应根据买卖合同或信用证的规定，提交相应的产地证。在缮制产地证时，应按《中华人民共和国原产地规则》及其他规定办理。

一般产地证的填写方法及其注意事项与前面已经详细介绍的普惠制产地证的内容大同小异，这里不再重复。下面，我们仅把几处有些区别的栏目作简要的说明。

（1）目的国（Country/ region of destination）（第4栏）。此栏仅填写进口国名/地区名（如中国香港、澳门、台湾地区、关岛，直布罗陀等）即可。

（2）仅供证明机构使用（For certifying authority use only）（第5栏）。此栏通常空着不填写任何内容。

（3）商品编码（HS Code）（第8栏）。商品编码一般填写8位数，少数特殊情况下填写10位数或者6位数。

（4）一般产地证的第6～10栏内容填写完毕之后均要打上"＊＊＊"以"封口"。

（5）出口商声明（Declaration by the exporter）（第11栏）；证明（Certification）（第12栏）。注意：一般产地证和普惠制产地证中的这两栏位置正好相反，有关人员在签署时要区别对待，以免出错。

（6）有些信用证条款特别规定要在产地证中加列的内容，而产地证又没有预留专门的栏目，则这些"临时性"内容一般加列在第7栏（Description of Goods）中。如果内容很多，也可以加列在第6栏（Marks and numbers）至第10栏（Number and date of invoices）中的任何有空的地方（在封口线以内）。一般原产地证样本见表8－2。

表 8－2　一般原产地证样本

ORIGINAL

1.Exporter German Sebastian EX&IM Commerce Co., Ltd. NO.110，Kurfurstendamm，Berlin，Germany	Certificate No.　GZ0000018 **CERTIFICATE OF ORIGIN**
2.Consignee Symbol Import and Export Company No.388, Atlantic Ave. Brooklyn,New York,America	
3.Means of transport and route FROM HAMBURG TO NEW YORK BY AIR.	5.For certifying authority use only
4.Country / region of destination America	

6.Marks and numbers	7.Number and kind of packages; description of goods	8.H.S.Code	9.Quantity	10.Number and date of invoices
24K Gold Pendant Necklace AMERICA 1000PCS MADE IN GERMANY ******	ONE HUNDRED (100) CARTONS OF 24K Gold Pendant Necklace 24K Pure gold, Gold Weight: 9.50g, Length: 40CM, Packaging: 1pc/box, 10boxes/carton ***********	7113191990 ****	1000 PCS ****	IV0000075 AUG 31,2015 ********

11.Declaration by the exporter	12.Certification
The undersigned hereby declares that the above details and statements are correct, that all the goods were produced in China and that they comply with the Rules of Origin of the People's Republic of China. 德国赛巴斯进出口贸易公司 German Sebastian EX&IM Commerce Co., Ltd. Roderich Place and date, signature and stamp of authorized signatory	It is hereby certified that the declaration by the exporter is correct. 国际贸易促进委员会 单据证明专用章 COUNCIL FOR THE PROMOTION OF INTERNATIONAL TRADE Place and date, signature and stamp of certifying authority

第二节　汇票

引例

产地证的问题解决了，小艾回到公司，对照信用证46A上对单据的要求开始准备，并着手缮制汇票。

在电脑中排好格式，小艾准备将汇票套打在中行的空白汇票上。在填付款期限的时候，西班牙的信用证规定得很简单，直接套打AT 30 DAYS AFTER SIGHT即可。小艾突然想起几天前看到的一张巴基斯坦的信用证，上面的付款期限是提单日后150天，这种情况下该如何套打呢？

表8－3所示为汇票的样本。

表8－3　汇票样本

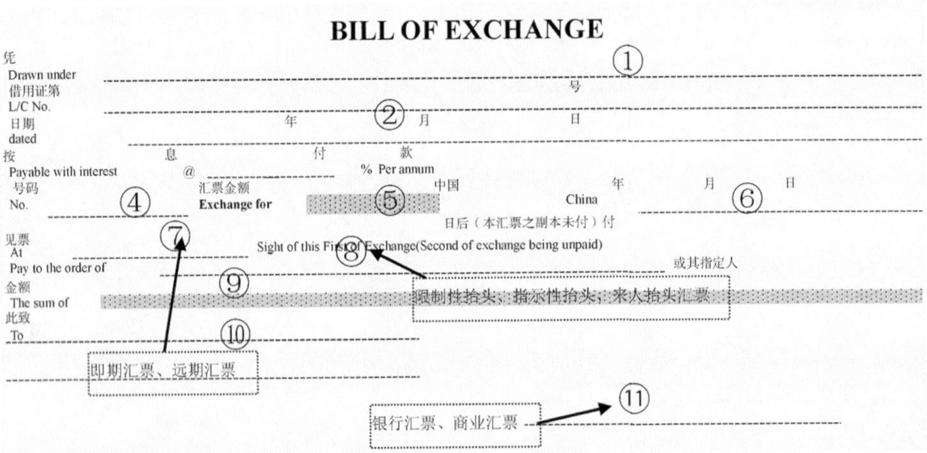
BILL OF EXCHANGE

凭 Drawn under ①

信用证第 L/C No. 号

日期 dated 年 ② 月 日

按 Payable with interest 息 @ 付 % Per annum 款

号码 No. ④　汇票金额 Exchange for ⑤　中国 China 年 月 日 ⑥

见票 At ⑦ 日后（本汇票之副本未付）付 Sight of this First of Exchange(Second of exchange being unpaid) ⑧

Pay to the order of 或其指定人

金额 The sum of ⑨

此致 To ⑩

⑪

一、汇票的含义及种类

（一）汇票的含义

按照各国广泛引用和参照的《英国票据法》所下的定义：汇票（Bill of Exchange/Draft）是一个人向另一个人签发的一张无条件的书面支付命令，要求受票人见票时或在未来指定的或可以确定的某一时间，支付一定的金额给某一特定的人或其指定人或持票人。

根据我国1995年5月颁布的《中华人民共和国票据法》，对汇票作了如下定义：汇票是出票人签发的，委托付款人在见票时或者在指定日期，无条件地支付确定的金额给收票人或者持票人的票据。

（二）汇票的种类

从不同的角度，汇票主要分为以下四类：根据出票人不同，可以把汇票分为银行汇票和商业汇票；根据汇票是否随附货运单据，可以把汇票分为跟单汇票和光票汇票；根据付款时间不同，可以把汇票分为即期汇票和远期汇票；根据汇票受款人不同，可以把汇票分为限制性抬头汇票、指示性抬头汇票和来人抬头汇票等。

二、汇票的填制及审核

下面我们就按照引例中所给出的汇票格式，和小艾一起来了解汇票的填制内容和审核方法。

（一）汇票的字样

《日内瓦统一法》规定：汇票上必须注明"汇票"字样，如"Exchange for""Bill""Draft"等。用以明确票据的种类，使汇票区别于本票和支票。《中华人民共和国票据法》第22条规定：汇票必须表明"汇票"的字样。《英国票据法》虽无此项要求，但在实务中，注明汇票名称是比较保险的做法。

引例汇票中的①即是票据名称。

（二）出票依据（Gist of Issuance）

"出票依据"即引例中的②，是指开具该份汇票的根据。根据不同的支付方式，出票依据一般分为两种情况。

1. 在信用证支付方式下，出票依据是开证行在一定期限内对汇票金额履行保证付款责任的法律依据，是信用证项下的汇票不可缺少的重要内容之一。信用证项下，此栏一般填写信用证号码、开立日期以及开证行的名称三项。例如："Drawn under L/C NO. 2509FLC603306 Dated AUG. 16, 20×× Issued by CANADA BANK, FOREIGN DEPARTMENT(NORTH)"（凭加拿大银行20××年8月16日开出的第2509FLC603306号信用证，特开立此份汇票）。

当信用证规定了出票条款(Drawn Clause)时,比如:All draft must be marked “Drawn under the ABC Bank, New York L/C No.123 dated Dec.12, 2014”(所有汇票必须注明“在纽约ABC银行于2014年12月12日开立的第123号信用证项下支取”),汇票需要相应列明,以说明该汇票与某银行、某日期开出的某号信用证的关系。

2.在托收支付方式下,一般可以填写“买卖合同号码”、“订单号码”或“商业发票号码”等,也可以只填写“托收”的英文字样。例如:“Drawn under S/C No. HRX06072605,PAYMENT BY D/P”(凭第HRX06072605号销售合同、付款交单方式,特开立此份汇票)或者“Drawn under D/P”均可。

思考题

1. 请翻译以下汇票的出票条款:

(1)Drawn under Contract No.24560 – RM – 01 against shipment of 2,000M/T Maize from Dalian to Singapore.

(2)Drawn under Contract No. SK – 2345 – 68.

答案:(1)从大连装运至新加坡的2 000公吨玉米,依据第24560 – RM – 01号合同出票。(2)依据第SK – 2345 – 68号合同出票。

2. 以下述这份转让信用证的条款为例,其出票条款应该如何填写?

From: JP Morgan Chase Bank, Hong Kong

We have transferred L/C No. 123 dd 20090801 issued by JP Morgan Chase Bank, Tampa, FL under our Ref. TRAN – 123 in favor of ABC Company, Hong Kong.

Draft at sight drawn on us for 100 percent of invoice value.

答案:Drawn under JP Morgan Chase Bank, Tampa, FL L/C No. 123.

(三)年息(Payable with Interest)

见引例③处,此栏填写信用证规定的利息利率。该栏由银行填写,用以清算企业和银行间的利息费用。一般情况下信用证没有利息利率的规定,所以在实务中此栏往往是留空不填的。

(四)汇票号码(Reference No.)

见引例④处,在进出口业务中,汇票号码一般与相关的商业发票的号码同名，这样便于存档和查找。在国际贸易单证业务中，商业发票是所有单据的核心，以商业发票的号码作为汇票的编号，表明本汇票属第×××号发票项下。也可填汇票本身的顺序编号或BP号。实务操作中，银行也接受此栏是空白的汇票。

小提示

BP号是指信用证项下议付通知书编号。

（五）付款金额（Drawing Amount）

（1）引例第⑤处应填写汇票小写金额（Amount in Figures），根据引例，此处应填写“USD 19,250.00”。

引例第⑨处应填写汇票的大写金额（Amount in Words），大写货币金额的前面一律要用“SAY”开头，后面要用“ONLY”结尾。根据引例内容，此处应填写“SAY U.S DOLLARS NINETEEN THOUSAND TWO HUNDRED AND FIFTY ONLY”。

（2）大小写必须严格一致，所使用的货币要与信用证一致。最新ISBP745规则规定，当大小写金额矛盾时，大写金额将作为支款金额予以审核。（When the amount in words and figures are in conflict, the amount in words is to be examined as the amount demanded.）

（六）出票日期和地点（Place and Date of Issuance）

这是指签发汇票的日期和地点，向银行交单时一般由银行填写。因此，出票日期一般不会早于各单据的出单日期，同时要保证在信用证有效期之内；出票地点一般为出票人（卖方）所在地。

出票日期是汇票的基本要素之一。即使信用证没有要求，汇票也应该注明出票日期。国内习惯于把汇票的出票日期做成向银行交单的日期，这时也可以凭汇票来判断交单是否逾期。出票日期和地点在引例第⑥处应填写。

（七）付款期限（Tenor）

付款期限，是汇票的重要项目，凡没有列明付款期限的汇票，根据票据法应认为无效。汇票的付款期限要与信用证的要求一致。

即期付款方式下，在汇票上的付款期限处加打“ * * * * ”或“——”，如 AT * * * * SIGHT, AT——SIGHT；如果汇票不是见票即付或见票后定期付款，则必须能够从汇票自身内容确定到期日。

下面是能够通过汇票内容确定汇票到期日的示例。例如，信用证要求汇票的票期为提单日后的60天，提单日为2014年7月12日，汇票的票期可用下列任一方式表明。

(1)60 days after Bill of Lading date 12,July 2014;

(2)60 days after 12,July 2014;

(3)60 days after Bill of Lading date，同时在汇票上另外注明“Bill of Lading date 12,July 2014”;

(4)60 days date，但汇票的出票日期应为2014年7月12日，与提单日期相同；

(5)10 Sept 2014，即提单日后的60日。

付款期限在引例中汇票第⑦处填写，按照之前的合同条款，此项应该填写“30 DAYS AFTER SIGHT”。

引例中的问题答案是：要么打上确切的到期日，要么打上提单日，需要从汇票表面上的内容就能确定汇票的到期日。提单日可以单独打在汇票下边的空白处，或者在上面“FROM B/L”后面打上I. E. 加提单日期也可以。

小提示

一套远期汇票下提交多套提单，如何计算到期日？

如果信用证要求汇票做成，例如，“Draft at 30 days after B/L date”（提单日后30天付款）或“Draft at 30 days from B/L date”（从提单日开始30天付款），而一套汇票项下提交了不止一套提单，都以最晚的提单日来计算到期日。

提单上有多个装船批注时，到期日如何确定？

如果信用证要求远期汇票的付款期限是于提单日后60天付款，而提单上有多个装船批注（这里是指涉及转运的批注，从A船转运上B船的），而且所有装船批注都显示货物从一个信用证允许的地理区域或地区装运，应使用最早的装船批注日期来计算汇票的到期日。

如果装船批注显示的是从一个以上的港口装运货物上到同一条船上，而且所有装船批注都显示货物从一个信用证允许的地理区域或地区装运,此时应使用最晚的装船批注日期来计算汇票的到期日。

思考题

提交了三套提单,装船日期分别是2014年3月1日、4日和9日,则汇票付款期限一栏应该如何填写?

答:最晚的提单日,即“at 30 days after B/L date March 9,2014”或“at 30 days from B/L date March 9,2014”。

(八)收款人(Payee)

见引例⑧处,“收款人”又叫“汇票抬头人”或“受款人”,是指受领汇票所规定的金额的人。进出口业务中,一般填写出票人提交单据的银行。“汇票抬头人”分为限制性抬头、指示性抬头和来人抬头三种(“抬头人”在实务中有详细介绍,这里不再赘述)。

一份汇票到底以谁为“抬头人”?具体就是:①在信用证支付方式下,汇票一般以交单银行(即“托收行”)作为其“抬头人”;②在托收支付方式下,汇票一般以出票人的业务往来银行作为其“抬头人”。简言之,卖方把单据交给哪家银行,汇票的“抬头人”就填这家银行的名称。

(九)付款人/受票人(Drawee/Payer)

“受票人”就是“付款人”,即接受支付命令的人。进出口业务中,通常为进口人或银行。在托收支付方式下,付款人一般为买方或债务人;在信用证支付方式下,一般为开证行或其指定的银行。请注意:在信用证方式下,“付款人”到底填谁,不能一概而论,也不能想当然,而要根据信用证的具体规定而定。但是,有一点是可以肯定的,那就是不能以申请人(Applicant/Opener)作为信用证汇票的“付款人”。

引例中的⑩,填写汇票的“付款人”,因为本信用证没设保兑行,因此该项应该填写开证行的名称。

(十)出票人(Drawer)

汇票必须由受益人出票。信用证项下的汇票是受益人出具的要求付款的工具，所以出票人应该是受益人，其名称应与信用证上所记载的完全相符。即使信用证规定“Third party documents acceptable”(第三方单据可以接受)，汇票仍然必须由受益人出具。

即使信用证没有要求，汇票也必须由出票人签字，签字是汇票不可或缺的项目。签字应包括出具人的名称和签字两项。在信用证业务中，汇票必须由受益人注明自身名称并签署。

引例中，小艾到财务申请了公司图章，在汇票的⑪位置盖好之后，又找Linda签好字，整张汇票就彻底完成了。

一、问答题

1. 信用证截止日是2014 年 11 月 30 日(星期日)，受益人于12 月 1 日交单，汇票出票日期为2014 年 12 月 1 日，可否接受？

2. 信用证指定 A 银行承兑汇票，但是 A 银行不拟办理承兑时，汇票是否应将付款人改为开证行？

3. 如果信用证规定在保兑行议付，汇票的付款人能否为保兑行？

4. 如果信用证要求提交以申请人为付款人的汇票，开证行应承担什么责任？

答案

1. UCP600 第 29 条 a 款称：“如果信用证的截止日或最迟交单日适逢接受交单的银行非因第 36 条所述原因而歇业，则截止日或最迟交单日(视何者适用)，将顺延至其重新开业的第一个银行工作日。”该条款的效果是受益人可以在顺延后的第一个工作日完成交单，因此，除了运输单据，其他单据的日期都可以是顺延后的日期，包括汇票的出票日期。在此情况下，指定银行可通过在面函上标注“All terms and conditions complied with”一类的语句来声明交单系在依据第 29 条 a 款顺延的期限内提交。

2. UCP600 第 12 条 a 款称：“除非指定银行为保兑行，对于承付或议付的授权并不赋予指定银行承付或议付的义务，除非该指定银行明确表示同意并且告知受益人。”开证行指定一家银行承付或议付并不能构成收到并审核单据的该银行承担承付或议付的责任，除非该指定银行是保兑行，或指定银行明确告知受益人其同意承付或议付。因为开证行对指定银行的承付或议付的授权只是单方面的邀请，指定银行有自主选择权。

当信用证条款为“available with Bank A by acceptance”，未对信用证加具保兑的指定银行 Bank A 决定不承兑以其为付款人的汇票时，Bank A 可以要求受益人出具以开证行为付款人的汇票,也可以在交单中不附汇票。如交单中含有汇票,开证行必须承兑;如交单中不含汇票,开证行则应承担延期付款的责任。

3. 议付信用证项下,汇票的付款人必须是指定银行以外的另一家银行。如果信用证规定在保兑行议付,则汇票的付款人应为保兑行以外的一家银行。只有在指定保兑行付款(即期汇票)或指定保兑行承兑(远期汇票)的信用证下,汇票才能以保兑行为付款人。

4. 尽管 UCP600 第 6 条 c 款指出“信用证不得开成凭以申请人为付款人的汇票兑用”,但是也没有禁止提交以申请人为付款人的汇票。如果信用证要求提交以申请人为付款人的汇票,这种汇票应该如其他单据一样对待,在 MT700 的 46A 栏位中列出,而且开证行有必要特别规定该种汇票的要求及内容。

二、制单题

1. 将背景资料中适用的内容填入汇票的相关栏位。如果需要签字,签上自己的姓名。

FROM ABN AMRO BANK,NEW YORK

TO BANK OF CHINA, JIANGSU BRANCH

L/C NO.1234 DATED 140324

DRAFTS DRAWN ON ISSUING BANK AT 60 DAYS AFTER SIGHT FOR INVOICE

附样:

凭
Drawn under ____________________

信用证 第 号
L/C No ____________________

日期 年 月 日
Dated ____________________

1

按 息 付 款
Payable with interest @ 不考核 % Per annum

号码
No. 不考核

汇票金额
Exchange for 不考核

不考核 年 月 日
不考核

见票
AT ____________ 日后(本汇票之副本未付)付
Sight of this **First** of Exchange (Second of exchange being unpaid)

Pay to the order of 不考核 或其指定人

金 额
The sum of 不考核

此致
To
____

不考核

2. 将背景资料中适用的内容填入汇票的相关栏位。如需签字，请签名。

FROM：KOREA EXCHANGE BANK，SEOUL

TO：BANK OF CHINA，JIANGSU BRANCH

L/C NO. 1234 DD 140112

BENEFICIARY：ABC COMPANY，NANJING

DRAFTS AT 90 DAYS AFTER SIGHT FOR 100 PERCENT OF INVOICE VALUE DRAWN ON US.

USANCE DRAFT DRAWN UNDER THIS LETTER OF CREDIT SHOULD BE NEGOTIATED ON A SIGHT BASIS AND ACCEPTANCE COMMISSION AND DISCOUNT CHARGES ARE FOR THE ACCOUNT OF APPLICANT.

答案

第 1 题

凭
Drawn under ABN AMRO BANK, NEW YORK　　1

信用证 第 号
L/C No 1234

日期 年 月 日
Dated MARCH 24 2014

按 息 付 款
Payable with interest @ 不考核 % Per annum

号码 汇票金额 不考核 年 月 日
No. 不考核 Exchange for 不考核 不考核

见票 日后（本汇票之副本未付）付
AT 60 DAYS AFTER Sight of this **First** of Exchange（Second of exchange being unpaid）

Pay to the order of 不考核 或其指定人

金额
The sum of 不考核

此致
To
ABN AMRO BANK,
NEW YORK

不考核

第 2 题

凭
Drawn under KOREA EXCHANGE BANK, SEOUL　　1

信用证 第 号
L/C No 1234

日期 年 月 日
Dated JANUARY 12 2014

按 息 付 款
Payable with interest @ 不考核 % Per annum

号码 汇票金额 不考核 年 月 日
No. 不考核 Exchange for 不考核 不考核

见票 日后（本汇票之副本未付）付
AT 90 DAYS AFTER Sight of this **First** of Exchange（Second of exchange being unpaid）

Pay to the order of 不考核 或其指定人

金额
The sum of 不考核

此致
To
KOREA EXCHANGE BANK,
SEOUL

ABC COMPANY, NANJING

第九章　其他新增单据

学习要点与要求

了解包装单据的概念及作用；

理解主要包装单据的区别；

掌握装箱单的填制方法；

了解受益人证明的概念及分类；

掌握受益人证明的填制及审核技巧。

Learning Objectives

Know the conception, function of packing documents.

Formulate and address the difference of main packing documents.

Be familiar with the filling skills of packing list.

Know the conception and type of beneficiary certificate.

Be familiar with the filling and examining skills of beneficiary certificate.

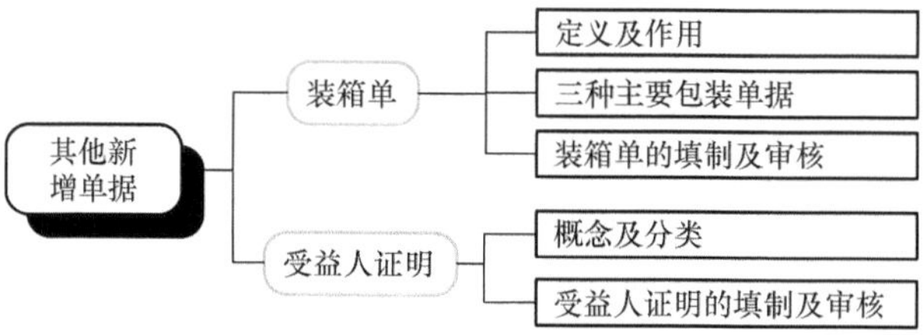

引例

该做装箱单了，做好的装箱单不知道合不合适，小艾就拿来同事 Lisa 之前的装箱资料看了一下。Lisa 的这单一共有 24 个纸箱，各箱装的尺数和毛重、净重都不一样,一箱箱列明太麻烦了,看了看 Lisa 原来做的装箱单,做得很简单。问 Lisa 装箱单这样简单行不行,Lisa 说如果客户没有要求做明细装箱单,T/T 结算寄给客户的装箱单一向做得很简单,列一下箱数、产品的总数量、净重、毛重和体积就可以了。小艾做上一个巴基斯坦信用证时,其实已经看到过 Lisa 做的装箱单,是非常简单的。装箱单的作用是给进口商或海关清点核对货物的,太简单了会不会起不了作用?

第一节　装箱单

一、包装单据的概念及作用

(一)包装单据的概念

包装单据(Packing Documents)是指一切记载或描述商品包装情况的单据,它是商业发票的补充,也是商业单据中一项重要的单据。除散装货物外,包装单据一般为不可缺少的文件。进口地海关验货、公证行检验、进口商核对货物通常都以包装单据为依据,以了解货物包装的具体内容。

(二)包装单据的种类

包装单据主要包括:装箱单(Packing List)、重量单(Weight List)、包装说明(Packing Specification)等,是重要的银行结汇单据之一。出口商通过对商品的包装件数、包装种类、唛头、数量、重量、体积等项目的填制,阐明货物的包装情况,以便买方对商品的了解和掌握,在货物到达目的地时,可供海关查验与核对货物。

小提示

当信用证要求提交装箱单时,只要单据上包含了商品包装方面的信息,无论该单据以信用证上的名称或类似名称命名,或是不命名,都符合信用证要求。

（三）包装单据的作用

包装单据的作用一般包括如下四个。

（1）包装单据是出口商缮制商业发票及其他单据时计量、计价的基础资料。

（2）包装单据是进口商清点货物数量或重量以及销售货物的依据。

（3）包装单据是海关查验货物的凭证。

（4）包装单据是公证或商检机构查验货物的参考资料。

二、三种主要包装单据的区别

（一）装箱单（Packing List 或 Packing Slip）

装箱单的正上方或右上方应表明 Packing List 或 Packing Slip 的字样，表明装箱货物的名称、规格、数量、唛头、箱号、件数和重量，以及货物包装情况。如果是定量包装，可不必显示单毛重和单净重，只需显示总毛重和总净重即可；如果合同或信用证规定提供详细装箱单，则必须提供尽可能详细的装箱内容，详细描述货物的包装细节。

（二）重量单（Weight List 或 Weight Note）

重量单的正上方或右上方应表明 Weight List 或 Weight Note 的字样，除装箱单的内容外，还应清楚地表明货物的每一包装箱的单重和单净重，并显示总毛重和总净重，必要时还应列明单件皮重和总皮重，以供进口商在安排运输、存仓、销售时做参考。

（三）尺码单（Measurement List）

尺码单的正上方或右上方应表明 Measurement List 的字样，除装箱单的内容外，还应清楚地表明货物包装外径长宽高三维尺寸，每件货物、不同规格项目的单尺码和货物的总体积。如果不是单一包装箱，应逐件一一列明。

除此之外，还有重量与尺码单（Weight and Measurement List）、装箱详单（Detailed Packing List）、包装说明/明细单（Packing Specification）、重量证书（Weight Certificate）、磅码单（Weight Memo）等。表 9－1 至表 9－3 分别显示了不同种类包装单据的示例。

表 9－1　装箱单(Packing List)

ISSUER AIGE IMPORT & EXPORT COMPANY ROOM 2501, JIAFA MANSION, BEIJING WEST ROAD, SHANGHAI 200001, P.R.CHINA	PL0000020 装箱单 PACKING LIST	
TO RIQING EXPORT AND IMPORT COMPANY P.O.BOX 1589, NAGOYA, JAPAN	INVOICE NO. IV0000068	DATE 2015-08-29

Choice	Marks and Numbers	Description of goods	Package	G.T	M.T	Meas.
○	CANNED LITCHIS JAPAN C/NO.1-1000 MADE IN CHINA	CANNED LITCHIS 850Gx24TINS/CTN	1000 CARTONS	22440 KGS	20400 KGS	22.588 CBM
		Total:	[1000] [CARTONS]	[22440] [KGS]	[20400] [KGS]	[22.588] [CBM]

SAY TOTAL: ONE THOUSAND CARTONS ONLY

国际贸易单证实务

表 9－2　重量及尺码单（**Weight and Measurement List**）

重量与尺码单 (WEIGHT AND MEASUREMENT LIST)

1） 收件人：
Consignee：…………………………
公司名称：
Company Name：………………
地址：
Address：…………………………
城市/地区号：
Code：……………………………
州名/国家：
State/Country：……………………

2）运单号：
Airbill No.……………………………
承运人：
Carrier：…………………………………
重量：
Weight：…………………………………
体积：　Town/Area
Dimensions：…………………………
电话/传真：
Phone/Fax No.…………………………

3)详细的商品名称 Full Description of Goods	4）毛重 G. W	5）净重 N. W	6）皮重 T. W	7）尺码 M	8）数量 No. of Items	9）生产厂商 Manufacturer

6）本人认为以上提供的资料属实和正确，货物原产地是……………………………………
I declare that the above information is true and correct to the best of my knowledge and that the goods are of………………origin.
7）出口理由
Reason for Export

签名：
Signature：

表 9－3　包装详单（Detailed Packing List）

DETAILED PACKING LIST

TO: XYZ COMPANY LIMITED
4321 MITISUBS TOKYO, JAPAN

INVOICE NO.: 00123/2015
INVOICE DATE: May 09, 2015
S/C NO.: ABC00369/2015
S/C DATE: March 09, 2015
L/C NO.: KBX-67980/15
Date of Shipment: April 30, 2015

FROM: SHANGHAI PORT, P.R.CHINA
TO: LOSANGLES, U.S.A

Shipping Mark	SIZE: QTY: COLOR: DEPARTMENT/CLASS: ITEM: CARTON NO

CTN NO	CTNS	ITEM NO	P.O.#	Descriptions								Quantity /CTN	N.W	G.W	Meas.	REMARK
				COL/PTN	2T	3T	4T	S/4	M5-6	L6X	S7-8		KG/CTN			
1-27	27	C17900	13235	FLAMBOYANT							2	46	16.50	18.50	57*48*41	
				BRIGHT BLUE							2					
				GREAT GRAPE							2					
				GREEN BEACON							2					
				REAL RED							2					
28	1	C17900	13235	FLAMBOYANT							2	12	4.13	6.13	57*48*41	ODD
29-55	27	C47900	13241	FLAMBOYANT				2	6	4		48	13.00	15.00	48*39*49	
				BRIGHT BLUE				2	4	2						
				GREAT GRAPE				2	6	4						
				GREEN BEACON				2	4	2						
				REAL RED				2	4	2						
56	1	C47900	13241	GREAT GRAPE				2	6	4		12	3.25	5.25	48*39*49	ODD
57-77	21	17900R	13221	FLAMBOYANT							2	48	16.50	18.00	57*48*41	
				BRIGHT BLUE							2					
				GREAT GRAPE							2					
				GREEN BEACON							2					
				REAL RED							2					
78-108	31	47900R	13218	FLAMBOYANT				2	6	4		48	13.00	15.00	48*39*49	
				BRIGHT BLUE				2	4	2						
				GREAT GRAPE				2	6	4						
				GREEN BEACON				2	4	2						
				REAL RED				2	4	2						
109	1	47900R	13218	FLAMBOYANT				1	3	2		24	6.62	8.50	48*39*49	ODD
				BRIGHT BLUE				1	2	1						
				GREAT GRAPE				1	3	2						
				GREEN BEACON				1	2	1						
				REAL RED				1	2	1						
110	13	77900R	13215	FLAMBOYANT	2	6	4					48	12.00	13.62	42*36*49	
				BRIGHT BLUE	2	4	2									
				GREAT GRAPE	2	6	4									
				GREEN BEACON	2	4	2									
				REAL RED	2	4	2									

Total: 110CARTONS 286PCS 85.00 KGS 100.00KGS 0.78CBM

SAY TOTAL: ONE HUNDRED TEN CARTONS ONLY.

三、装箱单的填制及审核

包装单据并无统一、固定的格式，各厂商、企业和各地方在提供包装单据时，可以根据合同或信用证的要求以及货物的特点自行设计，其主要内容如下。

(1)进、出口商名称与地址(Name and Address of Importer and Exporter)。此栏填写合同中的买方、卖方或者信用证中的开证申请人、受益人。

(2)编号及日期(Number & Date)。由于装箱单是商业发票的附属单据，因此可以不用编号。贸易惯例中对日期没有规定，实务中一般填写商业发票的出具日期。

(3)唛头(Shipping Mark)。此栏可以填写具体的唛头，也可以填写参见发票(As Per Invoice No. ×××)。

(4)运输方式及运输路线(Means and Route of Shipment)。此栏填写起讫地点与运输方式，如 From Shanghai to New York by vessel.

(5)箱数与箱号(Carton Number and Packing Number)。如果是单一货号包装，此栏填写唛头的最后一行中的数字，即 1—up；如果有两个或两个以上的货号，按照货号所在包装箱的箱号缮制。

(6)包装件数及包装种类(No. and Kinds of Package)。本栏填写货物所呈现的外观形态的描述，以及一票货物中单件货物的数量。

(7)货物名称、规格和数量(Name of Commodity, Specification and Quantity)。按照 UCP600 第 14 条 e 款规定，装箱单与其他商业发票以外的单据一样，可以使用与信用证规定不相矛盾的概括性用语描述货物名称，而不需要使用“全称”。

(8)货物的毛、净重与尺码(Gross, Net Weight and Measurement)。银行在审核装箱单时，主要审核总毛重、总净重及总体积等总量数据。因此，一定要确保这些数据与信用证保持一致。另外，根据买卖双方的约定，还可以标注单个商品重量、尺码等的详细信息。

比如，如果是重量单，则还需表明单个包装重量和总包装重量，以@开头。

示例

标注单个包装重量和总包装重量的方法如下，

@ (42×23×25)CM 1.932CBMS

(9)签署(Signed)。一般无须签署,由出单人加盖单位公章即可。

第二节 受益人证明

一、受益人证明的概念及分类

受益人证明(Beneficiary's Certificate)是一种由受益人自己出具的文件,证明自己已经履行了信用证所规定的条款,如证明自己所交的货物品质完好、符合合同;证明出口货物的运输包装经过了处理,无害虫和/或虫卵;证明自己已按照信用证要求在规定的时间内寄送了规定的单证等。

受益人证明内容多样、格式简单,可以根据信用证的规定出具并正式签章。受益人证明一般不区分正本、副本,但若来证要求正本,则可在受益人证明单据的上方印上"Original"。

实务中常见的受益人证明有以下三类。

(一)寄单证明

寄单证明是根据信用证的规定,在货物装运前后的一定期限内,由发货人邮寄给信用证规定的收货人全套或部分副本单据(个别的要求寄送正本单据),并单独出具寄单证明,或将寄单证明内容列明在发票内,作为向银行议付的单证。

(二)电抄本

电抄本是根据信用证规定,在货物出运前后的一定期限内,由发货人按信用证规定的内容,用电报、电传通知信用证规定的收电人,并以电报、电传的副本,或另缮制发电证明书,作为已发电的证明,交银行作为议付的单证。

(三)履约证明

证实某件事实、货物符合成交合约或来自某产地。如交货品质证明,由发货人按信用证的规定,证明所交货物的品质。该证明书可直接作为银行议付的单证。交货品质证明书中所证明的内容一般在发票或其他单据中已表明,但信用证要求单独出具该证明书,表明开证人对货物品质的关切程度。又如生产过程证明,由生产厂家说明产品的生产过程,该证明书可直接作为银行议付的单据。

二、受益人证明的填制及审核

（一）受益人证明的内容

受益人证明的特点是自己证明自己履行某项义务。一份受益人证明书一般有以下几个栏目。

（1）受益人中文、英文名称。

（2）单据名称。一般标明“BENEFICIARY'S CERTIFICATE”（受益人证明）或“BENEFICIARY'S STATEMENT”（受益人声明）。

（3）与信用证要求的其他单据关联的编号，如发票号码、信用证号码等。

（4）出证日期。

（5）证明内容。

（6）受益人签章。

（二）受益人证明的注意事项

国际惯例中对受益人证明有了最新的明确规定，其内容要求如下。

（1）受益人证明一定是由受益人或其代理人出具并签章的。

（2）内容不能与信用证矛盾。

（3）内容可以不与信用证上的字句一模一样，但需要明确表明信用证上的要求已被满足。

（4）受益人证明可以不包含货物描述或参见信用证或其他规定单据的内容。

（5）证明书或证明、声明书或声明是否需要加注日期取决于要求的证明书或证明、声明书或声明的类型、要求的措辞和单据表面显示的措辞。

示例

当信用证要求提交一份承运人或其代理出具的证明书以证实船龄不超过25年时，该证明书可以以下列方式注明：

1）证明“船只建造日期或年份”，此时没有必要显示出具日期。

2）证明“the date the vessel was not more than 25 years old”，此时要求显示出具日期，以表明证明书出具那一天的船龄不超过25年。

表9－4和表9－5为两张不同公司开出的受益人证明样本。

表9－4　受益人证明样本1

BENEFICIARY'S CERTIFICATE

23/9/1988

RE: INVOICE NO.: 456RTYTI L/C NO.: 45R－YUI/IP

WE HEREBY CERTIFY THAT THE FOLLOWING DOCUMENTS HAVE BEEN SENT TO HOESCH EXPORT AS. DOITMUNT BY DHL COURIER－SERVICE, LATEST 10 DAYS AFTER SHIPMENT:

1/3 ORIGINAL BILL OF LADING
COMMERCIAL INVOICE, 2 COPIES
CERTIFICATE OF ORIGIN"FORM A"
1 ORIGINAL SURVEY REPORT ON QUANTITY/WEIGHT
2 COPIES STATEMENT TO THIS EFFECT HAS BEEN ATTACHED.

CHINA NATIONAL METALS & MINERALS
IMPORT & EXPORT CORPORATION
GUANGDONG BRANCH

表9－5　受益人证明样本2

上海纺织进出口公司

SHANGHAI TEXTILES IMP & EXP COMPANY

中国上海红星路168号，纺织大厦17楼　　Fax No. (86) 021-44178588
17/F Textiles Mansion No.168 Red Star Road　　Tel No. (86) 021-44178586
Shanghai China

Date:
L/C No. HBL/2015196
Inv. No. 040917GTB

CERTIFICATE

WE CERTIFY THAT ONE SET OF NON NEGOTIABLE SHIPPING DOCUEMENT AND SHIPMENTS SAMPLES HAVE BEEN SENT DIRECTLY TO OPENERS BY REGISTERED AIRMAIL.

SHANGHAI TEXTILES IMP&EXP COMPANY
方　之

制单题

山西食品进出口公司(报检单位登记号:1401100165)出口一批绿豆(HS 编码:1201009900),由于市场原因,该批货物在国外销售不佳。经与国外客户协商,双方同意按出口单价将部分货物退运。请根据商业发票和提单的内容,填制入境货物报检单。

INVOICE

<table>
<tr><td colspan="2">CONSIGNOR:

SHANXI FOODSTUFFS IMP/EXP CO., LTD.
No. 345 ZHONGSHAN ROAD, TAIYUAN, CHINA</td><td colspan="3">No.: DATE:

ZW780321 JAN. 25. 2015</td></tr>
<tr><td colspan="2">CONSIGNEE:

VICTORY CO., LTD.
LONG BEACH, USA</td><td colspan="3" rowspan="2">L/C No.: DATE

LC7584076584 JAN. 20. 2015

BANK OF CHINA
SHANGHAI BRANCH</td></tr>
<tr><td>PORT OF LOADING:
DALIAN CHINA</td><td>VESSEL:
STAR RIVER
V.092</td></tr>
<tr><td colspan="2">PORT OF DISCHARGE:

LONG BEACH</td><td colspan="3">CONTRACT No.:

CHRU2908</td></tr>
<tr><td>MARK&NO.</td><td>DESCRIPTION OF GOODS</td><td>QUANTITY/UNIT</td><td>UNIT PRICE</td><td>AMOUNT</td></tr>
<tr><td>GHRU2908
SHANXI CHINA</td><td>SHANXI GREEN BEANS
PACKING: IN BAG
ORIGIN: SHANXI CHINA
CONTRACT No.: GHRU2908</td><td>300BAGS/50KGS EACH PACKAGE</td><td>USD
400.00/TON</td><td>USD
6000.00</td></tr>
<tr><td colspan="5">SHANXI FOODSTUFFS IMP/EXP CO.,LTD.
SIGNED BY</td></tr>
</table>

BILL OF LADING

CONSIGNOR: VICTORY CO., LTD. LONG BEACH, USA	OUR BOOK No.: BY771126	B/L No.: QJ760125
CONSIGNEE: SHANXI FOODSTUFFS IMP/EXP CO.,LTD. No.345 ZHONGSHAN ROAD. TAIYUAN. CHINA	REMARKS:	
NOTIFY PARTY: TIANJIN WUHE COMMERCIAL & TRADE CO., LTD. No.34 SHANDONG ROAD, TIANJIN, CHINA		

PORT OF LOADING:	VESSEL:	VOYAGE No.:	FLAG:
SAN FRANCISCO	SUN SEA	407E	CANADA
PORT OF DISCHARGE: TIANJIN CHINA VIA YOKONAMA		PLACE OF DELIVERY:	

MARK	No. OF PKGS	DESCRIPTION OF GOODS	GROSS WEIGHT	MEASUREMENT
N/M	280 BAGS	GREEN BEANS (PETURNCARGO) PACKING: IN 20 WOODEN PALLETS CONTRACT NO.: RE01 1×C20' CONTAINER PCIU4873009/981263	14000 KGS	10.600 CBM

DATE: Mar. 25, 2015 BY________________	MASTER CO. LTD. BY________________

答案

入境货物报检单

报检单位（加盖公章）：山西食品进出口公司　　　　*编　号 ________

报检单位登记号：1401100165　联系人：rrr　电话：654320000　报检日期：2015 年 4 月 19 日

收货人	（中文）	山西食品进出口公司	企业性质(划"√")	□合资 □合作 □外资
	（外文）	SHANXI FOODSTUFFS IMP/EXP CO. LTD		
发货人	（中文）	维克特瑞有限公司		
	（外文）	VICTORY CO. LTD		

选择	货物名称（中/外文）	H.S.编码	原产国(地区)	数/重量	货物总值	包装种类及数量
	绿豆 GREEN BEANS	1201009900	中国	14000 千克	5600 美元	20'木制托盘

运输工具名称号码	船舶/SUN SEA/407E			合同号	
贸易方式	其他贸易	贸易国别(地区)	美国	提单/运单号	RE01
到货日期	2015-04-19	启运国家(地区)	美国	许可证/审批号	*** 天津口岸
卸毕日期	2015-04-19	启运口岸	圣弗朗西斯科	入境口岸	
索赔有效期至	***	经停口岸	横滨	目的地	太原
集装箱规格、数量及号码	1×20 PCIU4873009/981263				
合同订立的特殊条款以及其他要求	***			货物存放地点	天津市××路××号
				用途	其他

随附单据（划"√"或补填）		标记及号码	*外商投资财产(划"√")	□是 □否
□合同	□到货通知		*检验检疫费	
☑发票	☑装箱单		总金额（人民币元）	
☑提/运单	□质保书		计费人	
□兽医卫生证书	□理货清单		收费人	
□植物检疫证书	□磅码单			
□动物检疫证书	□验收报告			
□卫生证书	□			
□原产地证	□			
□许可/审批文件	□			

报检人郑重声明： 1. 本人被授权报检。 2. 上列填写内容正确属实。 签名：rrr	领取证单	
	日期	
	签名	

注：有"*"号栏由出入境检验检疫机关填写　　◆国家出入境检验检疫局制

[1-2 (2000.1.1)]

第十章　清关单据

学习要点与要求

理解及初步掌握报关单的内容；

了解国家对外汇核销的最新规定及相关流程。

Learning Objectives

Formulate and preliminary know the basic content of customs declaration forms.

Know the newest policy and procedure of foreign exchange payment.

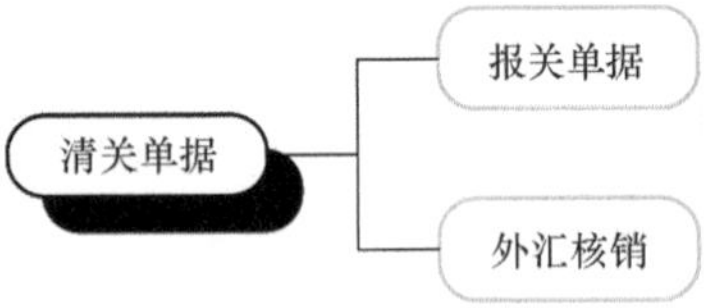

第一节　报关单据

一、进出口货物报关单概述

（一）报关单及其法律效力

进出口货物报关单是指进出口货物的收发货人或其代理人，按照海关规定的格式就进出口货物的实际情况做出的书面申明，以此要求海关对其货物按适用的海关制度办理通关手续的法律文书。

进出口货物报关单在对外经济贸易活动中具有十分重要的法律效力：是海关对进出口货物进行监管、征税、统计以及开展稽查和调查的主要依据；是加工贸易进出口货物核销以及出口退税和外汇管理的重要凭证；是海关处理进出口货物走私、违规案件及税务、外汇管理部门查处骗税和套汇犯罪活动的重要书证。因此申报人对所填报的进出口货物报关单的真实性和准确性应承担法律责任。

（二）报关单分类

报关单的类型见表 10－1 所示。

表 10－1　报关单类型

细分方法	类型细分
按进出口状态分	进口货物报关单、出口货物报关单
按表现形式分	纸制报关单、电子数据报关单
按使用性质分	一般贸易及其他贸易进(出)口货物报关单 进料加工贸易进(出)口货物报关单 来料加工及补偿贸易进(出)口货物报关单

（三）进出口货物报关单各联的用途

纸制进口货物报关单一式四联，即海关作业联、企业留存联、海关核销联、进口付汇证明联。纸质出口货物报关单一式五联，即海关作业联、企业留存联、海关核销联、出口收汇证明联、出口退税证明联。

1. 进(出)口货物报关单海关作业联。它是报关员配合海关查验、缴纳税费、提取货物或装运货物的重要凭证，也是海关查验货物、征收税费、编制海关统计以及处理其他海关事务的重要凭证。

2. 进(出)口货物报关单付、收汇证明联。它们是海关对已实际进出境的货物所签发的证明文件，是银行和国家外汇管理部门办理售汇、付汇和收汇及核销手续的重要依据之一。需办理进口付汇核销或出口收汇核销的货物，进出口货物收、发货人或其代理人应在海关放行货物或结关后，向海关申领进口货物报关单进口付汇证明联或出口货物报关单出口收汇证明联。

3. 进(出)口货物报关单加工贸易核销联。它是指口岸海关对已实际申报进口或出口的货物所签发的证明文件，是海关办理加工贸易合同核销、结案手续的重要凭证。加工贸易的货物进出口后，申报人应向海关领取出口货物报关单核销联,并凭以向主管海关办理加工贸易合同核销手续。

4. 出口货物报关单出口退税证明联。它是海关对已实际申报出口并已装运离境的货物所签发的证明文件,是国家税务部门办理出口退税手续的重要凭证之一。

(四)海关对报关单填报的基本要求

(1)申报人在填制报关单时,应按照《海关法》、《进出口货物报关单填制规范》和《申报管理规定》的有关规定向海关如实申报。报关单的填制必须做到真实,即做到两个相符:单证相符(报关单与合同、发票、装箱单、提单等单据相符)和单货相符(即报关单中所包内容与实际进出口货物情况相符)。填报的项目要准确、齐全、完整、清楚。

(2)向海关申报的报关单事后由于特殊原因发生填报内容与实际进出口货物不相一致而又有正当理由者,可向海关申请改正。

(3)不同合同、不同运输工具名称、不同征免性质、不同许可证号的货物不能填在同一份报关单上,不同贸易方式的货物需用不同颜色的报关单填报。一张报关单上最多不能超过 5 项海关统计商品编号的货物。而一份报关单最多可填报 20 项税号的货物。

(五)报关单填制的技巧

(1)报关单(手工填写)的结构分表头("标记唛码及备注"及其此前各栏目)和表体两部分,共设 47 栏,除"税费征收情况"和"海关审单批注及放行日期签字"两栏外,其余各栏均由报关员填写。

(2)熟悉发票、装箱单、提运单据的格式结构及各栏目的具体内容。

(3)要弄清填制时所需要的信息来源:已知信息;发票/装箱单/提运单据;自主判断。

报关单相关内容查找技巧如表 10 - 2 所示。

表 10－2　报关单相关内容查找技巧

可从提供的提运单、装箱单中查找的	可从提供的发票中查找的	可从提供的补充内容里直接查找的	通过逻辑才能推断出来的
1. 进口口岸/出口口岸 2. 运输方式 3. 运输工具名称 4. 提运单号 5. 启运国(地区)/运抵国(地区) 6. 装货港/指运港 7. 件数 8. 包装种类 9. 毛重(千克) 10. 净重(千克) 11. 集装箱号 12. 标记唛码及备注	1. 经营单位 2. 收货单位/发货单位 3. 境内目的地/境内货源地 4. 成交方式 5. 运费 6. 保费 7. 杂费 8. 合同协议号 9. 商品名称、规格型号 10. 数量及单位 11. 原产国(地区)/最终目的国(地区) 12. 单价 13. 总价 14. 币制	1. 备案号 2. 进出口日期 3. 申报日期 4. 收发货单位 5. 许可证号 6. 境内目的地/境内货源地 7. 批准文号 8. 随附单据 9. 生产厂家及部分备注内容	1. 贸易方式 2. 征免性质 3. 征税比例 4. 用途 5. 部分备注的内容

出口货物报关单和进口货物报关单分别如表 10－3 和表 10－4 所示。

二、报关单的填制

自理报关时，进口货物的收货人和出口货物的发货人须遵照《中华人民共和国海关进出口货物报关单填制规范》(自 2008 年 10 月 1 日起执行，以下简称《报关单填制规范》)如实填报进口货物报关单和出口货物报关单(只能由该企业的报关员向海关申报)；代理报关时，被委托人(受托人)也须按照《报关单填制规范》如实填报进口货物报关单和出口货物报关单(只能由该企业的报关员向海关申报)。代理报关情况下，委托人向被委托人提交的是要求相对低得多的进口货物报关单和出口货物报关单，即报关单录入凭单，进口货物贸易实务中，国内进口货物经营单位通常不向被委托人提交报关单录入凭单；出口货物贸易实务中，国内出口货物经营单位一般向被委托人提交报关单录入凭单(少数出口货物的发货人可能委托被委托人代为填写)。无论自理报关，还是代理报关，进出口货物贸易企业的单证员都应该对《报关单填制规范》做如下了解。

表 10－3　中华人民共和国海关出口货物报关单

预录入编号：　　　　　　　　　海关编号：

<table>
<tr><td colspan="2">出口口岸</td><td colspan="3">备案号</td><td colspan="3">出口日期</td><td colspan="2">申报日期</td></tr>
<tr><td colspan="2">经营单位</td><td colspan="3">运输方式</td><td colspan="3">运输工具名称</td><td colspan="2">提运单号</td></tr>
<tr><td colspan="2">发货单位</td><td colspan="3">贸易方式</td><td colspan="3">征免性质</td><td colspan="2">结汇方式</td></tr>
<tr><td colspan="2">许可证号</td><td colspan="3">运抵国(地区)</td><td colspan="3">指运港</td><td colspan="2">境内货源地</td></tr>
<tr><td colspan="2">批准文号</td><td colspan="2">成交方式</td><td colspan="2">运费</td><td colspan="2">保费</td><td colspan="2">杂费</td></tr>
<tr><td colspan="2">合同协议号</td><td colspan="2">件数</td><td colspan="2">包装种类</td><td colspan="2">毛重(千克)</td><td colspan="2">净重(千克)</td></tr>
<tr><td colspan="2">集装箱号</td><td colspan="6">随附单据</td><td colspan="2">生产厂家</td></tr>
<tr><td colspan="10">标记唛码及备注</td></tr>
<tr><td>项号</td><td>商品编号</td><td>商品名称</td><td>规格型号</td><td>数量及单位</td><td>最终目的国(地区)</td><td>单价</td><td>总价</td><td>币制</td><td>征免</td></tr>
<tr><td></td><td></td><td></td><td></td><td></td><td></td><td></td><td></td><td></td><td></td></tr>
<tr><td></td><td></td><td></td><td></td><td></td><td></td><td></td><td></td><td></td><td></td></tr>
<tr><td></td><td></td><td></td><td></td><td></td><td></td><td></td><td></td><td></td><td></td></tr>
<tr><td></td><td></td><td></td><td></td><td></td><td></td><td></td><td></td><td></td><td></td></tr>
<tr><td></td><td></td><td></td><td></td><td></td><td></td><td></td><td></td><td></td><td></td></tr>
<tr><td colspan="10">税费征收情况(此栏以下不用填写)</td></tr>
<tr><td colspan="3">录入员　　　　录入单位</td><td colspan="3">兹声明以上申报无讹并承担法律责任</td><td colspan="4" rowspan="2">海关审单批注及放行日期(签章)
审单　　　　审价
征税　　　　统计
检查　　　　放行</td></tr>
<tr><td colspan="6">报关员
申报单位(签章)
单位地址
邮编：　　　　电话：
填制日期：</td></tr>
</table>

表 10－4　中华人民共和国进口货物报关单

预录入编号：　　　　　　　　海关编号：

<table>
<tr><td colspan="2">进口口岸</td><td colspan="3">备案号</td><td colspan="2">进口日期</td><td colspan="3">申报日期</td></tr>
<tr><td colspan="2">经营单位</td><td colspan="3">运输方式</td><td colspan="2">运输工具名称</td><td colspan="3">提运单号</td></tr>
<tr><td colspan="2">收货单位</td><td colspan="3">贸易方式</td><td colspan="2">征免性质</td><td colspan="3">征税比例</td></tr>
<tr><td colspan="2">许可证号</td><td colspan="3">起运国（地区）</td><td colspan="2">装货港</td><td colspan="3">境内目的地</td></tr>
<tr><td colspan="2">批准文号</td><td colspan="2">成交方式</td><td colspan="2">运费</td><td colspan="2">保费</td><td colspan="2">杂费</td></tr>
<tr><td colspan="2">合同协议号</td><td colspan="2">件数</td><td colspan="2">包装种类</td><td colspan="2">毛重（千克）</td><td colspan="2">净重（千克）</td></tr>
<tr><td colspan="2">集装箱号</td><td colspan="5">随附单据</td><td colspan="3">用途</td></tr>
<tr><td colspan="10">标记唛码及备注</td></tr>
<tr><td>项号</td><td>商品编号</td><td>商品名称</td><td>规格型号</td><td>数量及单位</td><td>原产国（地区）</td><td>单价</td><td>总价</td><td>币制</td><td>征免</td></tr>
<tr><td></td><td></td><td></td><td></td><td></td><td></td><td></td><td></td><td></td><td></td></tr>
<tr><td></td><td></td><td></td><td></td><td></td><td></td><td></td><td></td><td></td><td></td></tr>
<tr><td></td><td></td><td></td><td></td><td></td><td></td><td></td><td></td><td></td><td></td></tr>
<tr><td></td><td></td><td></td><td></td><td></td><td></td><td></td><td></td><td></td><td></td></tr>
<tr><td></td><td></td><td></td><td></td><td></td><td></td><td></td><td></td><td></td><td></td></tr>
<tr><td colspan="10">税费征收情况</td></tr>
<tr><td colspan="3">录入员　　　　录入单位</td><td colspan="3">兹证明以上申报无讹并承担法律责任</td><td colspan="4" rowspan="2">海关审单批注及放行日期（签章）
审单　　　　审价</td></tr>
<tr><td colspan="6">报关员</td></tr>
<tr><td colspan="4">单位地址</td><td colspan="2">申报单位（签章）</td><td colspan="4">征税　　　　统计</td></tr>
<tr><td colspan="4">邮编　　　　电话</td><td colspan="2">填制日期</td><td colspan="4">查验　　　　放行</td></tr>
</table>

（一）预录入编号和海关编号

1. 预录入编号。本栏目填报预录入报关单的编号，预录入编号规则由接受申报的海关决定。

2. 海关编号。本栏目填报海关接受申报时给予报关单的编号，一份报关单对应一个海关编号。

报关单海关编号为18位，其中第1～4位为接受申报海关的编号（海关规定的《关区代码表》中相应的海关代码），第5～8位为海关接受申报的公历年份，第9位为进出口标志（“1”为进口，“2”为出口；集中申报清单“I”为进口，“E”为出口），后9位为顺序编号。

（二）进口口岸/出口口岸

本栏目应根据货物实际进出境的口岸海关，填报海关规定的《关区代码表》中相应口岸海关的名称及代码。特殊情况填报要求如下。

进口转关运输货物应填报货物进境地海关名称及代码，出口转关运输货物应填报货物出境地海关名称及代码。按转关运输方式监管的跨关区深加工结转货物，出口报关单填报转出地海关名称及代码，进口报关单填报转入地海关名称及代码。

在不同海关特殊监管区域或保税监管场所之间调拨、转让的货物，填报对方特殊监管区域或保税监管场所所在的海关名称及代码。

其他无实际进出境的货物，填报接受申报的海关名称及代码。

（三）备案号及合同协议号

1. 备案号。本栏目填报进出口货物收发货人在海关办理加工贸易合同备案或征、减、免税备案审批等手续时，海关核发的《中华人民共和国海关加工贸易手册》、电子账册及其分册（以下统称《加工贸易手册》）和《进出口货物征免税证明》（以下简称《征免税证明》）或其他备案审批文件的编号。

一份报关单只允许填报一个备案号。具体填报要求如下。

(1)加工贸易项下货物，除少量低值辅料按规定不使用《加工贸易手册》及以后续补税监管方式办理内销征税的外，填报《加工贸易手册》编号。

使用异地直接报关分册和异地深加工结转出口分册在异地口岸报关的，本栏目应填报分册号；本地直接报关分册和本地深加工结转分册限制在本地报关，本栏目应填报总册号。

加工贸易成品凭《征免税证明》转为减免税进口货物的，进口报关单填报《征免税证明》编号，出口报关单填报《加工贸易手册》编号。

对加工贸易设备之间的结转，转入和转出企业分别填制进、出口报关单，在报关单“备案号”栏目填报《加工贸易手册》编号。

(2)涉及征、减、免税备案审批的报关单，填报《征免税证明》编号。

(3)涉及优惠贸易协定项下实行原产地证书联网管理(香港 CEPA、澳门 CEPA，下同)的报关单，填报原产地证书代码“Y”和原产地证书编号。

(4)减免税货物退运出口，填报《减免税进口货物同意退运证明》的编号；减免税货物补税进口，填报《减免税货物补税通知书》的编号；减免税货物结转进口(转入)，填报《征免税证明》的编号；相应的结转出口(转出)，填报《减免税进口货物结转联系函》的编号。

(5)涉及构成整车特征的汽车零部件的报关单，填报备案的 Q 账册编号。

2. 合同协议号。本栏目填报进出口货物合同(包括协议或订单)编号。

(四)进口日期/出口日期

进口日期填报运载进口货物的运输工具申报进境的日期。

出口日期指运载出口货物的运输工具办结出境手续的日期，本栏目供海关签发打印报关单证明联用，在申报时免予填报。

无实际进出境的报关单填报海关接受申报的日期。

本栏目为 8 位数字，顺序为年(4 位)、月(2 位)、日(2 位)。

(五)申报日期

申报日期指海关接受进出口货物收发货人、受委托的报关企业申报数据的日期。以电子数据报关单方式申报的，申报日期为海关计算机系统接受申报数据时记录的日期。以纸质报关单方式申报的，申报日期为海关接受纸质报关单并对报关单进行登记处理的日期。

申报日期为 8 位数字，顺序为年(4 位)、月(2 位)、日(2 位)。本栏目在申报时免予填报。

(六)经营单位

本栏目填报在海关注册登记的对外签订并执行进出口贸易合同的中国境内法人、其他组织或个人的名称及海关注册编码。

特殊情况下填制要求如下。

(1)进出口货物合同的签订者和执行者非同一企业的，填报执行合同的企业。

(2)外商投资企业委托进出口企业进口投资设备、物品的，填报外商投资企业，并在标记唛码及备注栏注明“委托××进出口企业进口”。

(3)有代理报关资格的报关企业代理其他进出口企业办理进出口报关手续时，填报委托的进出口企业的名称及海关注册编码。

（七）收货单位/发货单位

收货单位填报已知的进口货物在境内的最终消费、使用单位的名称，包括：①自行从境外进口货物的单位；②委托进出口企业进口货物的单位。

发货单位填报出口货物在境内的生产或销售单位的名称，包括：①自行出口货物的单位；②委托进出口企业出口货物的单位；③有海关注册编码或加工企业编码的收、发货单位，本栏目应填报其中文名称及编码，没有编码的应填报其中文名称。使用《加工贸易手册》管理的货物，报关单的收、发货单位应与《加工贸易手册》的“经营企业”或“加工企业”一致；减免税货物报关单的收、发货单位应与《征免税证明》的“申请单位”一致。

（八）申报单位

自理报关的，本栏目填报进出口企业的名称及海关注册编码；委托代理报关的，本栏目填报经海关批准的报关企业名称及海关注册编码。

本栏目还包括报关单左下方用于填报申报单位有关情况的相关栏目，包括报关员、报关单位地址、邮政编码和电话号码等栏目。

（九）运输方式

运输方式包括实际运输方式和海关规定的特殊运输方式，前者指货物实际进出境的运输方式，按进出境所使用的运输工具分类；后者指货物无实际进出境的运输方式，按货物在境内的流向分类。

本栏目应根据货物实际进出境的运输方式或货物在境内流向的类别，按照海关规定的《运输方式代码表》选择填报相应的运输方式。

1. 特殊情况填报要求。

(1)非邮件方式进出境的快递货物，按实际运输方式填报。

(2)进出境旅客随身携带的货物，按旅客所乘运输工具填报。

(3)进口转关运输货物，按载运货物抵达进境地的运输工具填报；出口转关运输货物，按载运货物驶离出境地的运输工具填报。

(4)不复运出(入)境而留在境内(外)销售的进出境展览品、留赠转卖物品等,填报“其他运输”(代码9)。

2. 无实际进出境货物在境内流转时的填报要求。

(1)境内非保税区运入保税区货物和保税区退区货物,填报“非保税区”(代码0)。

(2)保税区运往境内非保税区货物,填报“保税区”(代码7)。

(3)境内存入出口监管仓库和出口监管仓库退仓货物,填报“监管仓库”(代码1)。

(4)保税仓库转内销货物,填报“保税仓库”(代码8)。

(5)从境内保税物流中心外运入中心或从中心运往境内中心外的货物,填报“物流中心”(代码W)。

(6)从境内保税物流同区外运入同区或从同区运往境内同区外的货物,填报“物流同区”(代码X)。

(7)从境内保税港区外运入港区(不含直通)或从港区运往境内港区外(不含直通)的货物,填报“保税港区”(代码Y),综合保税区比照保税港区填报。

(8)从境内出口加工区、珠澳跨境工业区珠海同区(以下简称珠海同区)外运入加工区、珠海同区或从加工区、珠海同区运往境内区外的货物,区外企业填报“出口加工区”(代码Z),区内企业填报“其他运输”(代码9)。

(9)境内运入深港西部通道港方口岸区的货物,填报“边境特殊海关作业区”(代码H)。

(10)其他境内流转货物,填报“其他运输”(代码9),包括特殊监管区域内货物之间的流转、调拨货物,特殊监管区域、保税监管场所之间相互流转货物,特殊监管区域外的加工贸易余料结转、深加工结转、内销等货物。

(十)运输工具名称

本栏目填报载运货物进出境的运输工具名称或编号。填报内容应与运输部门向海关申报的舱单(载货清单)所列相应内容一致。具体填报要求如下。

1. 直接在进出境地或采用“属地申报,口岸验放”通关模式办理报关手续的报关单填报要求。

(1)水路运输:填报船舶编号(来往港澳小型船舶为监管簿编号)或者船舶

英文名称。

(2)公路运输:填报该跨境运输车辆的国内行驶车牌号,深圳提前报关模式的报关单填报国内行驶车牌号+“/”+“提前报关”。

(3)铁路运输:填报车厢编号或交接单号。

(4)航空运输:填报航班号。

(5)邮件运输:填报邮政包裹单号。

(6)其他运输:填报具体运输方式名称,例如管道、驮畜等。

2. 转关运输货物的报关单填报要求。

(1)进口。

①水路运输:直转、提前报关填报“@”+16位转关申报单预录入号(或13位载货清单号),中转填报进境英文船名。

②铁路运输:直转、提前报关填报“@”+16位转关申报单预录入号,中转填报车厢编号。

③航空运输:直转、提前报关填报“@”+16位转关申报单预录入号(或13位载货清单号),中转填报“@”。

④公路及其他运输:填报“@”+16位转关申报单预录入号(或13位载货清单号)。

⑤以上各种运输方式使用广东地区载货清单转关的提前报关货物填报“@”+13位载货清单号。

(2)出口。

①水路运输:非中转填报“@”+16位转关申报单预录入号(或13位载货清单号)。如多张报关单需要通过一张转关单转关的,运输工具名称字段填报“@”。

②铁路运输:非中转填报“@”+16位转关申报单预录入号(或13位载货清单号),如多张报关单需要通过一张转关单转关的,填报“@”。

③航空运输:非中转填报“@”+16位转关申报单预录入号(或13位载货清单号),如多张报关单需要通过一张转关单转关的,填报“@”。

④其他运输方式:非中转填报“@”+16位转关申报单预录入号(或13位载货清单号)。对于中转货物,境内水路运输填报驳船船名;境内铁路运输填报车名(主管海关4位关别代码+“TRAIN”);境内公路运输填报车名(主管海关4位关别代码+“TRUCK”)。

(3)采用“集中申报”通关方式办理报关手续的,报关单本栏目填报“集中申报”。

(4)无实际进出境的报关单,本栏目免予填报。

(十一)航次号

本栏目填报载运货物进出境的运输工具的航次编号。具体填报要求如下。

1. 直接在进出境地或采用“属地申报,口岸验放”通关模式办理报关手续的报关单。

(1)水路运输:填报船舶的航次号。

(2)公路运输:填报运输车辆的8位进出境日期,顺序为年(4位)、月(2位)、日(2位),下同。

(3)铁路运输:填报列车的进出境日期。

(4)航空运输:免予填报。

(5)邮件运输:填报运输工具的进出境日期。

(6)其他运输方式:免予填报。

2. 转关运输货物的报关单。

(1)进口。

①水路运输:中转转关方式填报“@”+进境干线船舶航次,直转、提前报关免予填报。

②公路运输:免予填报。

③铁路运输:“@”+8位进境日期。

④航空运输:免予填报。

⑤其他运输方式:免予填报。

(2)出口。

①水路运输:非中转货物免予填报。中转货物:境内水路运输填报驳船航次号;境内铁路、公路运输填报6位起运日期,顺序为年(4位)、月(2位)、日(2位),下同。

②铁路拼车拼箱捆绑出口:免予填报。

③航空运输:免予填报。

④其他运输方式:免予填报。

此外,无实际进出境的报关单,本栏目免予填报。

(十二)提运单号

本栏目填报进出口货物提单或运单的编号。

一份报关单只允许填报一个提单或运单号，一票货物对应多个提单或运单时，应分单填报。具体填报要求如下。

1. 直接在进出境地或采用“属地申报，口岸验放”通关模式办理报关手续的。

(1)水路运输：填报进出口提单号。如有分提单的，填报进出口提单号＋“*”＋分提单号。

(2)公路运输：免予填报。

(3)铁路运输：填报运单号。

(4)航空运输：填报总运单号＋“_”＋分运单号，无分运单的填报总运单号。

(5)邮件运输：填报邮运包裹单号。

2. 转关运输货物的报关单。

(1)进口。

①水路运输：直转、中转填报提单号，提前报关免予填报。

②铁路运输：直转、中转填报铁路运单号，提前报关免予填报。

③航空运输：直转、中转货物填报总运单号＋“_”＋分运单号，提前报关免予填报。

④其他运输方式：免予填报。

⑤以上运输方式进境货物，在广东省内用公路运输转关的，填报车牌号。

(2)出口。

①水路运输：中转货物填报提单号；非中转货物免予填报；广东省内汽车运输提前报关的转关货物，填报承运车辆的车牌号。

②其他运输方式：免予填报；广东省内汽车运输提前报关的转关货物，填报承运车辆的车牌号。

此外，采用“集中申报”通关方式办理报关手续的，报关单填报归并的集中申报清单的进出口起止日期按“年(4位)月(2位)日(2位)年(4位)月(2位)日(2位)”填报。无实际进出境的，本栏目免予填报。

(十三)贸易方式(监管方式)

本栏目应根据实际对外贸易情况按海关规定的《监管方式代码表》选择填报相应的监管方式简称及代码。一份报关单只允许填报一种监管方式。

特殊情况下加工贸易货物监管方式填报要求如下。

(1)进口少量低值辅料(即5 000美元以下，78种以内的低值辅料)按规定不使用《加工贸易手册》的，填报“低值辅料”；使用《加工贸易手册》的，按《加工贸易手册》上的监管方式填报。

(2)外商投资企业为加工内销产品而进口的料件，属非保税加工的，填报“一般贸易”；外商投资企业全部使用国内料件加工的出口成品，填报“一般贸易”。

(3)加工贸易料件结转或深加工结转货物，按批准的监管方式填报。

(4)加工贸易料件转内销货物以及按料件办理进口手续的转内销制成品、残次品、半成品，应填制进口报关单，填报“来料料件内销”或“进料料件内销”；加工贸易成品凭《征免税证明》转为减免税进口货物的，应分别填制进、出口报关单，出口报关单本栏目填报“来料成品减免”或“进料成品减免”，进口报关单本栏目按照实际监管方式填报。

(5)加工贸易出口成品因故退运进口及复运出口的，填报“来料成品退换”或“进料成品退换”；加工贸易进口料件因换料退运出口及复运进口的，填报“来料料件退换”或“进料料件退换”；加工贸易过程中产生的剩余料件、边角料退运出口，以及进口料件因品质、规格等原因退运出口且不再更换同类货物进口的，分别填报“来料料件复出”“来料边角料复出”“进料料件复出”“进料边角料复出”。

(6)备料《加工贸易手册》中的料件结转转入加工出口《加工贸易手册》的，填报“来料加工”或“进料加工”。

(7)保税工厂加工贸易进出口货物，根据《加工贸易手册》填报“来料加工”或“进料加工”。

(8)加工贸易边角料内销和副产品内销，应填制进口报关单，填报“来料边角料内销”或“进料边角料内销”。

(9)加工贸易进口料件不再用于加工成品出口，或生产的半成品(折料)、成品因故不再出口，主动放弃交由海关处理时，应填制进口报关单，填报“料件放弃”或“成品放弃”。

(十四)征免性质

本栏目应根据实际情况按海关规定的《征免性质代码表》选择填报相应的征免性质简称及代码，持有海关核发的《征免税证明》的，应按照《征免税证明》中批注的征免性质填报。一份报关单只允许填报一种征免性质。

加工贸易货物报关单应按照海关核发的《加工贸易手册》中批注的征免性

质简称及代码填报。特殊情况填报要求如下。

(1)保税工厂经营的加工贸易,根据《加工贸易手册》填报“进料加工”或“来料加工”。

(2)外商投资企业为加工内销产品而进口的料件,属非保税加工的,填报“一般征税”或其他相应征免性质。

(3)加工贸易转内销货物,按实际情况填报(如一般征税、科教用品、其他法定等)。

(4)料件退运出口、成品退运进口货物填报“其他法定”(代码0299)。

(5)加工贸易结转货物,本栏目免予填报。

(十五)征税比例/结汇方式

进口报关单本栏目免予填报。

出口报关单填报结汇方式,按海关规定的《结汇方式代码表》选择填报相应的结汇方式名称或代码。

(十六)许可证号

本栏目填报以下许可证的编号:进(出)口许可证、两用物项和技术进(出)口许可证、两用物项和技术出口许可证(定向)、纺织品临时出口许可证、出口许可证(加工贸易)、出口许可证(边境小额贸易)。

一份报关单只允许填报一个许可证号。

(十七)起运国(地区)/运抵国(地区)

起运国(地区)填报进口货物起始发出直接运抵我国或者在运输中转国(地区)未发生任何商业性交易的情况下运抵我国的国家(地区)。

运抵国(地区)填报出口货物离开我国关境直接运抵或者在运输中转国(地区)未发生任何商业性交易的情况下最后运抵的国家(地区)。

不经过第三国(地区)转运的直接运输进出口货物,以进口货物的装货港所在国(地区)为起运国(地区),以出口货物的指运港所在国(地区)为运抵国(地区)。

经过第三国(地区)转运的进出口货物,如在中转国(地区)发生商业性交易,则以中转国(地区)作为起运/运抵国(地区)。

本栏目应按海关规定的《国别(地区)代码表》选择填报相应的起运国(地

区）或运抵国（地区）中文名称及代码。

无实际进出境的，填报“中国”（代码142）。

（十八）装货港/指运港

装货港填报进口货物在运抵我国关境前的最后一个境外装运港。

指运港填报出口货物运往境外的最终目的港；最终目的港不可预知的，按尽可能预知的目的港填报。

本栏目应根据实际情况按海关规定的《港口航线代码表》选择填报相应的港口中文名称及代码。装货港/指运港在《港口航线代码表》中无港口中文名称及代码的，可选择填报相应的国家中文名称或代码。

无实际进出境的，本栏目填报“中国境内”（代码142）。

（十九）境内目的地/境内货源地

境内目的地填报已知的进口货物在国内的消费、使用地或最终运抵地，其中最终运抵地为最终使用单位所在的地区。最终使用单位难以确定的，填报货物进口时预知的最终收货单位所在地。

境内货源地填报出口货物在国内的产地或原始发货地。出口货物产地难以确定的，填报最早发运该出口货物的单位所在地。

本栏目按海关规定的《国内地区代码表》选择填报相应的国内地区名称及代码。

（二十）批准文号

进口报关单中本栏目免予填报。

出口报关单中本栏目填报出口收汇核销单编号。

（二十一）成交方式

本栏目应根据进出口货物实际成交价格条款，按海关规定的《成交方式代码表》选择填报相应的成交方式代码。

无实际进出境的报关单，进口填报CIF，出口填报FOB。

（二十二）运费

本栏目填报进口货物运抵我国境内输入地点起卸前的运输费用，出口货物运至我国境内输出地点装载后的运输费用。进口货物成交价格包含前述运输费用或者出口货物成交价格不包含前述运输费用的，本栏目免于填报。

运费可按运费单价、总价或运费率三种方式之一填报，注明运费标记（运费标记“1”表示运费率，“2”表示每吨货物的运费单价，“3”表示运费总价），并按海关规定的《货币代码表》选择填报相应的币种及代码。

运保费合并计算的，填报在本栏目。

（二十三）保费

本栏目填报进口货物运抵我国境内输入地点起卸前的保险费用，出口货物运至我国境内输出地点装载后的保险费用。进口货物成交价格包含前述保险费用或者出口货物成交价格不包含前述保险费用的，本栏目免于填报。

保费可按保险费总价或保险费率两种方式之一填报，注明保险费标记（保险费标记“1”表示保险费率，“3”表示保险费总价），并按海关规定的《货币代码表》选择填报相应的币种代码。

运保费合并计算的，本栏目免予填报。

（二十四）杂费

本栏目填报成交价格以外的、按照《中华人民共和国进出口关税条例》相关规定应计入完税价格或应从完税价格中扣除的费用。可按杂费总价或杂费率两种方式之一填报，注明杂费标记（杂费标记“1”表示杂费率，“2”表示杂费总价），并按海关规定的《货币代码表》选择填报相应的币种代码。

应计入完税价格的杂费填报为正值或正率，应从完税价格中扣除的杂费填报为负值或负率。

（二十五）件数

本栏目填报有外包装的进出口货物的实际件数。特殊情况填报要求如下。

（1）舱单件数为集装箱的，填报集装箱个数。

（2）舱单件数为托盘的，填报托盘数。

本栏目不得填报为零，裸装货物填报为“1”。

（二十六）包装种类

本栏目应根据进出口货物的实际外包装种类，按海关规定的《包装种类代码表》选择填报相应的包装种类代码。

（二十七）毛重（千克）和净重（千克）

1. 毛重（千克）。本栏目填报进出口货物及其包装材料的重量之和，计量单位为千克，不足1千克的填报为“1”。

2. 净重（千克）。本栏目填报进出口货物的毛重减去外包装材料后的重量，即货物本身的实际重量，计量单位为千克，不足1千克的填报为“1”。

（二十八）集装箱号

本栏目填报装载进出口货物（包括拼箱货物）集装箱的箱体信息。一个集装箱填一条记录，分别填报集装箱号（在集装箱箱体上标示的全球唯一编号）、集装箱的规格和集装箱的自重。非集装箱货物填报为“0”。

（二十九）随附单证

本栏目根据海关规定的《监管证件代码表》选择填报除本规范第十八条规定的许可证件以外的其他进出口许可证件或监管证件代码及编号。

本栏目分为随附单证代码和随附单证编号两栏。其中代码栏应按海关规定的《监管证件代码表》选择填报相应证件代码；编号栏应填报证件编号。

（1）加工贸易内销征税报关单，随附单证代码栏填写“c”，随附单证编号栏填写海关审核通过的内销征税联系单号。

（2）含预归类商品报关单，随附单证代码项下填写“r”，随附单证编号项下填写“××关预归类书××号”。

（3）优惠贸易协定项下进出口货物。“Y”为原产地证书代码。优惠贸易协定代码选择“01”“02”“03”“04”“05”“06”“07”“08”“09”填报。

“01”为“亚太贸易协定”项下的进口货物。

“02”为“中国—东盟自贸区”项下的进口货物。

“03”为“内地与香港紧密经贸关系安排”（香港CEPA）项下的进口货物。

“04”为“内地与澳门紧密经贸关系安排”（澳门CEPA）项下的进口货物。

“05”为“对非洲特惠待遇”项下的进口货物。

“06”为“台湾农产品零关税措施”项下的进口货物。

“07”为“中巴自贸区”项下的进口货物。

“08”为“中智自贸区”项下的进口货物。

"09"为"对也门等国特惠待遇"项下的进口货物。

具体填报要求如下。

①实行原产地证书联网管理的，随附单证代码栏填写"Y"，随附单证编号栏的"< >"内填写优惠贸易协定代码。例如香港 CEPA 项下进口商品，应填报为："Y"和"<03>"。一票进口货物中如涉及多份原产地证书或含有非原产地证书商品，应分单填报。

②未实行原产地证书联网管理的，随附单证代码栏填写"Y"，随附单证编号栏"< >"内填写优惠贸易协定代码 + "：" + 需证商品序号。例如《亚太贸易协定》项下进口报关单中第 1 到第 3 项和第 5 项为优惠贸易协定项下商品，应填报为："<01:1-3,5>"。

优惠贸易协定项下出口货物，本栏目填报原产地证书代码和编号。

（三十）用途／生产厂家

进口货物本栏目填报用途，应根据进口货物的实际用途按海关规定的《用途代码表》选择填报相应的用途代码。

出口货物本栏目填报其境内生产企业。

（三十一）标记唛码及备注

本栏目填报要求如下。

（1）标记唛码中除图形以外的文字、数字。

（2）受外商投资企业委托代理其进口投资设备、物品的进出口企业名称。

（3）与本报关单有关联关系的，同时在业务管理规范方面又要求填报的备案号，填报在电子数据报关单中"关联备案"栏。

加工贸易结转货物及凭《征免税证明》转内销货物，其对应的备案号应填报在"关联备案"栏。

减免税货物结转进口（转入），报关单"关联备案"栏应填写本次减免税货物结转所申请的《减免税进口货物结转联系函》的编号。

减免税货物结转出口（转出），报关单"关联备案"栏应填写与其相对应的进口（转入）报关单"备案号"栏中《征免税证明》的编号。

（4）与本报关单有关联关系的，同时在业务管理规范方面又要求填报的报关单号，填报在电子数据报关单中的"关联报关单"栏。

加工贸易结转类的报关单，应先办理进口报关，并将进口报关单号填入出口报关单的“关联报关单”栏。

办理进口货物直接退运手续的，除另有规定外，应当先填写出口报关单，再填写进口报关单，并将出口报关单号填入进口报关单的“关联报关单”栏。

减免税货物结转出口（转出），应先办理进口报关，并将进口（转入）报关单号填入出口（转出）报关单的“关联报关单”栏。

（5）办理进口货物直接退运手续的，本栏目填报《准予直接退运决定书》或者《责令直接退运通知书》编号。

（6）申报时其他必须说明的事项填报在本栏目。

（三十二）项号

本栏目分两行填报及打印。第一行填报报关单中的商品顺序编号；第二行专用于加工贸易、减免税等已备案、审批的货物，填报和打印该项货物在《加工贸易手册》或《征免税证明》等备案、审批单证中的顺序编号。

优惠贸易协定项下实行原产地证书联网管理的报关单，第一行填报报关单中的商品顺序编号，第二行填报该项商品对应的原产地证书上的商品项号。

加工贸易项下进出口货物的报关单，第一行填报报关单中的商品顺序编号，第二行填报该项商品在《加工贸易手册》中的商品项号，用于核销对应项号下的料件或成品数量。其中第二行特殊情况填报需按具体要求填写。

（三十三）商品编号

本栏目应填报由《中华人民共和国进出口税则》确定的进出口货物的税则号列和《中华人民共和国海关统计商品目录》确定的商品编码，以及符合海关监管要求的附加编号组成的10位商品编号。

（三十四）商品名称、规格型号

本栏目分两行填报及打印。第一行填报进出口货物规范的中文商品名称，第二行填报规格型号。具体填报要求如下。

（1）商品名称及规格型号应据实填报，并与进出口货物收发货人或受委托的报关企业所提交的合同、发票等相关单证相符。

（2）商品名称应当规范，规格型号应当足够详细，以能满足海关归类、审价及许可证件管理要求为准，可参照《中华人民共和国海关进出口商品规范申报目录》中对商品名称、规格型号的要求进行填报。

(3)加工贸易等已备案的货物,填报的内容必须与备案登记中同项号下货物的商品名称一致。

(4)对需要海关签发《货物进口证明书》的车辆,商品名称栏应填报"车辆品牌+排气量(注明cc)+车型(如越野车、小轿车等)"。进口汽车底盘不填报排气量。车辆品牌应按照《进口机动车辆制造厂名称和车辆品牌中英文对照表》中"签注名称"一栏的要求填报。规格型号栏可填报"汽油型"等。

(5)由同一运输工具同时运抵同一口岸并且属于同一收货人、使用同一提单的多种进口货物,按照商品归类规则应当归入同一商品编号的,应当将有关商品一并归入该商品编号。商品名称填报一并归类后的商品名称;规格型号填报一并归类后商品的规格型号。

(6)加工贸易边角料和副产品内销、边角料复出口,本栏目填报其报验状态的名称和规格型号。

(7)进口货物收货人以一般贸易方式申报进口属于《需要详细列名申报的汽车零部件清单》(海关总署2006年第64号公告)范围内的汽车生产件的,应按以下要求填报。

①商品名称填报进口汽车零部件的详细中文商品名称和品牌,中文商品名称与品牌之间用"/"相隔,必要时加注英文商品名称;进口的成套散件或者毛坯件应在品牌后加注"成套散件""毛坯"等字样,并与品牌之间用"/"相隔。

②规格型号填报汽车零部件的完整编号。在零部件编号前应当加注"S"字样,并与零部件编号之间用"/"相隔,零部件编号之后应当依次加注该零部件适用的汽车品牌和车型。

汽车零部件属于可以适用于多种汽车车型的通用零部件的,零部件编号后应当加注"TY"字样,并用"/"与零部件编号相隔。

与进口汽车零部件规格型号相关的其他需要申报的要素,或者海关规定的其他需要申报的要素,如"功率""排气量"等,应当在车型或"TY"之后填报,并用"/"与之相隔。

汽车零部件报验状态是成套散件的,应当在"标记唛码及备注"栏内填报该成套散件装配后的最终完整品的零部件编号。

(8)进口货物收货人以一般贸易方式申报进口属于《需要详细列名申报的汽车零部件清单》(海关总署2006年第64号公告)范围内的汽车维修件的,填报规格型号时,应当在零部件编号前加注"W",并与零部件编号之间用"/"

相隔；进口维修件的品牌与该零部件适用的整车厂牌不一致的，应当在零部件编号前加注“WF”，并与零部件编号之间用“/”相隔。其余申报要求同上条执行。

（三十五）数量及单位

本栏目分三行填报及打印。

（1）第一行应按进出口货物的法定第一计量单位填报数量及单位，法定计量单位以《中华人民共和国海关统计商品目录》中的计量单位为准。

（2）凡列明有法定第二计量单位的，应在第二行按照法定第二计量单位填报数量及单位。无法定第二计量单位的，本栏目第二行为空。

（3）成交计量单位及数量应填报并打印在第三行。

（4）法定计量单位为“千克”的数量填报，特殊情况下填报要求如下。

①装入可重复使用的包装容器的货物，应按货物扣除包装容器后的重量填报，如罐装氧气及类似品等。

②使用不可分割包装材料和包装容器的货物，按货物的净重填报（即包括内层直接包装的净重重量），如采用供零售包装的罐头、化妆品、药品及类似品等。

③按照商业惯例以公量重计价的商品，应按公量重填报，如未脱脂羊毛、羊毛条等。

④采用以毛重作为净重计价的货物，可按毛重填报，如粮食、饲料等大宗散装货物。

⑤采用零售包装的酒类、饮料，按照液体部分的重量填报。

（5）成套设备、减免税货物如需分批进口，货物实际进口时，应按照实际报验状态确定数量。

（6）根据《商品名称及编码协调制度》归类规则，零部件按整机或成品归类的，法定计量单位是非重量的，其对应的法定数量填报“0.1”。

（7）具有完整品或制成品基本特征的不完整品、未制成品，根据《商品名称及编码协调制度》归类规则应按完整品归类的，按照构成完整品的实际数量填报。

（8）加工贸易等已备案的货物，成交计量单位必须与《加工贸易手册》中同项号下货物的计量单位一致，加工贸易边角料和副产品内销、边角料复出口，本栏目填报其报验状态的计量单位。

(9)优惠贸易协定项下进出口商品的成交计量单位必须与原产地证书上对应商品的计量单位一致。

(10)法定计量单位为立方米的气体货物,应折算成标准状况(即摄氏零度及1个标准大气压)下的体积进行填报。

(三十六)原产国(地区)/最终目的国(地区)

原产国(地区)应依据《中华人民共和国进出口货物原产地条例》《中华人民共和国海关关于执行〈非优惠原产地规则中实质性改变标准〉的规定》以及海关总署关于各项优惠贸易协定原产地管理规章规定的原产地确定标准填报。同一批进口货物的原产地不同的,应分别填报原产国(地区)。进口货物原产国(地区)无法确定的,填报"国别不详"(代码701)。

最终目的国(地区)填报已知的出口货物的最终实际消费、使用或进一步加工制造国家(地区)。不经过第三国(地区)转运的直接运输货物,以运抵国(地区)为最终目的国(地区);经过第三国(地区)转运的货物,以最后运往国(地区)为最终目的国(地区)。同一批出口货物的最终目的国(地区)不同的,应分别填报最终目的国(地区)。出口货物不能确定最终目的国(地区)时,以尽可能预知的最后运往国(地区)为最终目的国(地区)。

本栏目应按海关规定的《国别(地区)代码表》选择填报相应的国家(地区)名称及代码。

(三十七)其他项目

(1)单价。本栏目填报同一项号下进出口货物实际成交的商品单位价格。无实际成交价格的,本栏目填报单位货值。

(2)总价。本栏目填报同一项号下进出口货物实际成交的商品总价格。无实际成交价格的,本栏目填报货值。

(3)币制。本栏目应按海关规定的《货币代码表》选择相应的货币名称及代码填报,如《货币代码表》中无实际成交币种,需将实际成交货币按申报日外汇折算率折算成《货币代码表》列明的货币填报。

(4)征免。本栏目应按照海关核发的《征免税证明》或有关政策规定,对报关单所列每项商品选择海关规定的《征减免税方式代码表》中相应的征减免税方式填报。

加工贸易货物报关单应根据《加工贸易手册》中备案的征免规定填报;《加

工贸易手册》中备案的征免规定为“保金”或“保函”的，应填报“全免”。

(5)税费征收情况。本栏目供海关批注进(出)口货物税费征收及减免情况。

(6)录入员。本栏目用于记录预录入操作人员的姓名。

(7)录入单位。本栏目用于记录预录入单位名称。

(8)填制日期。本栏目填报申报单位填制报关单的日期。本栏目为8位数字，顺序为年(4位)、月(2位)、日(2位)。

(9)海关审单批注及放行日期(签章)。本栏目供海关作业时签注。

本规范所述尖括号“<　>”、逗号“,”、连接符“-”、冒号“:”等标点符号及数字，填报时都必须使用非中文状态下的半角字符。

(三十八)相关用语的含义

报关单录入凭单：指申报单位按报关单的格式填写的凭单，用作报关单预录入的依据。该凭单的编号规则由申报单位自行决定。

预录入报关单：指预录入单位按照申报单位填写的报关单凭单录入、打印由申报单位向海关申报、海关尚未接受申报的报关单。

报关单证明联：指海关在核实货物实际进出境后按报关单格式提供的，用作进出口货物收发货人向国税、外汇管理部门办理退税和外汇核销手续的证明文件。

第二节　外汇核销

2011年9月，国家外汇管理局、国家税务总局、海关总署联合出台《关于货物贸易外汇管理制度改革试点的公告》(国家外汇管理局公告2011年第2号)，规定从2011年12月1日起，改革我国货物贸易外汇管理制度，取消出口收汇核销手续，并在江苏、山东、湖北、浙江(不含宁波)、福建(不含厦门)、大连、青岛6个省(市)进行试点，其试点地区企业申报退税不再提供纸质出口收汇核销单。随后，国家税务总局又出台《关于货物贸易外汇管理制度改革试点后有关出口退税问题的通知》(国税函〔2011〕643号，以下简称《通知》)，明确了取消出口收汇核销单后的政策规定。自2012年8月1日起，取消出口收汇核销单打破了办理出口退(免)税的传统模式，标志着我国出口货物无纸化退(免)税模式已初步形成。

一、新模式下的相关规则

改革后,简化了货物贸易外汇管理方式,取消出口收汇核销单(以下简称核销单),企业不再办理出口收汇核销手续。国家外汇管理局分支局(以下简称外汇局)对企业的贸易外汇管理方式由现场逐笔核销改变为非现场总量核查。外汇局通过货物贸易外汇监测系统,全面采集企业货物进出口和贸易外汇收支逐笔数据,定期比对、评估企业货物流与资金流总体的匹配情况,便利合规企业贸易外汇收支;对存在异常的企业进行重点监测,必要时实施现场核查。

对企业实施动态分类管理,外汇局根据企业贸易外汇收支的合规性及其与货物进出口的一致性,将企业分为 A、B、C 三类。A 类企业进口付汇单证简化,可凭进口报关单、合同或发票等任何一种能够证明交易真实性的单证在银行直接办理付汇,出口收汇无须联网核查;银行办理收付汇审核手续相应简化。对 B、C 类企业在贸易外汇收支单证审核、业务类型、结算方式等方面实施严格监管,B 类企业贸易外汇收支由银行实施电子数据核查,C 类企业贸易外汇收支须经外汇局逐笔登记后办理。

外汇局根据企业在分类监管期内遵守外汇管理规定的情况,进行动态调整。A 类企业违反外汇管理规定将被降级为 B 类或 C 类;B 类企业在分类监管期内合规性状况未见好转的,将延长分类监管期或被降级为 C 类;B、C 类企业在分类监管期内守法合规经营的,分类监管期满后可升级为 A 类。外汇局对企业的分类监管流程见图 10 - 1。

调整出口报关流程,自改革之日起,企业办理出口报关时不再提供核销单。货物贸易外汇监测系统(企业版)开放时间为:工作日 8:00—20:00。

二、企业外汇核销操作步骤

(1)企业首先到已开通网上申报业务的银行网点(目前仅参加试点的中国银行和工商银行各网点可以办理该项业务)申请开通网上申报。

小提示

自 2009 年 5 月 18 日起,在中国银行、工商银行办理涉外收入、核销项下境内收款业务的企业,可以通过外汇金宏系统(企业版)办理国际收支申报信息和核销专用信息的网上申报。

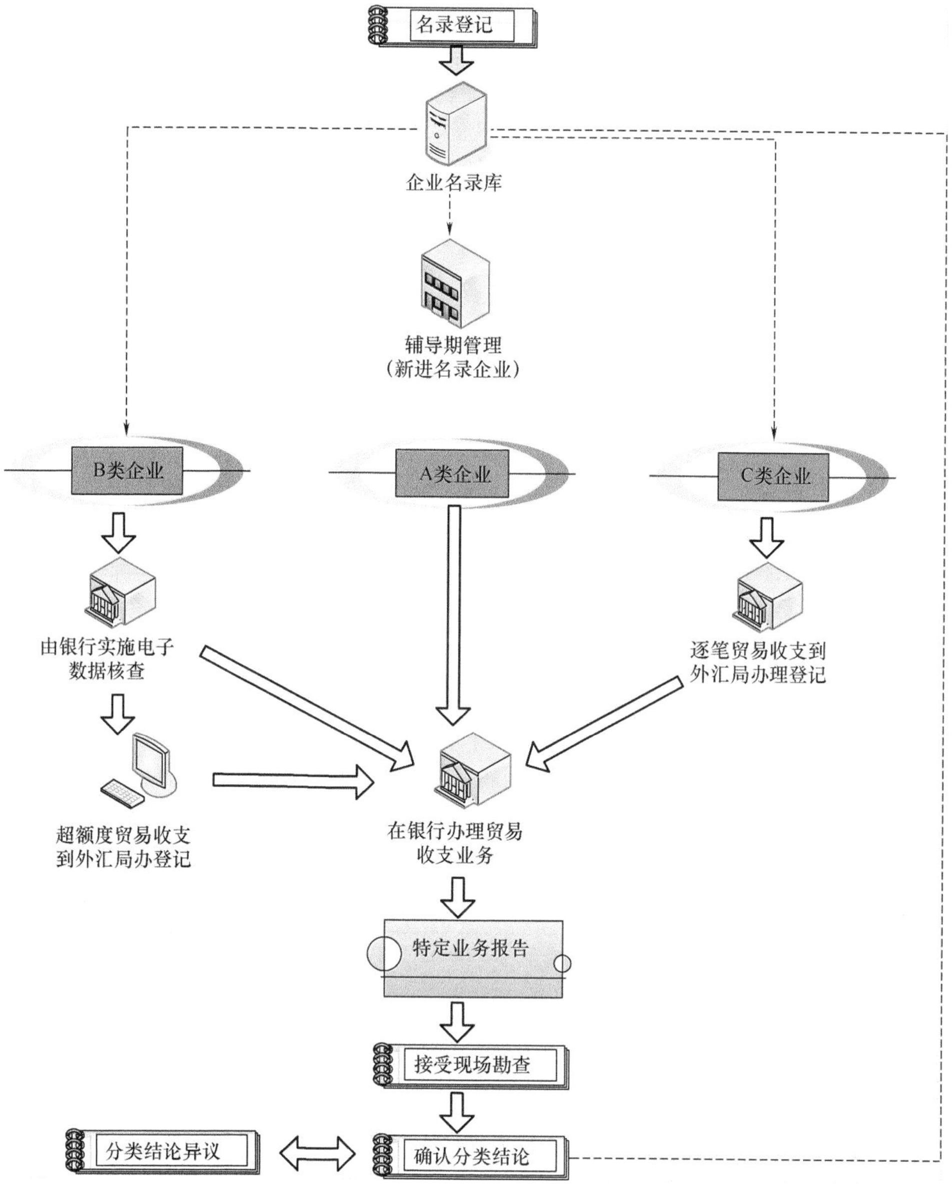

图 10－1　外汇局对企业分类监管流程图

(2)企业登录货物贸易外汇监测系统(企业版),即可在网上进行外汇管理申报。

(3)企业登录系统后,在预付货款报告项内进行进口业务预付外汇申报,在预收货款报告项内进行出口业务预收外汇申报。

制单题

光明半导体(天津)有限公司(1212940057)使用进料加工手册(手册号C02019453687)委托天津市永诚世佳国际货运代理有限公司于2015年2月2日对其合同项下的出口货物"发光二极管"向天津机场海关(0207)报关。法定计量单位为:个/千克。根据给定的商业发票、装箱单和提单信息,尝试填制报关单据。

COMMERCIAL INVOICE

Seller: KWANGMYUNG SEMI CONDUCTOR (TIANJIN) CO.,LTD. JINNAN ECONOMIC DEVELOPMENT AREA TIANJIN,CHINA TEL:86-22-88516111 FAX:86-22-88516112		Invoice No. & Date KM-10-PL-078 FEB.02.2015 L/C No:&Date Contract No: 核销单号:743003363 C02019453687			
Consignee: SEOUL SEMICONDUCTOR CO.,LTD. 727-5 WONSI-DONG ANSAN-CITY KYUNGGI-D KOREA REPUBLIC TEL:31-492-8197		SAME AS CONSIGNEE			
Departure Date: FOB.02.2015	Vessel/Flight BY AIR	Other Reffer ences Origin : REPUBLIC OF CHINA			
From: TIANJIN,CHINA	To: INCHON,KOREA	Terms Of Delivery and Payment FOB TIANJIN			
No:	Sepcifcation	QTY (PCS)	Unit Price (USD)	Amount (USD)	Processing
	LED				
	LY530	10,000	0.0900	900.00	
TOTAL:		10,000		900.00	

到鞍山TL事业部
手册第9项

GUANGMING SEMI CONDUCTOR(TIANJIN) CO. LTD.

Signed By ______________________

PACKING LIST

Seller: KWANGMYUNG SEMICONDUCTOR (TIANJIN) CO.,LTD. JINNAN ECONOMIC DEVELOPMENT AREA TIANJIN, CHINA TEL:86-22-88516111 FAX:86-22-88516112		Invoice No. & Date KM-10-PL-078 FEB.02.2015				
Consignee: SEOUL SEMI CONDUCTOR CO.,LTD. 727-5 WONSI-DONG ANSAN-CITY KYUNGGI-D KOREA REPUBLIC TEL:31-492-8197		L/C No:&Date Contract No: 核销单号：743003363 C02019453687				
		Buyer (If Other Consignee) SAME AS CONSIGNEE				
Departure Date: FOB.02.2015	Vessel/Flight BY AIR	Other Refferences Origin : REPUBLIC OF CHINA				
From: TIANJIN CHINA	To: INCHON, KOREA	Terms of Delivery and Payment FOB TIANJIN				
GUANGMING SEMI CONDUCTOR(TIANJIN) CO. LTD No:	Sepcifcation	Q'TY BOX	Netweight Kgs	Gross Weight kgs	Measurement (M3)	
N/M	LED					
	LY530	2	24	25	0.148	
TOTAL:		2C/T	24.0	25.0	0.148	

GUANGMING SEMI CONDUCTOR(TIANJIN) CO. LTD.

Signed By ______________________

988 | TSN | 31773626 　　　　　　　　　　YC20150050

Shipper's Name and Address	Shipper's Account Number	AirWay Bill (Not negotiable)
KWANGMYUNG SEMICONDUCTOR（TIANJIN）CO.,LTD. JINNAN ECONOMIC DEVELOPMENT AREA TIANJIN,CHINA TEL:86-22-88516111 FAX:86-22-88516112		YONG CHENG SHI JIA INT'L FORWARDERS CO.,LTD Copies 1, 2 and 3 of this Air Waybill are originals and have the same validity
Consignee's Name and Address	**Consignee's Account Number**	It is agreed that the goods described herein are accepted in apparent good order and condition (except as noted) for carriage SUBJECT TO THE CONDITIONS OF CONTRACT ON THE REVERSE HEREOF. THE SHIPPER'S ATTENTION IS DRAWN TO THE NOTICE CONCERNING CARRIER'S LIMITATION OF LIABILITY. Shipper may increase such limitation of liability by declaring a higher value for carriage and paying a supplemental charge if required.
SEOUL SEMICONDUCTOR CO, LTD. 727-5 WONSI-DONG ANSAN-CITY KYUNGGI-D KOREA REPUBLIC TEL:31-492-8197		
Issuing Carrier's Agent Name and City		**Mawb #** 　　Accounting information
FREEWAY INTERNATIONAL CO.,LTD. TEL:02-325-9111 FAX:02-325-9220/3		Issued by FREIGHT COLLECT
Agent's IATA Code	**Account No.**	
Airport of Departure(Addr.of first carrier) and requested Routing TIANJIN AIRPORT		

To	By first carrier	Routing & Destination	To	By	To	By	Currency	Chgs Code	WT/VAL PP	WT/VAL CC	Other PP	Other CC	Declared Value for Carriage	Declared Value for Customs
ICN	OZ						CNY			C		C	N.V.D.	N.C.V

Airport of Destination	Flight/Date	Flight/Date	Amount of Insurance	INSURANCE-If Carrier offers insurance and such insurance is requested in accordance with conditions on reverse hereof.
INCHEON	OZ998	2-Feb		

Handling information

No.of Pieces RCP	Gross Weight	kg lb	Rate Class	Commodity	Chargeable Weight	Rate/Charge	Total	Nature and Quantity of Goods (incl. Dimensions or Volume)
2	26	K	M		31.0	AS ARRANGED		LED
SHIPPING MARKS: N/M					ALSO NOTIFY: SAME AS CONSIGNEE			INV NO: KM-10-PL-078 56*47*48CM/1CTN 43*44*30CM/1CTN

Prepaid	Weight Charge	Collect	Other Charges
	Valuation Charge		
	Tax		
	Total Other Charges Due Agent		
	Total Other Charges Due Carrier		Shipper certifies that the particulars on the face hereof are correct and that insofar as any part of the consignment contains dangerous goods such part is properly described by name and is in proper condition for carriage by air according to the applicable Dangerous Goods Regulations
Total Prepaid		Total Collect	
Currency Conversion Rate		CC Charges in Dest. Currency	FEB. 2,2015 　TIANJIN 　TSN-ICN Executed on (Date) At (Place) Signature of Issuing Carrier or its Agent
For Carriers Use Only At Destination		Charges at Destination	Total Collect Charges YC20150050

ORIGINAL 3 (FOR SHIPPER)

答案

海关出口货物报关单

预录入编号：　　　　　　　　　　海关编号：

出口口岸 津机场办 0207	备案号 C02019453687	出口日期 20150202	申报日期
经营单位 光明半导体（天津）有限公司 1212940057	运输方式 航空运输(5)	运输工具名称 OZ998	提运单号 98831773626
发货单位 光明半导体（天津）有限公司 1212940057	贸易方式 进料对口（0615）	征免性质 进料加工（503）	结汇方式 电汇
许可证号	运抵国（地区） 韩国（133）	指运港 仁川	境内货源地 天津津南其他
批准文号 743003363	成交方式 FOB	运费 [ ]/[ ]/[ ]	保费 [ ]/[ ]/[ ]
			杂费 [ ]/[ ]/[ ]
合同协议号	件数 2	包装种类 纸箱	毛重（公斤） 25
			净重（公斤） 24
集装箱号	随附单据		生产厂家

标记唛码及备注

项号	商品编号	商品名称、规格型号	数量及单位	最终目的国(地区)	单价	总价	币制	征免
1 /09	85414010	发光二极管 LY530	100000 个/24 千克	韩国（133）	0.09	900.00	美元	全免

税费征收情况

录入员 录入单位	兹声明以上申报无讹并承担法律责任	海关审单批注及放行日期(签章)
报关员	申报单位（签章）	审单　　审价
单位地址	（报关专用章）	征税　　统计
邮编　　电话	填制日期	查验　　放行

第二篇 制单员

第十一章　外贸发展新趋势

学习要点与要求

了解小额跨境贸易电子商务的基本含义和过程。

理解外贸发展的最新趋势。

Learning Objectives

Know the conception and basic procedure of small cross-border electronic commerce.

Formulate and address the newest trend of foreign trade.

第一节　小额跨境贸易电子商务

跨境贸易电子商务是电子商务的新兴分支,是不同国别或地区间的个人与企业通过互联网及其相关信息平台实现的商品交易行为,即跨国网络商品批发与零售。跨境贸易电子商务依据进出境货物流向,可分为出口和进口两大类。其中,跨境贸易电子商务出口是我国跨境贸易电子商务的主流,占我国跨境贸易电子商务交易额的95%以上。国际金融危机之后,传统"集装箱"式的大额贸易受到冲击,以跨境小额交易为代表的外贸电子商务却迎来发展的新契机。跨境贸易电子商务分为B2B和B2C两种主要形式。B2B在整个跨境贸易电子商务中的比重比较大,约占电子商务出口的80%。不过,2008年金融危机以来,这种模式正在逐渐发生变化。一是小额外贸B2B以其在线交易、周期较短、订单灵活的优势迅速崛起；二是由于在价格以及满足顾客个性化要求方面的独特优势，外贸 B2C 发展十分迅速。出口 B2C 约占外贸电子商务总量的 20%，成为跨境贸易电子商务中增长最为迅速的部分，年增长率达到 100%。跨境贸易电子商务的小额 B2B 和 B2C 在促进中小企业扩大国际市场、增强企业品牌意识、提升我国制造企业在国际供应链中的地位等方面都有着重大意义。

但是从目前来看，促成国际贸易"碎片化"趋势，却给海关监管带来了新的课题。由于小额 B2B 和 B2C 跨境贸易电子商务不同于境内电子商务，与现有一般出口贸易也存在差异，在出口过程中存在难以快速通关、规范结汇、享受退税等问题，在进口过程中，存在以非法进口渠道逃避海关监管，以及进口商品品质难以鉴别，消费者权益得不到保障等问题。这些问题已严重阻碍了跨境贸易电子商务的快速健康发展。如何将蓬勃发展的出口跨境 B2B 和 B2C 加以规范，并帮助中小企业通过跨境 B2B 和 B2C 做好做大，是值得深入研究的问题。

第二节　行业信息化、电子化、无纸化趋势

一、加强跨境电子通关试点工作

2012 年 2 月 6 日，国家发改委、海关总署等八部委局办公厅下发《关于促进电子商务健康快速发展有关工作的通知》（发改办高技〔2012〕226 号），指出"研究跨境贸易电子商务便利化措施，提高通关管理和服务水平。海关总署牵头，组织利用各示范城市的地方电子口岸平台资源，推动地方电子口岸开展跨境贸易电子商务服务，并在相关示范城市组织开展试点"。

2012 年 5 月 8 日，国家发改委办公厅下发《国家发展改革委办公厅关于组织开展国家电子商务示范城市电子商务试点专项的通知》（发改办高技〔2012〕1137 号）指出"针对以快件或邮件方式通关的跨境贸易电子商务存在难以快速通关、规范结汇及退税等问题，由海关总署组织有关示范城市开展跨境贸易电子商务服务试点工作。重点支持电子口岸建设机构完善跨境贸易电子商务综合服务系统，外贸电子商务企业建立在线通关、结汇、退税申报等应用系统。研究跨境电子商务相关基础信息标准规范、管理制度，提高通关管理和服务水平"。

通过云通关系统，可以实现历史报关资料查询、电子制单、网上委托、智能审单、无纸报关、云端存储等功能，方便快捷地进行通关。

二、传统报关与通关无纸化报关比较

免税单证:接单—EDI 申报—EDI 放行—现场申报—(查验)—现场放行—提货。

征税单证:接单—EDI 申报—EDI 放行—电子付税—现场申报—(查验)—签发税单—现场放行—提货。

通关无纸化免税单证:接单—EDI 申报—EDI 放行—提货(查验)。

通关无纸化征税单证:接单—EDI 申报—EDI 放行—电子付税—签发税单—提货(查验)。

三、第一批试点海关及业务范围

北京:空运进口业务。天津:海运进口业务。上海:海运进出口业务。黄埔:陆运转关进出口业务。宁波、杭州:转关进出口业务。福州:对台贸易进出口业务。青岛:海运出口业务。广州:空运出口业务。深圳:陆运口岸出口业务。拱北:陆运口岸进口业务。南京:特殊监管区域进出口业务。

第一批试点企业:部分 AA 类、A 类企业。

四、通关无纸化流程

(一)通关无纸化企业网上签约

通过电子口岸浏览器版网上签约系统,分别实现通关无纸化经营单位、电子口岸和海关的三方电子签约,申报单位、电子口岸和海关的三方电子签约。

经营单位或申报单位持法人卡登录浏览器版系统后,可与海关、电子口岸签署无纸通关协议。

(二)通关无纸化申报系统升级

适用对象为拟申请使用通关无纸化申报系统的具有报关单预录入申报资质且已完成中国电子口岸通关无纸化网上签约的单位。

中国电子口岸数据中心上海分中心(以下简称“上海分中心”)经上海海关授权,负责通关无纸化申报系统的用户管理工作。上海海关技术处(以下简称“技术处”)负责通关无纸化申报系统的运行管理和内外网数据交接等工作。上海亿通国际股份有限公司(以下简称“亿通公司”)受上海分中心委托,负责通关无纸化申报系统的客户端软件开发、海关外网部分的运行维护技术服务工作。

(三)代理报关电子委托

电子委托协议作为报关单随附单据中唯一的格式化数据,是本次通关无纸化改革的重要一环。

经营单位、申报单位持操作员卡登录浏览器版系统后,可实现双方代理报关委托签约。

(四)企业报关单电子随附单据上传

必传单证:发票、箱单、提运单(报关委托书)。

其他单据:合同、入境货物通关单、原产地证、征免税证明。

(五)未来趋势——"云报关"

云报关(Cloud Declaration),是由利科国际咨询集团"著云台"团队提出并开发的一款云计算平台应用软件。云报关是指在云计算基础上的报关服务,在云报关模式下,众多海关的服务数据及进出口单位的信息,都储存在云平台,客户只需根据各自的需要集中选择海关,输入相应的报关数据,支付相应的报关费用以及手续费,并接受海关的监管和检查等,从而节省了以前烦琐的程序、成本和时间。

第三篇　单证经理

第十二章 单证经理基础

学习要点与要求

了解单证经理需要具备的基本素质；

理解企业控制风险的基本手段，能够较灵活地运用这些手段，降低企业经营风险。

Learning Objectives

Know the basic quality of document manager.

Formulate and address the basic venture control skills. Identify and apply these skills to real world business operation.

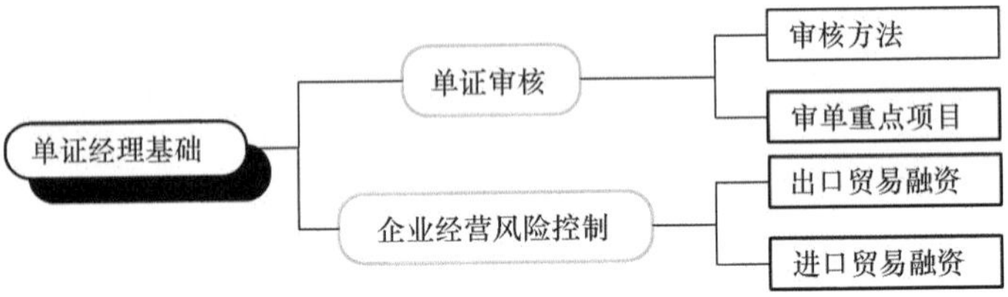

引例

进入下半年，节假日增多，一些供应商开始用种种理由向赛道公司催收货款。其中做西班牙服装单子的那家服装公司，订单不足，一大批工人开始放假。放假时很多职工需要结清工资和奖金。越是这个时候，公司现金流越是紧张，银行信贷也格外谨慎。“黄金周”长假期间，服装公司多次联系陈经理，让赛道公司向银行申请押汇先结算一部分货款救急，押汇利息可以由他们承担。陈经理其实也有这个想法，能押汇的话，就可以早日结汇，避免欧元下跌引发的利润损失,此时如何保证资金流安全、控制企业经营风险就显得尤为重要。

第一节　单据的审核

一、单证审核方法

(一)针对单套单据的审单方法

1."横审"(单证一致):首先,整理好各项单证,按图 12 -1 中间一列的顺序排列好,摆在正前方;然后,左边放置信用证文本,右边放置记录表。审单时先将各项单证一一地与信用证(横向箭头)核对,再按图中纵向箭头将单证互相核对。若发现有不一致或疑问的地方,则标记在右边的记录表中。

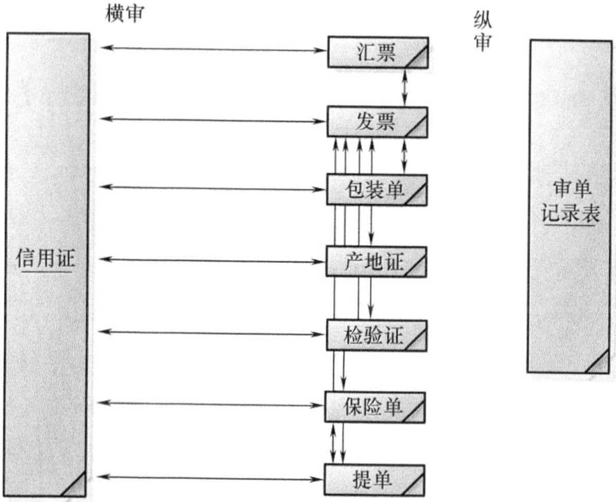

图 12 -1　单证一致的审单方法

2."纵审"(单单一致):横审完毕后,从诸单据中选择一份主要的单据(也称大单据,如商业发票或汇票),以其为中心,与其他单据逐一核对,做到其共有项目内容一致,签发日期合理,并将提单与保险单核对。对所有单据之间相同项目的一致性进行审核时,每发现一个不符点,均记录在审单记录表上,并在记录文字后写上"改""加""补"字样。待改妥单据后,将该字画圈表示不再有不符点。当全部需改的地方画圈、改妥后，即可交单。

审单完毕，出口商将单据交给银行，银行在确认“单证相符、单单一致”的情况下，应在正本信用证背面背书，注明承付/议付日期、金额、审单员签章、电话号码等内容。

（二）针对多套单据的审单方法

1. 即期装船审单法（The Checking-up of Documents for Prompt Shipment）。将航次安排、运输吞吐进度与审单进度相结合，以每航次货物装运日期先后依次进行审单，争取在提单签发之前完成预审，以便在取得正本提单后立即交单。即期装船审单法的特点是化整为零，将制、审、改单程序合为一体。

2. 分地区客户审单法。同一国别地区或同一客户对出口单据的要求基本相同，为了提高效率和质量，业务量较大的单位，可以采用分地区客户审单的工作方法。

二、审单的重点项目

（一）汇票审核要点（Check List for the Draft）

（1）汇票上的信用证号码是否正确。Ensure that the draft bears the correct Documentary Credit reference number.

（2）是否有出票日的记载。Ensure that it has a current date.

（3）出票人名称及签字是否与受益人的名称一致。Ensure that the signature and/or the name of the drawer corresponds with the name of the Beneficiary.

（4）汇票的付款人是否正确，不应以申请人作为汇票付款人。Ensure that draft is drawn on the correct drawee. It should not be drawn on the applicant.

（5）金额大小写是否一致。Ensure that the amount in figures and words correspond.

（6）汇票期限是否符合信用证要求。Ensure that the tenor is as required by the Credit.

（7）背书是否正确。Ensure that if it required an endorsement，it is properly endorsed.

（8）不能有限制性背书。Ensure that there are no restricted endorsements.

（9）是否包含信用证所要求的必需条款。Ensure that it contains any

necessary clauses as required by the Credit.

(10)金额是否超过信用证金额。Ensure that the amount drawn for does not exceed the balance available in the Credit.

(11)汇票金额与发票金额是否一致。Ensure that the value of the draft and the invoices corresponds.

(12)除非信用证授权,不能开立"无追索权"的汇票。Ensure that it is not drawn "without recourse" unless authorised by the Credit.

(二)发票审核要点(Check list for the Invoice)

(1)发票是否由受益人出具。Ensure that it is issued by the beneficiary.

(2)发票是否以申请人为抬头。Unless otherwise stipulated in the Credit, ensure that it is made out in the name of the applicant.

(3)货物描述和信用证的商品描述是否相符。Ensure that the description of the goods corresponds with the merchandise description in the Credit.

(4)是否对货物状况或价值有不利描述。Ensure that no additional detrimental description of the goods appears that may question their condition or value.

(5)是否对货物有"用过的""旧的""重新改造的""修整的"等批注。Banks will not accept the notation in the invoice that goods are "used" "second-hand" "rebuilt" "reconditioned" when not authorized by the Credit.

(6)发票上的货物细节、价格和条款是否与信用证一致。Ensure that the details of the goods, prices, and terms as mentioned in the Credit are included in the invoice.

(7)发票上的货币、面值是否与信用证一致。Ensure that the value of the invoice corresponds with that of the credit.

(8)如不允许分批装运,发票是否包括了信用证要求的整批装运货值。Ensure that invoice covers the complete shipment as required by the Credit if no part shipments are allowed.

(9)关于运输的内容是否与其他单据相符。Ensure that the information relative to the shipment, packaging, weight, freight charges, or other related charges corresponds with that appearing on the other documents.

(10)发票的份数是否符合信用证要求。Ensure that the correct number of

original(s) and copy(ies) is presented.

(三)运输单据审核要点(Check list for the B/L)

(1)确保提交全套的正本单据。Ensure that the full set of originals issued is presented.

(2)除非信用证另有授权,不能提交"租船合约"。Ensure that it is not a forwarder's transport documents unless it is authorized in the credit under UCP600 Article 20.

(3)运输单据的收货人必须符合信用证的规定。Ensure that the name of the consignee is as required in the credit.

(4)运输单据如果需要背书,应做好正确的背书。Ensure that if the transport document requires endorsement, it is appropriately endorsed.

(5)运输单据上载明托运人或其代理人的名称。Ensure that it bears the name of the shipper or his agent.

(6)确保运输单据的通知方的名称、地址(如果有的话)按信用证要求填写。Ensure that the name and address, if any, of the notifying party is as required in the credit.

(7)货物的描述应总体上与信用证的一致;唛头、数量以及其他的规格(如果有的话)必须与其他单据上的相同。Ensure that the description of the goods generally corresponds to the description of the goods as stated in the credit and that the marks and numbers as well other specifications, if any, are identical to those appearing on the other documents.

(8)确保运输单据上的"运费预付"或"运费到付"的显示与信用证的条款相符。Ensure that the indication of "freight prepaid" or "freight collect" as required by the terms of the credit appears on it.

(9)运输单据上没有能够使其成为"瑕疵"或"不清洁"的条款。Ensure that there are no clauses on the transport document that may render it "foul" or "unclear".

(10)应符合 UCP600 相关运输条款的一切其他条件。Ensure that all other conditions stipulated in the appropriate transport Articles of UCP600 are complied with.

（四）保险单据审核要点（Check list for insurance documents）

（1）确保提交与信用证相符的保险单、保险凭证、保险声明书。Ensure that the policy/certificate/declaration as required by the documentary credit is presented.

（2）提交签发的全套正本保险单据。Ensure that the full set of insurance document issued is presented.

（3）保险单据由保险公司、保险商或他们的代理人签发。Ensure that it is issued and signed by the insurance company or underwriter or their agents.

（4）保险单的签发日期或保险责任的生效日期最迟应在已装船或已发运或接受监管之日。Ensure that the date of issuance or date from which cover is effective at the latest from the date of loading on board or dispatch or taking in charge of the goods, as the case may be.

（5）保险金额必须符合信用证的规定或者符合 UCP600 相关条款的规定。Ensure that the value of the goods insured is as required by the documentary credit or as defined in related terms of UCP600.

（6）除非信用证另有规定，保险单据必须使用与信用证相同的货币出具。Ensure that it is issued in the same currency as the documentary credit, unless otherwise allowed in the documentary credit.

（7）对保险货物的描述必须与发票上的货物描述相符。Ensure that the goods description corresponds with that of the invoice.

（8）承包的责任应是从指定的装货港或接受监管点起到卸货港或交货点为止。Ensure that it covers the merchandise from the designated port of embarkation or point of taking in charge to port of discharge or point of delivery.

（9）已经投保了信用证规定的险别，并且险别都明确表示。Ensure that it cover the specified risks as stated in the documentary credit and that the risks are clearly defined.

（10）货物的描述、数量等内容必须与运输单据上的相关内容相符。Ensure that the marks and numbers etc. correspond with those of the transport document.

（11）如果被保险人的名称不是保兑行、开证行或者进口商，则应进行相应的背书。Ensure that if the assured named is other than the confirming bank, issuing bank or buyer, it bears the appropriate endorsement.

(12)保险单据上的所有其他资料必须与其他单据上所载明的一致。Ensure that all other information appearing on the document is consistent with that of the other documents.

(13)如果有任何更改,应当适当地证实。Ensure that if any alteration is noted in the document it is properly authenticated.

(五)产地证审核要点

(1)确认它是单一的单据,没有与其他单据联合。Ensure that it is a unique document and not combined with any other document.

(2)已按信用证的要求进行签字、公证、合法化、签证等。Ensure that it is signed, notarized, legalized, visaed as required by the documentary credit.

(3)产地证上的信息与其他单据上的记载相一致。Ensure that the data on it is consistent with that of the other documents.

(4)产地证上的产地国家被指定,并且符合信用证的要求。Ensure that the country of origin is specified, and that it meets the requirements of the documentary credit.

(六)重量单/证书的审核要点

(1)确保它是单一的单据,没有与其他单据联合。Ensure that it is a unique document and not combined with any other document.

(2)如果信用证要求证明书,或信用证有其他规定时,应经过签字。Ensure that it is signed if a certificate is called for, or as otherwise stated in the documentary credit.

(3)所有重量单/证书上的信息应与其他单据记载的相一致。Ensure that the data on it is consistent with that of the other documents.

(七)包装单的审核要点

(1)确保它是单一的单据,没有与其他单据联合。Ensure that it is a unique document and not combined with any other document.

(2)必须符合信用证的要求。一张详细的包装单应列出每件包装、纸箱等内容的清单以及其他有关资料。Ensure that it corresponds with the requirement of the documentary credit. A detailed packing list requires a list of contents of each package, canon, etc, and other relevant information.

(3)所有在包装单上的资料须与其他单据上的一致。Ensure that the data on it is consistent with that of the other documents.

(八)检验证书的审核要点

(1)确认由信用证上指定的检验机构(如果有的话)出具检验证书。Ensure that the inspection firm nominated in the documentary credit, if any, issued the certificate.

(2)确认已经签字。Ensure that it is signed.

(3)检验证书应符合信用证的检验要求。Ensure that the certificate complies with the inspection requirements of the documentary credit.

(4)除非信用证另有规定,检验证书不能包括有关货物、规格、品质、包装等不利的描述。Ensure that it contains no detrimental statement as to the goods, specification, quality, packaging, etc., unless authorized by the documentary credit.

(九)其他单据审核要点

信用证要求"证明书"的单据时,此单据必须经签字。It should be noted that when documentary credits require a document to be issued as a "certificate", the document must be signed.

第二节 企业经营风险控制

外贸企业在经营过程中,现金流相当于企业的血液,一个贸易循环其实质就是资金的流转。能否提高资金周转率是增强企业竞争力的重要途径之一,同时,外贸企业的经营风险很大程度上来源于现金流不足。

长效的风险管理机制主要包括以下三方面内容:第一,建立客户档案,实行动态管理机制(没有建立客户信用档案,不能分级授信,导致客户忠诚度不高,业务员的流失可能直接引起客户群的流失);第二,合同审核与管理;第三,应收账综合管理(出现逾期应收账款时处理方法不当和不力,导致账龄很长,回收可能性降低，最终由于债务人逃逸、破产倒闭或转移资产而导致事实坏账）。通过这些手段，能够达到制度化管理取代经验性决策的目的。

短期风险规避与转移的方法及手段主要包括：信用保险、银行保理和票据贴现、信用证结算、担保等，外贸企业可以通过手段达到牺牲部分利润换取风险转嫁的目的。

同时，外贸企业为了加速资金的流转，在贸易过程中通常使用的融资手段有以下几种。

一、出口贸易融资

国内出口商出运货物、取得全套正本运输单据后，需要根据不同支付方式办理交单、议付事项。托收和信用证项下，全套或部分正本运输单据连同其他所需单据一起提交给托收行和指定银行或寄单行办理索汇事项；汇付项下，根据出口商的内部风险管理制度办理寄单事项。无论何种支付方式，针对本币兑结算货币升值、本币利率高于结算货币利率等情况，国内出口商总要设法进行出口贸易融资，提前收汇或收款。主要的出口融资方式如下。

（一）订单融资

订单融资指国内出口商采用托收或汇付方式时，根据自身本币的需要，凭买卖双方签字的有效货物买卖合同向相关商业银行办理短期资金的融通业务。其简要流程如下。

（1）国内出口商取得融资银行的授信额度。

（2）与融资银行签订订单融资主协议。

（3）向融资银行提交订单融资申请书，提出融资申请。

（4）融资银行审核、通过后，发放订单融资款项。

（5）货物出运后，办理发票贴现、押汇、贴现等收汇/款后，用以归还订单融资款项。

（二）出口押汇

出口押汇指国内出口商采用即期跟单信用证或即期付款交单方式，货物出运后，以提交的出口单据项下应收款项为质押，向指定银行或寄单行或托收行办理相应的短期资金融通业务。其简要流程如下。

（1）国内出口商取得融资银行的贸易融资授信额度或融资银行有同业授信

额度。

（2）与融资银行签订贸易融资主协议。

（3）向融资银行提交全套索汇单据，并提交出口押汇申请书。

（4）融资银行审核、确认后，发放押汇款。

（5）融资银行索得货款后，直接归还押汇款。

（三）发票贴现

出口发票贴现（有的银行叫出口发票融资或出口风险参与融资或出口商业发票贴现等），是指贸易方式为赊销情况下，国内出口商履行出口交货义务后，向融资银行提交出口商业发票及其他需要的单据（如买卖合同、运输单据、报关单等），同时提出融资申请，并以出口应收货款作为还款来源的短期贸易融资业务。其简要流程如下。

（1）国内出口商取得融资银行的贸易融资授信额度。

（2）与融资银行签订贸易融资主协议。

（3）向融资银行提交已加注融资银行规定的转让条款的出口商业发票，以及买卖合同副本、运输单据副本等（少数融资银行要求由其向付款人寄单，如此，则提交全套正本索汇单据），同时提交出口发票融资申请书。

（4）融资银行审核、批准后，将相应款项划入申请人待核查账户，再凭申请人的出口收汇说明转出相应款项。

（5）申请人指示国外付款人将相应货款汇入融资银行，融资银行收款后扣除相应融资款项。

（四）保理融资

出口保理融资是指国内出口商在有效保理额度内、按照出口保理商的要求出口货物后，向出口保理商申请保理融资，出口保理商审核、确认后，向出口商预付一定比例的应收账款（一般为80%左右），余款待出口保理商全额收款后再付。其简要流程如下。

（1）通过出口保理商向进口保理商申请进口商的保理额度。

（2）进口保理商通过出口保理商核准保理额度。

（3）签订出口保理协议。

（4）出口货物发运后，国内出口商将应收账款转让给融资银行，提交融资银行要求的单据，包括但不限于注明出口保理商规定的转让条款的商业发票等，同时提交出口保理融资申请。

(5)融资银行审核、确认后,按应收账款的一定比例进行融资。

(6)融资银行到期收到应收账款后,扣除融资本息及相关费用后,将余款付给出口商。

(五)信用险限额内融资

出口信用险限额内融资是指国内出口商在中国出口信用保险公司(简称中信保)投保短期出口信用险,获其核准一定的信用限额,在该有效限额内出运货物后,将相应的信用保险赔款权益转让给融资银行,融资银行以该信用限额项下的出口应收账款为担保措施和第一还款来源,按照出口发票金额的一定比例予以融资的业务。其简要流程如下。

(1)国内出口商申请短期出口信用保险限额。

(2)融资银行对中信保核定贸易融资授信额度。

(3)国内出口商与融资银行签订贸易融资主协议。

(4)国内出口商、中信保及融资银行三方签订赔款转让协议。

(5)国内出口商向融资银行提交全套索汇单据(如需)及短期出口信用保险项下融资申请书。

(6)中信保向融资银行发出承保情况通知书。

(7)融资银行审核、批准后,发放融资款项。

(8)融资银行收到相应货款后,扣除融资本息,将余款付给国内出口商。

(六)出口贴现

出口贴现指国内出口商采用远期跟单信用证或远期托收方式,货物出运后,以提交的出口单据项下应收款项为质押,向指定银行或寄单行或托收行办理相应的短期资金融通业务。

其中,远期信用证项下汇票贴现是指银行根据客户的要求,在开证行或保兑行或其他指定银行对远期信用证项下的汇票承兑后,对该汇票进行有追索权的贴现。延期信用证项下应收款买入,是指银行根据客户的要求,在开证行或保兑行或其他指定银行确认延期信用证项下的付款到期日后,有追索权的买入该信用证项下应收款的行为。

（七）保付融资

保付融资是指，远期商业汇票（商业本票等其他远期票据也可办理保付业务，本书从略）到期前由进口商所在地的商业银行保付（通常针对 D/A，下文按 D/A 介绍简要流程）后，国内出口商据此办理有追索权或无追索权的贴现业务。其简要流程如下。

（1）国内出口商向融资银行提交 D/A 项下全套单据，包括远期商业汇票。

（2）融资银行可在托收指示中要求代收行保付本远期商业汇票后放单；也可由进口商主动向代收行申办保付业务。

（3）代收行向国内融资银行（托收行）发送加押保付报文。

（4）国内出口商与融资银行签订保付融资主协议，并向融资银行提交保付融资申请。

（5）融资银行审查、通过后，发放保付融资款项。

（6）融资银行到期收款后，扣除本息，余款付给申请人。

（八）打包贷款

打包贷款是指银行根据客户的要求，将以其为受益人的正本信用证留存，在提交单据前向其发放的用于该信用证项下备货的专用贷款。此类贷款的偿还来源是该信用证项下货物的出口收汇，各银行会根据客户的专项授信额度来决定其放款比例（如建行规定 AA 级及以上客户不超过信用证金额的 90%，A 级及以下客户不超过 80%）。其简要流程如下。

（1）国内出口商取得综合授信额度后，与融资银行签订贸易融资主协议。

（2）向融资银行提交正本信用证、外销合同、国内采购合同和打包贷款申请书等。

（3）融资银行审核、批准后，发放打包贷款，专款专用。

（4）信用证项下货物出运后，国内出口商及时向融资银行提交信用证规定的全套单据，可以叙做押汇/贴现/福费廷业务，用押汇/贴现/福费廷融资款归还打包贷款；也可以不叙做押汇/贴现/福费廷业务，等收到信用证项下货款后，再归还打包贷款。

（九）福费廷

福费廷也称包买票据或票据买断，是指银行根据客户或其他金融机构的要求,在开证行或保兑行或其他指定银行对信用证项下的款项作出付款承诺后,对该应收款进行无追索权的融资。债权形式包括:信用证、汇票、本票、有付款保函/备用信用证担保的债权、已投保信用险的债权及其他可接受的债权工具。福费廷的简要流程如下。

(1)国内出口商向包买商/行提交信用证或 D/A 项下全套单据。

(2)开证行、保兑行(如有)、代收行向包买商/行发送加押承兑/承付或保付报文。

(3)国内出口商提交福费廷业务申请,与包买商/行签订福费廷业务主协议。

(4)包买商/行审查、批准后,发放福费廷融资款项(扣除利息和已发生的银行费用,并预扣部分国外银行费用)。

(5)包买商/行到期收款后,扣还福费廷融资款项,并将余款付给申请人。

出口贸易融资产品流程图(进出口双方已签订商务合同)如图 12－2 所示。

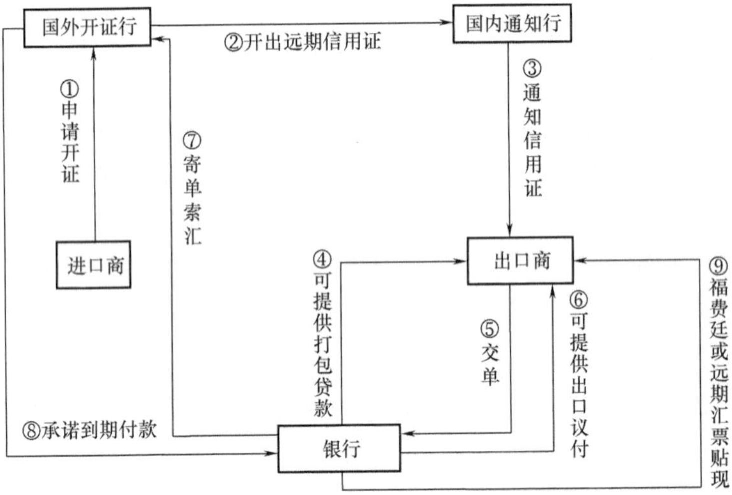

图 12－2　出口贸易融资产品流程图

二、进口货物贸易融资

国内进口商需要根据本币兑进口货物贸易结算货币升值、本币利率高于结算货币利率、内部资金需求等情况,针对不同支付方式,做最有利的进口贸易融资业务。

（一）进口押汇

进口押汇是指在我国进口货物贸易中，国内付款行（开证行/保兑行/代收行/汇出汇款行）应进口商（付款人）的合适的申请，向其提供的用于对外支付货款的一种短期融资产品，进口信用证、进口代收、汇出汇款等方式，进口商均可以申请进口押汇。其简要流程如下。

（1）国内进口商取得融资银行的贸易融资授信额度或综合授信额度。

（2）真实的进口货物基础交易背景（进口信用证或代收项下来单应付货款/货到付款或预付货款）。

（3）国内进口商与融资银行签订贸易融资主协议。

（4）向融资银行提交进口押汇申请。

（5）融资银行审核、批准后，发放押汇款项，直接用于对外支付。

（6）押汇到期日，国内进口商归还融资银行相应的押汇本息。

（二）海外代付

海外代付指，应国内进口商的代付申请，国内融资银行授权其海外分行（或关联行）或其代理行对国内进口商在进口信用证、进口代收、汇出汇款（限货到付款）项下的对外付款提供的短期代付融资便利。其简要流程如下。

（1）国内进口商取得融资银行的贸易融资授信额度或综合授信额度。

（2）真实的进口货物基础交易背景（进口信用证/进口代收/货到付款项下的应付款）。

（3）国内进口商与融资银行签订贸易融资主协议。

（4）国内进口商向融资银行提交代付申请及其他必要的单证（如信托收据等）。

（5）融资银行审核、批准后，授权其海外分行（或关联行）或其代理行代付相应的货款。

（6）代付到期日，国内进口商归还融资银行相应的代付本息。

（三）授信开证

国内商业银行根据授信额度申请人提供的抵押物、质押物和其资信状况等，核定一个相应的贸易融资授信额度和/或综合授信额度，供申请人在一定的时间内（通常为一年）循环使用或单次使用（债项授信或专项授信），申请人在额度内申请开证,可以不缴或少缴开证保证金。其简要流程如下。

(1)国内进口商向融资银行提出授信额度申请。

(2)融资银行审查、核准一定的授信额度。

(3)国内进口商办理核保手续,启用授信额度。

(4)国内进口商提交开证申请(有的开证行还须同时提交减免保证金申请)。

(5)融资银行审核通过后,开出相应的信用证。

(6)国内进口商付款后,相应的循环授信额度得到恢复。

(四)假远期信用证

假远期信用证,也称买方远期信用证,指开证行应开证申请人的合适申请,开出受益人即期收款、申请人远期付款的信用证,假远期信用证通常在证内注明:远期汇票,即期兑付,贴现利息由申请人承担条款(Usance draft shall be honored at sight, discounting interest is for account of the applicant)。其简要流程如下。

(1)国内进口商取得开证行的贸易融资授信额度或综合授信额度。

(2)向开证行提交假远期信用证开证申请。

(3)开证审核通过后,开出假远期信用证。

(4)受益人相符交单后,即期收款;申请人对开证行远期付款。

(5)融资到期日,申请人向开证行还本付息。

(五)提货担保

提货担保是指进口信用证项下的货物先于该证内相对应的正本提单到达卸货港口,开证行应进口商的合适申请,向船公司或其代理人出具书面担保,进口商据此先行提货,待收到正本提单后,再换回原书面担保进行销保的一种融资方式。

提单背书分为副本提单背书和 1/3 正本提单背书两种情况,前者是基于与提货担保同样的原因,应客户请求,银行对客户出示的副本提单(Non-negotiable Copy)进行背书以便于客户先行提货;后者是在正本提单以开证银行为抬头的情况下,在信用证规定的单据到达之前,应客户要求,为便于其提货,银行对客户提供的 1/3 正本提单进行背书的行为。

提货担保的简要流程如下。

（1）国内进口商取得融资银行的贸易融资授信额度或综合授信额度。

（2）向开证行提交提货担保申请。

（3）开证行审查通过后，开出提货担保。

（4）国内进口商凭提货担保向船公司或其代理人先行提货。

（5）国内进口商收到开证行转交的信用证项下全套单据（包括正本提单）后，用正本提单向船公司或其代理人换回提货担保，并将提货担保退还开证行进行销保。

进口贸易融资产品流程图（进出口双方已签订商务合同）如图 12-3 所示。

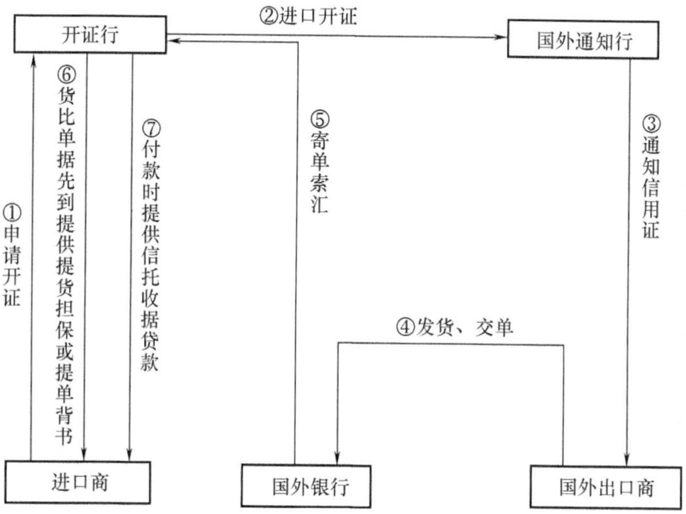

图 12-3　进口贸易融资产品流程图

案例分析题

1. 信用证规定汇票的票期做成“AT 60 DAYS AFTER B/L DATE”，受益人制作汇票时，严格按照信用证在汇票的付款期限一栏中打上了“AT 60 DAYS AFTER B/L DATE”。议付行提请受益人注意，汇票付款期限与信用证不符。受益人不解，称所注付款期限与信用证规定一字不差。后议付行请受益人参考 ISBP 第 43 条。查阅了 ISBP 后，受益人才知道汇票上的期限仅打成为 AT 60 DAYS AFTER B/L DATE 确实不符，实际上还应注明提单的日期。

（1）上述汇票的付款期限应该如何表示？

（2）信用证规定汇票的票期为提单日后××天，汇票为什么必须注提单日？

2. 某银行开来一SWIFT格式的信用证。41 D栏位为“available with any bank in China by negotiation”,42C栏位为“at 60 days after sight”,通知行为AA银行。

受益人备货制单后将单据交至AA银行。实务中信用证对收款人一般都不作要求,该信用证也没有对汇票收款人有具体规定,所以受益人按习惯做法将汇票的收款人做成了pay to order of AA Bank。这是一份自由议付信用证,AA行收到单据后办理了议付并向开证行寄单。开证行进行了承兑。开证申请人提货后发现受益人发运的货物是残次商品,于到期日前通过法院下达了止付令。AA行辩称,开证行已经承兑了汇票,从票据法的角度讲,开证行必须承担到期支付的责任,而且自己作为议付行已经议付了单据,并支付了对价,取代了受益人在信用证及承兑汇票项下的权利,成为正当持票人,理应得到偿付。但是开证行将汇票传真给议付行,称从汇票表面看,汇票的抬头是“pay to order of AA Bank”,AA银行不是正当持票人,只是收款人。

(1)AA银行是正当持票人吗?

(2)汇票抬头有几种?

答案

1. (1)如果提单日为2015年5月12日,计算出的到期日则为2015年7月11日,根据ISBP第43条,这套汇票的付款期限可以有五种表示方法:

①60 days after Bill of Lading date 12 May 2015;

②60 days after 12 May 2015;

③60 days after Bill of Lading date,同时在汇票上另外注明“Bill of Lading date 12 May 2015”;

④60 days date,但汇票的出票日须与提单日期相同;

⑤直接打上到期日11 July 2015。

(2)根据英国《1882票据法》,汇票的付款期限有即期、定期和可确定的将来日期。可确定的将来日期包括“出票后或见票后的一个固定期限”和“某一确定事件后定期”。所谓确定事件,意思是此事件必须是必然要发生的,虽然发生的时间目前不能确定。所以当信用证规定汇票要做成提单日后若干天时,仅在汇票上照样打上at ×× days after Bill of Lading date是不行的,还需注明提单日,以证明这是一个已经发生了的确定事件,同时还便于单凭汇票就可以计算出到期日,方便票据的流通。另外还要注意的是,这种汇票的出票日一定要迟于提单日或与提单同日。如果出票日早于提单日,严格地讲,票据是无效的,因为在这种情况下，提单的出具是将来发生的偶然事件，纵然该提单在出票日后确实出具了，也无法弥补票据的先天缺陷。

2.(1)正当持票人又称善意持票人，是经过转让、支付了对价而持有汇票的人。本案中的议付行虽然支付了对价，但是从票面记载看，只是一个收款人。根据《英国票据法》，汇票的议付是指汇票从一人转让给另一人，以使受让人成为持票人。汇票的收款人不能成为善意持票人，因为汇票总是签发给收款人的，而不是转让给收款人的。受让人取得票据是善意的，付了对价给转让人的，他才成为该票据及其所代表的全部财产的完全的合法所有人。所以，在议付信用证项下，如果信用证中指定的议付行同意凭合格的单据办理议付，汇票的收款人最好打成"pay to order of ourselves"，即做成受益人的指定人，然后再由受益人(即出票人)背书转让给议付银行，只有这样，议付行才能成为正当持票人，才能在发生因单据伪造、欺诈，法院下达止付令时，受到票据法的保护。

国内习惯于将汇票的收款人做成"pay to order of × × bank"，许多教科书也称汇票的付款人应该打成议付行，这是错误的理解。根据英国票据法的规定，汇票可以被签发给受票人或其指定人，也可以被签发给出票人或其指定人。

(2)汇票的抬头就是收款人，即接受票据款项的人。汇票的抬头有三种:限制性抬头，限制性抬头对汇票的收款人进行限制，限制转让或含有汇票不可转让的意图，这种汇票不能流通。指示性抬头，指示性抬头是出票人在汇票中指明可以由收款人或指定人收款，或者表示为某一特定的人作为收款人，且不包含禁止转让的意图。来人抬头则是汇票的抬头中不指明某人或其指定人。

第十三章　综合案例

学习要点与要求

了解套合式制单的基本内容；

掌握综合审单技能。

Learning Objectives

Know the basic content of sleeve type system.

Be familiar with the synthesize inspection skills.

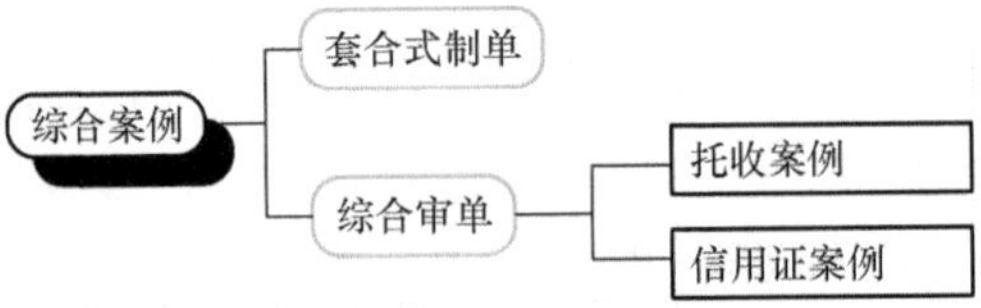

第一节　套合式制单

说明：将信用证和附加材料中适用的内容填在下方相应的栏目中，制作一套完整的单据。

MT S700　　ISSUE OF A DOCUMENTARY CREDIT　　PAGE 00001

APPLICATION HEADER　O 700 1641 100510 SABKJPJKPXXX 8292 778205 100510 1911 N

* SANWA BANK LTD

* TOKYO

SEQUENCE OF TOTAL　*27　: 1 / 1

FORM OF DOC. CREDIT　*40 A : IRREVOCABLE

DOC. CREDIT NUMBER *20 : 41 - 1902141 - 003
DATE OF ISSUE 31 C : 140510
APPLICABLE RULES *40 E : UCPURR LATEST VERSION
EXPIRY *31 D : DATE 140915 PLACE CHINA
APPLICANT *50 : SAKAI TRADING CO. LTD.
SANWA BLDG1 - 1 KAWARAMACH
2 - CHOME CHUO - KU OSAKA 541,
JAPAN
BENEFICIARY *59 : CHINA METALS AND MINERALS I/E CORP
123 DONG FANG EAST ROAD, SHANGHAI
CHINA
AMOUNT *32 B : CURRENCY USD AMOUNT 78.000,
POS. / NEG. TOL. (%) 39 A : 10 / 10
AVAILABLE WITH/BY *41 D : ANY BANK
BY NEGOTIATION
DRAFTS AT ... 42 C : SIGHT
DRAWEE 42 D : SANWA BANK LTD
NEW YORK
PARTIAL SHIPMENTS 43 P : ALLOWED
TRANSSHIPMENT 43 T : ALLOWED
PORT OF LOADING 44 E :
SHANGHAI CHINA
PORT OF DISCHARGE 44 F :
OSAKA/YOKOHAMA JAPAN
LATEST DATE OF SHIP. 44 C : 140831
DESCRIPT. OF GOODS 45 A :
200M3 OF CHINA GRANITE(G485 ROUGH BLOCKS) AT USD 390.00/M3
AS PER S/C 10MAF234
FOB SHANGHAI
DOCUMENTS REQUIRED 46 A :
- SIGNED COMMERCIAL INVOICE IN THREE COPIES.
- FULL SET OF CLEAN ON BOARD OCEAN B/L MADE OUT TO ORDER

AND BLANK ENDORSED MARKED "FREIGHT COLLECT" NOTIFY THE APPLICANT, TEL: 06 - 203 - 1003 AND DATED NOT LATER THAN AUG 31, 2014.

- PACKING LIST IN THREE COPIES.
- CERTIFICATE OF ORIGIN IN ONE COPY.

ADDITIONAL COND. 47 A :

1. INSURANCE TO BE EFFECTED BY BUYERS.
2. ALL THE DOCUMENTS ARE TO BE IN ENGLISH.

DETAILS OF CHARGES 71 B : ALL BANK CHARGES OUTSIDE JAPAN ARE TO THE ACCOUNT OF BENEFICIARY

PRESENTATION PERIOD 48 : 15 DAYS FROM THE DATE OF SHIPMENT BUT WITHIN EXPIRY DATE OF CREDIT

CONFIRMATION *49 : WITHOUT

REIMBURSING BANK 53 : SANWA BANK LTD
NEW YORK

INSTRUCTIONS 78 :

1. NEGOTIATING BANK MUST SEND DOCUMENTS TO US IN TWO CONSECUTIVE AIRMAILS AND DRAFTS TO DRAWEE BANK
2. WE SHALL PAY AS PER NEGOTIATING BANK INSTRUCTIONS ON RECEIPT OF DOCUMENTARY CREDIT CONFIRMED DOCUMENTS

"ADVISE THROUGH" 57 A : //
BKCHCNBJ200
*BANK OF CHINA
*SHANGHAI
*(SHANGHAI BRANCH)

SEND. TO REC. INFO. 72 :

TRAILER ORDER IS <MAC:> <PAC:> <ENC:> <CHK:> <TNG:> <PDE:>

发票号码	I/N123/10	发票日期	20140515	数　　量	64PCS
单位毛重	167.804KGS	单位净重	167.804KGS	单位尺码	0.749125M³
提单号码	BL/N456	提单签发日	20140531	装船日期	20140530
装货港		卸货港	YOKOHAMA	船名航次	YOUNGSTAR V.231E
集装箱号	1×40' CPIU2254836			封 箱 号	
海关编码	6802.2300				
唛　　头		包装情况			
SAKAI YOKOHAMA 1－64					

根据上面所给资料填制表 13－1，表格涉及贸易单据中经常会涉及的基础信息，包括基本信息、编号及日期、金额和费用、货物信息、运输信息、投保信息、出单地点七个部分。

表 13－1　套合式制单基础信息录入软件

填写完成之后，点击“套入单据”按钮，即可将所有信息自动套入相关单据，（如商业发票、装箱单、产地证、汇票、提单、保险单），并将单据上其余信息补充完整即可。填写示范如表 13－2 所示。

表 13－2　套合式制单基础信息录入示例

基本信息　编号及日期　金额和费用　货物信息　运输信息　投保信息　出单地点

开证行名称：SANWA BANK LTD, TOKYO	
受益人：CHINA METALS AND MINERALS I/E CORP	受益人地址：123 DONG FANG EAST ROAD, SHANGHAI, CHINA
申请人：SAKAI TRADING CO. LTD	申请人地址：SANWA BLDG1-1 KAWARAMACH 2-CHOME CHUO-KU OSAKA 541,JAPAN
托运人：CHINA METALS AND MINERALS I/E CORP	托运人地址：
收货人：ORDER	收货人地址：
到货被通知人：SAKAI TRADING CO. LTD	到货被通知人地址：SANWA BLDG1-1 KAWARAMACH 2-CHOME CHUO-KU OSAKA 541,JAPAN
汇票受款人：BANK OF CHINA	汇票付款人：SANWA BANK LTD NEW YORK
被保险人：	承运人：

第二节　综合审单

出口交货、收款过程中，或者进口付款、收货过程中，国内出口商和/或进口商在国际贸易时，时常碰到这样或那样的顺利或不顺利的情况，需要不断地对这些情况进行分析、总结，总结经验，吸取教训。下面选取一个托收案例和一个信用证案例，以便我们对国际贸易概况有更深刻的体会。

一、托收案例

2012 年 12 月 9 日，某公司委托中信银行合肥分行办理即期付款交单(D/P)索汇业务，托收指示中列明：发票 3 份，装箱单 3 分，正本提单 3 份，副本提单1份，一般原产地证书2份，普惠制原产地证书（格式A）1份。2012年12月15日，代收行通过SWIFT确认收到该托收单据，直到2014年5月30日，该公司才全额收汇。

（一）托收指示

中信银行合肥分行的托收指示内容如下：

中信银行

CHINA CITIC BANK

CHINA CITIC BANK HEFEI BRANCH

ADDRESS:560 MEILING ROAD HEFEI CHINA

SWIFT：CIBKCNBJ230

FAX：0086 - 551 2625766

COLLECTION INSTRUCTION

TO：MONTEAN DEI PASCHI SIENA　　DATE：2012 - 12 - 09

MONTEUURLO PRATO - ITALY

TEL：39 - 0574 - 653322 OUR REF NO：23000OC1202048

Dear Sir(s),

WE ENCLOSE THE FOLLOWING DOCUMENTS AS SPECIFIED HEREUNDER WHICH PLEASE COLLECT IN ACCORDANCE WITH THE INSTRUCTIONS INDICATED HEREIN.

<table>
<tr><td colspan="2">DRAWER'S INV NO.:ALS25DEA9016 - 1</td><td>DRAFT
AMOUNT：USD23,941.10</td></tr>
<tr><td colspan="2">DRAWER：
AHCOF INDUSTRIAL DEVELOPMENT CO., LTD</td><td>COLL
CHG：　USD0.00</td></tr>
<tr><td colspan="2">DRAWEE：
R. O. S. SAS</td><td>POST
CHG：　USD0.00</td></tr>
<tr><td colspan="2">TENOR：D/P AT SIGHT</td><td rowspan="2">TTL CLAIMED
AMOUNT：USD23,941.10</td></tr>
<tr><td>SHIPMENT DATE：</td><td>MATURITY：</td></tr>
</table>

DOCUMENTS ACCOMPANIED：

INV	P/L	B/L	NB/L	ORIG	GSP FORM A
3	3	3	1	2	1

DISPOSAL OF PROCEEDS UPON COLLECTION：

PLS PAY THE TOTAL AMOUNT TO JP MORGAN CHASE BANK, N. A. NEW YORK FOR CREDIT OUR ACCOUNT NO. 400937777 UNDER ADVICE TO US BY SWIFT QUOTING OUR REF. NO. 23000OC1202048.

SPECIAL INSTRUCTIONS AND/OR REMARKS:

· ALL YOUR BANKING CHARGES ARE TO BE BORNE BY THE DRAWEE.

· IN CASE OF A TIME BILL, PLEASE ADVISE US OF ACCEPTANCE GIVING MATURITY DATE.

· IN CASE OF DISHONOUR, PLEASE DO NOT PROTEST BUT ADVISE US REASONS OF NON-PAYMENT/NON-ACCEPTANCE BY TELEX, AND PENDING FURTHER INSTRUCTIONS FROM US.

· UNLESS OTHERWISE SPECIFIED, THE COLLECTION IS SUBJECT TO UNIFORM RULES FOR COLLECTIONS (ICC PUBLICATION NO. 522).

REMARKS:

THE DOCS SENT BY EXPRESS IN ONE LOT.

* YOUR BANKING CHARGES CAN NOT BE WAIVED. PLEASE DO NOT DELIVER DOCUMENTS, IF THE DRAWEE REFUSES TO PAY YOUR BANKING CHARGES AND COMMISSIONS ACCORDANCE TO UNIFORM RULES FOR COLLECTIONS (ICC 522) ARTICLE 21B.

Yours faithfully,

For CHINA CITIC BANK

BENJENY

Authorized Signature(s)

(二)货款风险分析

从以上23000OC1202048号托收指示及其随附的单据中可以看出:

(1)托收行向代收行提交了全套共3份正本提单。

(2)正本提单是由中远集装箱运输公司签发的,并且是指示性抬头。

(3)托收行指示代收行放单给付款人的条件是,代收行收到付款人全额托收货款(D/P AT SIGHT)。

(4)随附单据中包括付款人可以享受优惠关税的普惠制原产地证书格式A。

（三）催款报文

2012 年 12 月 15 日，代收行收到全套托收单据，直到 2014 年 5 月 30 日，公司才全额收汇，在此之前，公司多次直接向付款人催要货款，并通过托收行向代收行催要货款或退单，托收行与代收行之间的部分往来报文内容如下。

（1）托收行向代收行总行发出的报文如下。

日期「20140309」‖序号「030949900564」‖打印时间「14－03－0910:41」‖打印用户「null」‖业码「1」

HDCOPY * Own Address: CIBKCNBJ230 CHINA CITIC BANK (HEAD OFFICE)

HDCOPY *HEFEI

HDCOPY * Message Type: 499 Free Format Message

HDCOPY * Sent to: PASCITXXX BANCA MONTEAN PASCHI DI

HDCOPY *SIENA S. P. A. (HEAD OFFICE)

HDCOPY * MILANO

HDCOPY *

HDCOPY *重新打印，仅做副本使用！

HDCOPY *

HDCOPY * 20/Transaction Reference Number

HDCOPY * 23000OC1202048

HDCOPY * 21/Related Reference

HDCOPY * UNKNOWN

HDCOPY * 79/Narrative

PLS RELAY THE MSG TO BANCA MONTEAN PASCHI DISIENA MONTENURLO PRATO ITALY

PLS NOTE THE COLLECTION 23000OC1202048 USD23,941.10

DRAWEE R. O. S. SAS

DRAWER AHCOF INDUSTRIAL DEVELOPMENT CO., LTD.

WE HAVE NOT RECEIVED ANY PROCEEDS UP TO TODAY

PLS PAY THE AMOUNT OR RETURN DOCS AT ONCE.

HDCOPY *

Original Date:20140309 Original Sequence: 00909564

(2)代收行总行回复的报文如下。

日期「20140311」‖ 序号「031105897」‖ 打印时间「14－03－14 08:59」‖ 打印用户「null」‖ 业码「1」

RCVD * FIN/Session/OSN: F01 4118 897690

RCVD * Own Address: CIBKCNBJ230 CHINA CITIC BANK (HEAD OFFICE)

RCVD *HEFEI

RCVD * Input Message Type: 499 Free Format Message

RCVD * Input Date/Time: 140311/1507

RCVD * MIR: 140311PASCITXXXAXXX8120310235

RCVD * Sent by: PASCITXXX BANCA MONTEAN PASCHI DI

RCVD * SIENA S. P. A.

RCVD * MILANO

RCVD * Output Date/Time: 140311/2207

RCVD * Priority: Normal

RCVD * MUR:

RCVD *

RCVD * 20/Transaction Reference Number

RCVD * 022901EE76387

RCVD * 21/Related Reference

RCVD * 022901EE76387

RCVD * 79/Narrative

WE REFER TO OUR DOCS COLL:

022909II71391 USD23,941.10 PAYMENT AT SIGHT REF 23000OC0902048

DRAWER AHCOF INDUSTRIAL DEVELOPMENT CO., LTD.

DRAWEE R. O. S. SAS

AS PER AGREEMENT BETWEEN DRAWER AND DRAWEE, THE PAYMENT WILL BE EFFECTED AFTER SIX MONTH FROM TODAY.

THANKS FOR YOUR COOPERATION.

BEST REGARDS.

RCVD *

Original Date:20140311 Original Sequence: 05897

以上仅列举了托收行向代收行总行发出的催款/退单的一个报文及其回复报文，事实上，托收行向代收行多次发出催要货款或退单报文，但代收行大都不予回复，也不退单。公司取不回正本提单及其他托收单据，无法转卖该批出口货物，也无法向保险公司提交短期出口信用保险索赔所需的单据，只能转而与国外进口商商量、处理，最终虽全额收款，但毕竟承担了一年多的利息及人民币兑美元的升值损失。

（四）经验总结

国内出口商在采用即期付款交单（D/P AT SIGHT）方式时，需要采取合适的风险预防措施。

1. 调查国外进口商资信。不仅通过日常业务往来了解国外进口商的习惯商业作风、资信状况，还需要通过专业信用调查机构进行定期或不定期的、全面的资信调查，对资信不佳的国外进口商，国内出口商不宜采用商业信用性质的支付方式，包括付款交单（D/P）。

2. 托收单据中包括物权凭证。既然是即期付款交单，就要国外进口商要么付款赎单，要么放弃货物，国内出口商只要持有船公司签发的、指示性抬头的全套正本提单，是可以控制相应的货物的，即控制货款和货物两者之一。

3. 选择合适的代收行。代收行的选择至关重要，URC522 第五条 d 款规定 "For the purpose of giving effect to the instructions of the principal, the remitting bank will utilise the bank nominated by the principal as the collecting bank. In the absence of such nomination, the remitting bank will utilize any bank of its own, or another bank's choice in the country of payment or acceptance or in the country where other terms and conditions have to be complied with." 显然，托收行可以使用委托人（出口商）指定的银行作为代收行，然而，出口货物贸易实务中，代收行基本是由国外进口商指定的，因此，国内出口商需要对国外客户指定的代收行进行甄别，最好选择在我国有分行的国外银行作为代收行或与托收行有一级代理行协议的国外银行作为代收行，不能选择名不见经传的小银行作为代收行。本托收案例中，正因为代收行规模小、没有完全遵守 URC522 的相关规定，才使国内公司推迟收汇，且不能采取其他有效的应变措施。

(4) 投保 O/A 30 天短期出口信用险。投保 O/A 30 天短期出口信用险的费率比 D/P 即期的费率要高不少，但在中信保短期出口信用保险承保风险内的损失，国内出口商就 O/A 30 天的索赔十分方便；就 D/P AT SIGHT 的索赔则要求很高，一旦代收行违背托收指示擅自放单给付款人，付款人进而据此提走相应的货物，就不在中信保的赔偿范围内。

(5)预收部分定金。国内出口商接受即期付款交单(D/P AT SIGHT)，大大方便了国外进口商，向国外进口商争取部分预付货款，一般不会有难度，只是预收比例需要双方商定，预先收取部分货款，就是为了弥补可能发生的退货、转卖等产生的损失。

二、信用证案例

2013 年 1 月 22 日，ABC 公司收到信用证的开证行发给中行安徽省分行的拒付报文，经与信用证申请人联系，申请人同意放弃不符点，该公司按时全额收汇(开证行正常扣费除外)，具体情况如下。

信用证原文如下，请尝试审核。

2012DEC04 08:37:48 Logical Terminal P114

MT S700 Issue of a Documentary Credit Page 00001

Func AHHQP7XX

MSGACK DWS765I Auth OK, key DIGEST, BKCHCNBJ UNCRITMM record

Basic Header F 01 BKCHCNBJA780 1825 250555

Application Header O 700 1545 091203 UNCRITMMBXXX 2728 972916 121203 2246 N

* UNICREDIT S. P. A.

* MILANO

User Header Service Code 103:

Bank Priority 113:

Msg User Ref. 108: S0000759547

Info. From CI 115:

Sequence of Total	*27 :	1 / 1
Form of Doc. Credit	*40A :	IRREVOCABLE
Doc. Credit Number	*20 :	411231203379
Date of Issue	31C :	121203
Applicable Rules	*40E :	UCP LATEST VERSION
Expiry	*31D :	Date 121228 Place NAPLES, ITALY(1)

Applicant Bank	51D	:	UNICREDIT BANCA DI ROMA SPA C. ESTCAMPANIA
Applicant	*50	:	MN GRUPPO TESSILE IMPORT EXPORT SRL CIS ISOLA 5 538 80035 NOLA NAITALY
Beneficiary	*59	:	ABC INDUSTRIAL DEVELOPMENT CO., LTD. 14F,SUNON PLAZA, NO.389, JINZHAI ROAD,HEFEI, CHINA
Amount	*32B	:	CURRENCY USD Amount 96,250.
Pos./Neg. Tol. (%)	39A	:	05 / 05(2)
Available with/by	*41A	:	UNCRITMM *UNICREDIT S. P. A. (3) *MILANO BY DEF PAYMENT
Deferred Paym. DET.	42P	:	AT 120 DAYS AFTER B/L DATE
Partial Shipments	43P	:	PROHIBITED(4)
Transshipment	43T	:	PROHIBITED
Port of Loading	44E	:	SHANGHAI PORT, CHINA
Port of Discharge	44F	:	NAPOLI PORT, ITALY BY SEA
Latest Date of Ship.	44C	:	121214
Description of Goods	45A	:	

ABOUT 77000 MTS DI TESSUTO (5) ART. KP 1282 96PCT RAYON, 4PCT SPANDEX

KNIT JERSEY 180G/M2 WIDTH 160CM

AS PER PROFORMA INVOICE NO. 9339 DTD 23NOV2012 FOR TOTAL AMOUNT OF USD 96250.00 CIF NAPOLI PORT, AS PER INCOTERMS 2000 (6)

Documents Required 46A :

1) SIGNED AND DATED COMMERCIAL INVOICE IN TRIPLICATE

2) PACKING LIST IN TRIPLICATE

3) WEIGHT LIST IN TRIPLICATE

4) FULL SET 3/3 OF CLEAN ON BOARD OCEAN (7)BILL OF LADING ISSUED TO THE ORDER AND BLANK ENDORSED, MARKED FREIGHT PREPAID, NOTIFY GD SRL INTERPORTO CAMPANO

5) CERTIFICATE OF ORIGIN ISSUED BY CHAMBER OF COMMERCE OF CHINA SHOWING CHINESE ORIGIN OF GOODS

6) NEGOTIABLE INSURANCE POLICY OR CERTIFICATE ISSUED FOR 110 PCT OF INVOICE VALUE COVERING ALL RISKS AS PER ICC(A) PLUS WAR AND STRIKES CLAUSES FROM SELLER'S WAREHOUSE TO BUYER'S WAREHOUSE DAMAGES PAYABLE IN ITALY AND SPECIFYING ITALIAN INSURANCE'S AGENT FOR EVENTUAL CLAIMS. ART. 28 I J UCP 600 NOT APPLICABLE. (8)

7) BENEFICIARY'S DECLARATION STATING THAT SMTR FOR EACH ARTICLES AND EACH COLOUR HAVE BEEN SENT TO THE APPLICANT BEFORE SHIPMENT

Additional Cond. 47A :

+HOUSE AND MASTER BILL OF LADING ARE NOT ACCEPTABLE

+5 PCT MORE OR LESS IN QUANTITY AND AMOUNT IS ALLOWED (9)

+TO BE AVOIDED PRESENTATION OF ANY DRAFT

+ALL THE DOCS MUST BE ISSUED IN ENGLISH LANGUAGE

+A DISCREPANCY FEE OF EUR 75 OR EQUIVALENT (10) WILL BE DEDUCTED FROM THE PROCEEDS OF EACH SET OF DOCUMENTS WITH DISCREPANCIES PRESENTED UNDER THIS CREDIT. THIS STATEMENT IS NOT CONSTRUED TO MEAN THAT DOCUMENTS WITH DISCREPANCIES WILL BE HONOURED BY US, NOR THAT, IN THE EVENT OF PAYMENT DESPITE DISCREPANCIES, SIMILAR DISCREPANCIES IN FUTURE DRAWINGS WILL BE WAIVED, THE DISCREPANCY FEE IS ALWAYS FOR BENEFICIARY'S ACCOUNT.

IT IS AN EXPRESS CONDITION OF THIS CREDIT THAT, UNLESS OTHERWISE INSTRUCTED BY THE PRESENTER, DISCREPANT DOCUMENTS, SUBSEQUENTLY ACCEPTED BY THE APPLICANT, WILL BE RELEASED TO THE LATTER WITH NO NEED TO SEEK FOR THE BENEFICIARY'S CON-

SENT TO THAT EFFECT.

ALL BANKING CHARGES OTHER THAN ISSUANCE CHARGES INCLUDING REIMBURSING BANK'S CHARGES ARE FOR THE ACCOUNT OF BENEFICIARY. (11)

ART. 37 C. UCP 600 (12) NOT APPLICABLE AND ISSUING BANK MUST NOT BE CONSIDERED LIABLE FOR PAYMENT OF SUCH CHARGES.

ONE ADDITIONAL PHOTOCOPY (FRONT/BACK) OF REQUIRED DOCUMENTS (13) IS REQUIRED FOR L/C ISSUING BANK FILE AND WILL NOT BE RETURNED EVEN DOCUMENTS ARE FINALLY REFUSED.

IT IS AN EXPRESS CONDITION OF THIS CREDIT THAT, WITH REFERENCE AND AS AN AMENDMENT TO THE PROVISIONS OF UCP 600. A PRESENTATION TO THE ISSUING BANK WILL BE DEEMED AS CORRECTLY EFFECTED ONLY IF THE DOCUMENTS ARE SENT TO THE ADDRESS DETAILED BELOW.

MAILING TO ANY OTHER ADDRESS IS NOT ALLOWED. ADDRESS:
UNICREDIT BANCA DI ROMA SPA CENTRO ESTERO CAMPANIA 4598 VIA VERDI 18/D 80133 NAPLES, ITALY.

Details of Charges	71B	:	ALL CHARGES AND COMMISSIONS OUTSIDE ITALY ARE FOR BENEFICIARY'S ACCOUNT INCLUDING REIMBURSEMENT CHGS
Presentation Period	48	:	14 DAYS B/L (14) DATE BUT WITHIN CREDIT VALIDITY
Confirmation	*49	:	WITHOUT
Instructions	78	:	

AT RECEPTION OF DOCUMENTS COMPLYING WITH CREDIT TERMS
WE WILL ENGAGE OURSELVES TO CREDIT AVAILING BANK
AT MATURITY DATE ACCORDING TO THEIR INSTRUCTIONS

"Advise Through"	57D	:	BANK OF CHINA, ANHUI BRANCH 313 CHANGJIANG MIDDLE ROAD HEFEI, ANHUI, CHINA
Trailer		:	MAC:20BF851A CHK:FF6A5A5FDA24

附录:英文注释

分析证书 certificate of analysis
一致性证书 certificate of conformity
质量证书 certificate of quality
测试报告 test report
产品性能报告 product performance report
产品规格型号报告 product specification report
工艺数据报告 process data report
首样测试报告 first sample test report
价格/商品目录 price list/catalogue
参与方信息 party information
农产品加工厂证书 mill certificate
邮政收据 post receipt
重量证书 weight certificate
重量单 weight list
证书 certificate
价值与原产地综合证书 combined certificate of value and origin
移动声明 movement certificate
数量证书 certificate of quantity
质量数据报文 quality data message
查询 inquiry/enquiry
查询回复 response to inquiry/enquiry
订购单 purchase order
制造说明 manufacturing instructions
领料单 stores requisition
产品售价单 invoicing data sheet
包装说明 packing instruction
内部运输单 internal transport order

统计及其他管理用内部单证 statistical and other administrative internal documents
直接支付估价申请 direct payment valuation request
直接支付估价单 direct payment valuation
临时支付估价单 provisional payment valuation
支付估价单 payment valuation
数量估价单 quantity valuation
数量估价申请 quantity valuation request
合同数量单 contract bill of quantities (BOQ)
不计价投标数量单 unpriced tender BOQ
标价投标数量单 priced tender BOQ
询价单 enquiry
临时支付申请 interim application for payment
支付协议 agreement to pay
意向书 letter of intent
订单 order
总订单 blanket order
现货订单 stock order
租赁单 lease order
紧急订单 rush order
修理单 repair order
分订单 call off order
寄售单 consignment order
样品订单 sample order
换货单 swap order
订购单变更请求 request for change of purchase order
订购单回复 response to purchase order
租用单 hire order
备件订单 spare parts order
交货说明 delivery instructions
交货计划表 delivery schedule
按时交货 delivery just-in-time
交货通知 delivery note

装箱单 packing list
发盘/报价 offer/quotation
报价申请 request for quotation
合同 contract
订单确认 acknowledgement of order
形式发票 proforma invoice
部分发票 partial invoice
操作说明 operating instructions
铭牌 nameplate
交货说明请求 request for delivery instructions
订舱申请 booking request
装运说明 shipping instructions
托运人说明书(空运) shipper's letter of instructions(air)
短途货运单 cartage order(local transport)
待运通知 ready for despatch advice
发货通知 shipping advice
单证分发通知 advice of distribution of document
商业发票 commercial invoice
贷记单 credit note
佣金单 commission note
借记单 debit note
更正发票 corrected invoice
合并发票 consolidated invoice
预付发票 prepayment invoice
租用发票 hire invoice
税务发票 tax invoice
自用发票 self-billed invoice
保兑发票 confirmed invoice
代理发票 factored invoice
租赁发票 lease invoice
寄售发票 consignment invoice
代理贷记单 factored credit note

银行转账指示 instructions for bank transfer
银行汇票申请书 application for banker's draft
托收支付通知书 collection payment advice
跟单信用证支付通知书 documentary credit payment advice
跟单信用证承兑通知书 documentary credit acceptance advice
跟单信用证议付通知书 documentary credit negotiation advice
银行担保申请书 application for banker's guarantee
银行担保 banker's guarantee
跟单信用证赔偿单 documentary credit letter of indemnity
信用证预先通知书 preadvice of a credit
托收指示书 collection order
单证提交单 document presentation form
付款单 payment order
扩展付款单 extended payment order
多重付款单 multiple payment order
贷记通知书 credit advice
扩展贷记通知书 extended credit advice
借记通知书 debit advice
借记撤销 reversal of debit
贷记撤销 reversal of credit
跟单信用证申请书 documentary credit application
跟单信用证 documentary credit
跟单信用证通知书 documentary credit notification
跟单信用证转让通知 documentary credit transfer advice
跟单信用证更改通知书 documentary credit amendment notification
跟单信用证更改单 documentary credit amendment
汇款通知 remittance advice
银行汇票 banker's draft
汇票 bill of exchange
本票 promissory note
账户财务报表 financial statement of account
账户报表报文 statement of account message

保险单 insurance policy

保险申报单(明细表) insurance declaration sheet (bordereau)

保险人发票 insurer's invoice

承保单 cover note

货运说明 forwarding instructions

货运代理给进口代理的通知 forwarding agent's advice to importer's agent

货运代理给出口商的通知 forwarding agent's advice to exporter

货运代理发票 forwarding agent's invoice

货运代理收据证明 forwarding agent's certificate of receipt

托运单 shipping note

货运代理人仓库收据 forwarding agent's warehouse receipt

货物收据 goods receipt

港口费用单 port charges document

入库单 warehouse warrant

提货单 delivery order

装卸单 handling order

通行证 gate pass

运单 waybill

通用(多用)运输单证 universal (multipurpose) transport document

承运人货物收据 cargo receipt

全程运单 house waybill

主提单 master bill of lading

提单 bill of lading (B/L)

正本提单 Original B/L

副本提单 Copy B/L

空集装箱提单 empty container bill

油轮提单 tanker bill of lading

海运单 sea waybill

内河提单 inland waterway bill of lading

不可转让的海运单证(通用) non-negotiable maritime transport document (generic)

大副收据(收货单) mate's receipt

全程提单 house bill of lading

无提单提货保函 letter of indemnity for non-surrender of bill of lading
货运代理人提单 forwarding agent's bill of lading
铁路托运单(通用条款) rail consignment note (generic term)
押运正式确认 escort official recognition
分段计费单证 recharging document
公路托运单 road cosignment note
空运单 air waybill
主空运单 master air waybill
分空运单 substitute air waybill
人员物品申报 crew's effects declaration
乘客名单 passenger list
铁路运输交货通知 delivery notice (rail transport)
邮递包裹投递单 despatch note (post parcels)
多式联运单据 combined transport documents (C. T. D.)
直达提单 direct B/L
联运提单 through B/L
货运代理人运输证书 forwarding agent's certificate of transport
订舱确认 booking confirmation
运费发票 freight invoice
货物到达通知 arrival notice(goods)
无法交货的通知 notice of circumstances preventing delivery (goods)
无法运货通知 notice of circumstances preventing transport (goods)
交货通知 delivery notice (goods)
载货清单(舱单) cargo manifest
载货运费清单 freight manifest
公路运输货物清单 bordereau
集装箱载货清单 container manifest (unit packing list)
铁路费用单 charges note
托收通知 advice of collection
船舶安全证书 safety of ship certificate
无线电台安全证书 safety of radio certificate
设备安全证书 safety of equipment certificate

油污民事责任书 civil liability for oil certificate
载重线证书 load line document
免于除鼠证书 derat document
航海健康证书 maritime declaration of health
船舶登记证书 certificate of registry
船用物品申报单 ship's stores declaration
出口许可证申请表 export licence application
出口许可证 export licence
T 出口单证(海关转运报关单)(欧共体用) despatch note model T
T1 出口单证(内部转运报关单)(欧共体用) despatch note model T1
T2 出口单证(原产地证明书) despatch note model T2
T5 管理单证(退运单证)(欧共体用) control document model T5
铁路运输退运单 re-sending consignment note
T2L 出口单证(原产地证明书)(欧共体用) despatch note model T2L
出口货物报关单 goods declaration for exportation
离港货物报关单 cargo declaration(departure)
货物监管证书申请表 application for goods control certificate
货物监管证书 goods control certificate
植物检疫申请表 application for phytosanitary certificate
植物检疫证书 phytosanilary certificate
卫生检疫证书 sanitary certificate
动物检疫证书 veterinary certificate
商品检验申请表 application for inspection certificate
商品检验证书 inspection certificate
原产地证书申请表 application for certificate of origin
原产地证书 certificate of origin
原产地申明 declaration of origin
地区名称证书 regional appellation certificate
优惠原产地证书 preferential certificate of origin
普惠制原产地证书 GSP certificate of origin
领事发票 consular invoice
危险货物申报单 dangerous goods declaration

出口统计报表 export statistical document
国际贸易统计申报单 declaration of international trade statistics
交货核对证明 delivery verification certificate
进口许可证申请表 application for import licence
进口许可证 import licence
无商业细节的报关单 customs declaration without commercial detail
有商业和项目细节的报关单 customs declaration with commercial and item detail
无项目细节的报关单 customs declaration without item detail
有关单证 related document
海关收据 receipt (Customs)
调汇申请 application for exchange allocation
调汇许可 foreign exchange permit
进口外汇管理申报 exchange control declaration (import)
进口货物报关单 goods declaration for importation
内销货物报关单 goods declaration for home use
海关即刻放行报关单 customs immediate release declaration
海关放行通知 customs delivery note
到港货物报关单 cargo declaration (arrival)
货物价值申报清单 value declaration
海关发票 customs invoice
邮包报关单 customs declaration (post parcels)
增值税申报单 tax declaration (value added tax)
普通税申报单 tax declaration (general)
催税单 tax demand
禁运货物许可证 embargo permit
海关转运货物报关单 goods declaration for customs transit
TIF 国际铁路运输报关单 TIF form
TIR 国际公路运输报关单 TIR carnet
暂准进口海关文件 ATA carnet
海关一般回复 general response (Customs)
海关公文回复 official document response (Customs)
海关误差回复 error response (Customs)

海关一揽子回复 package response （Customs）

海关计税/确认回复 tax calculation/confirmation response （Customs）

配额预分配证书 quota prior allocation certificate

最终使用授权书 end use authorization

政府合同 government contract

进口统计报表 import statistical document

跟单信用证开证申请书 application for documentary credit

先前海关文件/报文 previous Customs document/message

参考文献

[1]陈原,叶德万,易露霞.新编国际贸易单证实务[M].北京:首都经济贸易大学出版社,2012.

[2]孟祥年.外贸单证实务[M].北京:对外经济贸易大学出版社,2011.

[3]于世明.国际商务单证实务[M].广州:暨南大学出版社,2005.

[4]屈韬.外贸单证处理技巧[M].北京:中国海关出版社,2008.

[5]田运银.国际贸易单证精讲[M].北京:中国海关出版社,2012.

[6]刘慧,杨志学.国际商务单证[M].北京:北京大学出版社,2012.

[7]缪东玲.国际贸易单证实务与实验[M].北京:电子工业出版社,2010.

[8]赵颖.论图书选题决策[J].经济与管理研究,1994(2)5-8.

图书在版编目(CIP)数据

国际贸易单证实务/武晋军主编. —北京:首都经济贸易大学出版社,2016. 1
(新编国际经济与贸易专业系列教材)
ISBN 978 -7 -5638 -2344 -4

Ⅰ. ①国… Ⅱ. ①武… Ⅲ. ①国际贸易—原始凭证—教材 Ⅳ. ①F740. 44

中国版本图书馆 CIP 数据核字(2015)第 064772 号

国际贸易单证实务
武晋军 主编
张庆威 陈春燕 副主编

出版发行	首都经济贸易大学出版社
地　　址	北京市朝阳区红庙 (邮编 100026)
电　　话	(010)65976483　65065761　65071505(传真)
网　　址	www. sjmcb. com
E - mail	publish@ cueb. edu. cn
经　　销	全国新华书店
照　　排	首都经济贸易大学出版社激光照排服务部
印　　刷	北京九州迅驰传媒文化有限公司
开　　本	710 毫米 ×1000 毫米　1/16
字　　数	286 千字
印　　张	16. 25
版　　次	2016 年 1 月第 1 版　2016 年 1 月第 1 次印刷
书　　号	ISBN 978 -7 -5638 -2344 -4/F · 1326
定　　价	30. 00 元
